双循环格局下中国高铁网络的经济效应研究

张梦婷　著

A Study of the Economic Influences of
China's High-Speed Railway Network
Under the Dual Circulation Development Pattern

ZHEJIANG UNIVERSITY PRESS
浙江大学出版社
·杭州·

图书在版编目（CIP）数据

双循环格局下中国高铁网络的经济效应研究 / 张梦
婷著. -- 杭州 ：浙江大学出版社，2024. 11. -- ISBN
978-7-308-25594-3

Ⅰ. F124

中国国家版本馆 CIP 数据核字第 2024Y9S094 号

双循环格局下中国高铁网络的经济效应研究

张梦婷　著

策划编辑	吴伟伟	
责任编辑	陈思佳（chensijia_ruc@163.com)	
文字编辑	谢艳琴	
责任校对	陈逸行	
封面设计	周　灵	
出版发行	浙江大学出版社	
	（杭州市天目山路 148 号　邮政编码 310007)	
	（网址：http://www.zjupress.com)	
排　　版	杭州晨特广告有限公司	
印　　刷	杭州钱江彩色印务有限公司	
开　　本	710mm×1000mm　1/16	
印　　张	13.75	
字　　数	246 千	
版 印 次	2024 年 11 月第 1 版　2024 年 11 月第 1 次印刷	
书　　号	ISBN 978-7-308-25594-3	
定　　价	68.00 元	

国家社科基金后期资助项目
出版说明

　　后期资助项目是国家社科基金设立的一类重要项目,旨在鼓励广大社科研究者潜心治学,支持基础研究多出优秀成果。它是经过严格评审,从接近完成的科研成果中遴选立项的。为扩大后期资助项目的影响,更好地推动学术发展,促进成果转化,全国哲学社会科学工作办公室按照"统一设计、统一标识、统一版式、形成系列"的总体要求,组织出版国家社科基金后期资助项目成果。

全国哲学社会科学工作办公室

目　录

第一章　绪　论 ……………………………………………… 1

　　第一节　研究背景 ……………………………………… 1

　　第二节　研究内容 ……………………………………… 13

　　第三节　理论基础 ……………………………………… 14

第二章　国内外相关文献综述 ……………………………… 19

　　第一节　中国国内市场的发展研究 …………………… 19

　　第二节　高铁的经济效应研究 ………………………… 25

　　第三节　文献评述 ……………………………………… 37

第三章　中国高铁网络发展的典型事实 …………………… 38

　　第一节　发展历程 ……………………………………… 38

　　第二节　空间特征 ……………………………………… 49

　　第三节　系统性特征 …………………………………… 52

第四章　高铁网络的资源配置效应 ………………………… 66

　　第一节　理论分析 ……………………………………… 66

　　第二节　实证模型 ……………………………………… 67

　　第三节　变量与数据 …………………………………… 69

　　第四节　结果及讨论 …………………………………… 71

第五章　高铁网络的对外贸易效应 ………………………… 77

　　第一节　理论分析 ……………………………………… 77

　　第二节　现状与典型事实 ……………………………… 78

　　第三节　变量、数据与模型 …………………………… 80

第四节 实证结果及讨论 …………………………………… 82

第六章 高铁网络的经济收敛效应 ………………………… 101

第一节 理论分析 ………………………………………… 101

第二节 数据、模型及收敛性 …………………………… 104

第三节 影响研究 ………………………………………… 110

第七章 高铁网络的区域创新效应 ………………………… 117

第一节 理论分析 ………………………………………… 117

第二节 实证分析 ………………………………………… 121

第三节 结果及讨论 ……………………………………… 123

第八章 高铁网络的企业生产率效应 ……………………… 130

第一节 理论分析 ………………………………………… 130

第二节 数据描述与处理 ………………………………… 131

第三节 模型设定与实证策略 …………………………… 135

第四节 实证结果与分析 ………………………………… 138

第九章 高铁网络跨境发展的贸易效应 …………………… 144

第一节 典型事实分析 …………………………………… 144

第二节 理论分析 ………………………………………… 165

第三节 研究设计 ………………………………………… 166

第四节 实证结果与分析 ………………………………… 168

第十章 结语与启示 ………………………………………… 172

第一节 主要结论 ………………………………………… 172

第二节 政策启示 ………………………………………… 174

第三节 研究展望 ………………………………………… 177

参考文献 …………………………………………………… 179

后 记 …………………………………………………… 215

第一章 绪 论

中国地形复杂,山地、高原与丘陵占陆地面积的 60%以上,四大高原、四大盆地、三大平原镶嵌在纵横交错的山地中,原本彼此隔绝。跨越大江大河、高山峡谷、海峡海湾把这个庞大的国家连成一体是发展的必要条件之一。1912 年,孙中山先生曾说过:"今日之世界,非铁道无以立国。"①数以万计的隧道和桥梁让我们跨越重重天堑,铺开了全球规模最大的高速公路网和高速铁路网。如今,这个全面连接的中国每年可将 176 亿人次、462 亿吨货物送往天南海北的各个角落,如此庞大的数字背后,是一场人口和资源的大重组。随着城市和产业集群的发展与扩大,再加上日益完善的交通网络和资源通道,全国范围内的物资交流必将加速,如北方的粮食、煤炭不断南运,南方的水果、水资源纷纷北上,西部丰富的天然气、矿产等自然资源更是跨越千里,源源不断地送往人口密集的中部和东部,经过这样重组和整合,原本自然资源分布极不均衡的国家最终形成了一个涵盖全球 1/5 人口的"洲际规模"市场。如此庞大的市场带来了显著的规模效应,不仅让中国从一众超级工程中获得足够的回报和溢出效应,成为举世瞩目的"基建狂魔",也能支撑我们发展一些高投入、长周期的战略产业。历经百余年的连接、重组和修复,中国打破了这片土地上原有的环境限制,创造了世界上独一无二的交通网络和城市集群。

第一节 研究背景

一、百年未有之大变局中"双循环"新发展格局肩负重担

人类历史发展经验表明:一国如果没有强大的经济循环体系和全球资源配置能力是难以保持良好的全球竞争力的(见图 1-1)。国内国际双循环是对我国"以外促内"外向型发展战略的修正和调整,也是迈向一流强国的关键一跃。例如,美国先后经历了"内循环"独立支撑(1800—1870 年)、"外循环"边际增强(1871—1912 年)、"双循环"互促共进(1913 年至今)三个发展阶段。中国同样经历了"内循环"独立支撑(1949—1977 年)、"外循环"边

---

① 1912 年 4 月 1 日,孙中山先生在上海"中华民国铁道协会"举办的欢迎会上强调:"今日之世界,非铁道无以立国。"

际增强(1978—2019 年)、"双循环"互促共进(2020 年至今)三个发展阶段。中国加快构建"双循环"发展新格局的关键是实现经济高效循环,因此亟待推动一切生产要素自由公平流动,提高资源配置效率和企业生产效率,进而增强全社会生产、交换、分配、消费能力,最终实现经济高效循环和高质量发展。

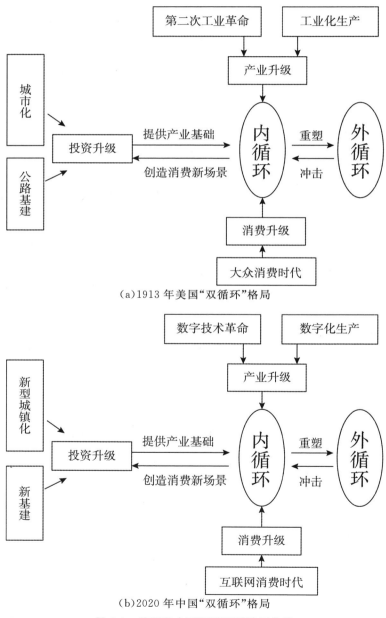

（a）1913 年美国"双循环"格局

（b）2020 年中国"双循环"格局

图 1-1 美国和中国"双循环"发展格局

　　第一，从外部发展环境来看。2020 年初,突如其来的新冠疫情给全球经济带来巨大冲击——消费萎缩、企业停滞、贸易中断和投资受阻,一系列连锁反应通过产业链、供应链、价值链传导到不同节点和地区,也对中国经济社会发展造成了巨大影响。中国传统出口导向发展战略逐渐显现出种种弊端,全球化红利衰减导致全球化动能减弱,外需萎缩要求中国必须将经济发展动能从"出口—投资驱动"转向"内需—创新驱动"。贸易摩擦带来的技术"卡脖子"问题要求中国技术发展必须从"引进—移植—模仿—消化"转向自主创新。"两头在外"的贸易模式难以摆脱全球价值链的掣肘,中国存在陷入"比较优势陷阱"的危险。简单的外向型发展战略不仅难以助推中国高质量发展,反而会成为中国经济循环的动荡源。"以外促内"的外向型发展战略已经完成其历史使命。中国加快构建"双循环"发展新格局的动力既有国内超大的市场规模和完善的生产体系两大保障,还有市场化改革和高水平开放力量的双轮驱动,更有"工业 4.0"时代的数字技术革命、互联网消费、新型城镇化提供强力支撑,如图 1-1(b)所示。

　　第二,从内部发展环境来看。党的十九大报告指出,我国经济已由高速增长阶段转向高质量发展阶段。我国社会主要矛盾已经转化为人民日益增长的美好生活需要和不平衡不充分的发展之间的矛盾,需要降低生产、交换、流通、分配和消费各个环节的交易成本,而我国过去对这方面问题不够重视,内部经济循环不畅通、市场分割化现象比较严重。我国长期以来的县域经济竞争发展模式使得特定要素的自由流通受限,要素市场无法真正建立,跨省投资有着比省内投资更高的成本,省份之间的"断头路"会增加人员跨区域流通费用,阻碍区域间人员自由流通。区域间激烈的经济增长竞赛会使一些地区无法对自身的实际情况有一个准确的判断,盲目追随相邻地区进行重复建设,导致产业同构现象严重,使得区域之间要素错配程度加剧。

　　2020 年 10 月,党的十九届五中全会通过的《中共中央关于制定国民经济和社会发展第十四个五年规划和二〇三五年远景目标的建议》明确提出要"加快构建以国内大循环为主体、国内国际双循环相互促进的新发展格局"。这对我国"十四五"时期乃至更长一个时期的发展具有极其重要的指导意义。重大战略决策是在我国较长时间的现代化建设实践探索和经验总结中形成的。"双循环"新发展格局既是针对百年未有之大变局下"中国往何处去"的战略选择,也是重塑我国国际合作和竞争新优势的战略决策,对我国经济行稳致远和高质量发展具有重大意义(林毅夫,2020)。

　　长期以来,由于地理隔离和行政管理等原因,我国国内存在着较为明显的"以邻为壑"的市场分割现象,而根据经典的斯密定理的论述,畅通信息、促进市场一体化正是扩大内需的关键。Donaldson 和 Hornbeck(2016)也提出并验证了美国 19 世纪经济的快速发展与国内铁路建设促进市场整合密切相关。简而言之,市场整合既是从"以外促内"向"以内促外"转变的痛点所在,也是关键所在。促进要素空间流动和提高资源配置效率是加快"双循环"的必经之路,用交通基础设施的有形之路加快构建"双循环"新发展格局的无形之路,以交通强国建设来支撑经济强国建设将是"十四五"时期的重要举措。

事实上,自 2008 年国际金融危机以来,我国经济已经在向以国内大循环为主体转变,经常项目顺差占国内生产总值的比重降至 1% 以下,国内需求对经济增长的贡献率有七个年份超过 100%。2019 年,我国最终消费支出对经济增长的贡献率达到 57.8%,内需特别是消费已经成为我国经济增长的第一拉动力。2020 年 4 月召开的中央政治局会议强调,要坚定实施扩大内需战略。"十四五"时期是构建新发展格局的关键时期,在国内外经济、社会环境发生重要变化的现实背景下,其必要性尤为凸显。可以说,资源配置作为要素流动与经济循环的中间环节,决定了优化资源配置是加快构建"双循环"发展新格局最核心的挑战之一。

党的十九大报告做出"我国经济已由高速增长阶段转向高质量发展阶段"的重大判断,并对贯彻新发展理念、建设现代化经济体系做出一系列部署。在一段时期内(1978—2008 年),我国外循环的地位持续提升,外循环在我国经济发展中扮演了十分重要的角色,以下几个方面可以就此做一定的展示说明:第一,中间产品出口比重高(见图 1-2)。20 世纪 90 年代,中国通过劳动密集型制造业嵌入全球价值链(global value chain,简称 GVC),中间品贸易占对外贸易的比重也随之不断增加,从 1998 年的36.5%增长到 2019 年的 45%。反过来看,中国在中间产品出口方面的重要性也说明中国的生产能力会给世界其他地区带来显著的影响。

第三,外商投资企业占出口的比重高。以跨国公司为主要表现形式之一的外商投资企业是全球产业分工链的关键组成部分。改革开放之初,中国吸收了大量的外资,外商投资企业出口加速了我国产业融入全球产业链的进程。如表 1-1 所示,中国外商投资企业的进出口在总进出口额中的比重持续上升。1991—2018 年,外商投资企业进出口比重从 21.34%上升到42.57%。此外,外商投资企业在高新技术中的很长一段时间内的引领(见表 1-2)也促使中国出口商品总体结构不断优化,但近年来内资企业的快速发展使得外商投资企业在高新技术产品出口中的高比重趋于下降。

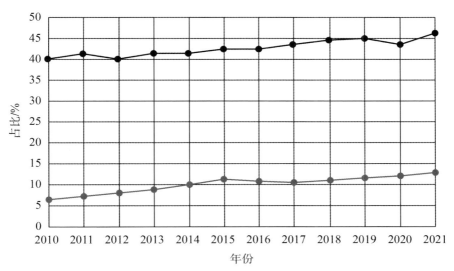

图 1-2 2010—2021 年中国中间产品出口占比变化

注：数据来源于联合国商品贸易统计数据库，中间产品根据广义经济分类。

表 1-1 1991—2021 年中国外商投资企业进出口额及占全国的比重

年份	进出口额			进口额			出口额		
	全国/亿美元	外商投资企业/亿美元	占比/%	全国/亿美元	外商投资企业/亿美元	占比/%	全国/亿美元	外商投资企业/亿美元	占比/%
1991	1357.01	289.55	21.34	637.91	169.08	26.51	719.10	120.47	16.75
1995	2808.48	1098.19	39.10	1320.78	629.43	47.66	1487.70	468.76	31.51
2000	4743.08	2367.14	49.91	2250.97	1172.23	52.10	2492.12	1194.41	47.93
2001	5097.68	2590.98	50.08	2436.13	6601.20	51.70	2661.55	1332.35	50.10
2005	14221.20	8317.20	58.48	6601.20	1396.50	58.70	7620.00	4442.10	58.30
2010	29740.00	16003.00	53.81	13962.50	7380.00	52.86	15777.50	8623.00	54.65
2015	39530.30	18346.15	46.41	16795.60	8298.87	49.41	22735.70	10047.27	44.19
2016	36855.60	16875.36	45.79	15879.30	7707.70	48.54	20976.30	9167.70	43.71
2017	41071.40	18391.00	44.78	18437.90	8615.00	46.72	22633.50	9775.00	43.19
2018	46230.40	19680.70	42.57	21356.40	9320.55	43.64	24874.00	10360.16	41.65
2019	45778.90	18238.00	39.84	20784.10	8578.27	41.27	24994.80	9660.00	38.65

续 表

年份	进出口额			进口额			出口额		
	全国/亿美元	外商投资企业/亿美元	占比/%	全国/亿美元	外商投资企业/亿美元	占比/%	全国/亿美元	外商投资企业/亿美元	占比/%
2020	46559.13	17976.00	38.60	20659.62	8653.00	41.88	25899.52	9323.00	35.99
2021	60502.95	21717.00	35.89	26867.93	10187.00	37.91	33635.02	11530.00	34.27

注:数据来源于历年《中国统计年鉴》。

表1-2　1996—2020年外商投资企业在我国高新技术产品出口中的比重变化

年份	高新技术产品出口总额/亿美元	外商投资企业高新技术产品出口额/亿美元	外商投资企业占高新技术产品出口的比重/%
1996	126	74	59
2000	370	289	81
2005	2182	1920	88
2010	4924	3275	66
2015	6552	3486	53
2016	6039	3001	49
2017	6674	3551	53
2018	7430	4592	62
2019	7307	4121	56
2020	7763	4549	59

注:数据来源于《中国高技术产业统计年鉴》。

二、中国高铁网络"大国速度"的经济效应日益显著

"千古百业兴,先行在交通",交通运输是国民经济的基础命脉,是经济发展的先行者。交通成本在区位、集聚和经济演化中都有着重要的意义。大国崛起的历史经验表明,交通运输是兴国之要、强国之基。中国完善的交通基础设施和现代化交通体系在要素流通和资源配置中发挥着重要作用。改革开放40多年来,中国现代综合交通运输体系建设成绩斐然(见表1-3、表1-4),中国经济快速发展的一个典型特征是拥有大幅高于经济发展水平的交通基础设施水平,这是很多欠发达国家所不具备的一个重要因素(林毅夫,2011;Faber,2014;刘冲等,2020)。党的十九届五中全会通过的《中共中央关于制定国民经济和社会发展第十四个五年规划和二〇三五年远景目标的建议》对加快建设交通强国作出专门部署,提出明确要求——加快建设人

民满意、保障有力、世界前列的交通强国,为全面建设社会主义现代化国家当好先行者。

表 1-3　2008—2021 年中国交通基础设施的发展

年份	铁路营业里程/万公里	公路里程/万公里	高速公路里程/万公里	内河航道里程/万公里	航班航线里程/万公里	管道输油(气)里程/万公里
2008	7.97	373.02	6.03	12.28	246.18	5.83
2009	8.55	386.08	6.51	12.37	234.51	6.91
2010	9.12	400.82	7.41	12.42	276.51	7.85
2011	9.32	410.64	8.49	12.46	349.06	8.33
2012	9.76	423.75	9.62	12.50	328.01	9.16
2013	10.31	435.62	10.44	12.59	410.60	9.85
2014	11.18	446.39	11.19	12.63	463.72	10.57
2015	12.10	457.73	12.35	12.70	531.72	10.87
2016	12.40	469.63	13.10	12.71	634.81	11.34
2017	12.70	477.35	13.64	12.70	748.30	11.93
2018	13.17	484.65	14.26	12.71	837.98	12.23
2019	13.99	501.25	14.96	12.73	948.22	12.66
2020	14.63	519.81	16.10	12.77	942.63	13.41
2021	15.10	528.07	16.90	12.76	690.01	13.10

注:数据来源于 2009—2021 年《中国统计年鉴》及统计公报。其中,公路里程包括村道,内河航道里程为内河航道通航里程数。

表 1-4 2008—2021 年中国交通运输业的发展状况

指标	2008 年	2009 年	2010 年	2011 年	2012 年	2013 年	2014 年	2015 年	2016 年	2017 年	2018 年	2019 年	2020 年	2021 年
客运总量/万人	2867892	2976898	3269508	3526508	3804035	2122992	2032218	1943271	1900194	1848620	1793820	1760436	966540	830257
旅客周转量/亿人公里	23196	24835	27894	30984	33383	27572	28647	30059	31258	32813	34218	33349	19252	19758
客运平均运距/公里	81	83	85	88	88	130	141	155	165	178	191	201	199	238
铁路客运量/万人	146193	152451	167609	186226	189337	210597	230460	253484	281405	308379	337495	366002	220350	261171
铁路旅客周转量/亿人公里	7778	7879	8762	9612	9812	10596	11242	11961	12579	13457	14147	14706	8266	9567
铁路平均运距/公里	532	517	523	516	518	503	488	472	447	436	419	402	375	366
公路客运量/万人	2682114	2779081	3052738	3286220	3557010	1853463	1736270	1619097	1542759	1456784	1367170	1301173	689425	508693
公路旅客周转量/亿人公里	12476	13511	15021	16760	18468	11251	10997	10743	10229	9765	9280	8857	4641	3627
公路客运平均运距/公里	47	49	49	51	52	61	63	66	66	67	68	68	67	71

续 表

指标	2008年	2009年	2010年	2011年	2012年	2013年	2014年	2015年	2016年	2017年	2018年	2019年	2020年	2021年
水路客运量/万人	20334	22314	22392	24556	25752	23535	26293	27072	27234	28300	27981	27267	14987	16337
水路旅客周转量/亿人公里	59	69	72	75	77	68	74	73	72	78	80	80	33	33
水路客运平均运距/公里	29	31	32	30	30	29	28	27	27	27	28	29	22	20
民用航空客运量/万人	19251	23052	26769	29317	31936	35397	39195	43618	48796	55156	61174	65993	41778	44056
航空旅客周转量/亿人公里	2882	3375	4039	4537	5026	5657	6334	7283	8378	9513	10712	11705	6311	6529
航空客运平均运距/公里	1497	1464	1509	1548	1574	1598	1616	1670	1717	1725	1751	1774	1511	1482
货物运输量/万吨	2585937	2825222	3241807	3696961	4100436	4098900	4167296	4175886	4388763	4804850	5152674	4713624	4729579	5298499
货物周转量/亿吨公里	110300	122133	141837	159324	173804	168014	181668	178356	186629	197373	204686	199394	202211	223600
货物运输平均运距/公里	427	432	438	431	424	410	436	427	425	411	397	423	428	422

续　表

指标	2008年	2009年	2010年	2011年	2012年	2013年	2014年	2015年	2016年	2017年	2018年	2019年	2020年	2021年
铁路货运量/万吨	330354	333348	364271	393263	390438	396697	381334	335801	333186	368865	402573	438904	455236	477372
铁路货物周转量/亿吨公里	25106	25239	27622	29466	29187	29174	27530	23754	23792	26962	28821	30182	30514	33238
铁路货运平均运距/公里	760	757	759	749	748	735	722	707	714	731	716	688	670	696
公路货运量/万吨	1916759	2127834	2448052	2820100	3188475	3076648	3113334	3150019	3341259	3686858	3956871	3435480	3426213	3913889
公路货物周转量/亿吨公里	32868	37189	43390	51375	59535	55738	56847	57956	61080	66772	71249	59636	60171	69087
公路货运平均运距/公里	171	175	177	182	187	181	183	184	183	181	180	174	1390	177
水路货运量/万吨	294510	318996	378949	425968	458705	559785	598283	613567	638238	667846	702684	747225	761630	823973
水路货物周转量/亿吨公里	50262	57557	68428	75424	81708	79436	92775	91772	97339	98611	99053	103963	105834	115577
水路货运平均运距/公里	1707	1804	1806	1771	1781	1419	1551	1496	1525	1477	1410	1391	1390	1403

续表

指标	2008年	2009年	2010年	2011年	2012年	2013年	2014年	2015年	2016年	2017年	2018年	2019年	2020年	2021年
民用航空货运量/万吨	407	446	563	557	545	561	594	629	668	706	739	753	676	731
航空货物周转量/亿吨公里	119	126	179	174	164	170	188	208	222	244	263	263	240	278
航空货运平均运距/公里	2934	2833	3177	3120	3007	3034	3161	3306	3330	3450	3553	3495	3550	3801
管道货运量/万吨	43906	44598	49972	577073	62274	65209	73752	75870	73411	80576	89807	91261	85623	82534
管道货物周转量/亿吨公里	1944	2022	2197	2885	3211	3496	4328	4665	4196	4784	5301	5350	5450	5419
管道货运平均运距/公里	443	453	440	506	516	536	587	615	572	594	590	586	637	657

近20年中国交通基础设施实现了高速发展,被誉为"新四大发明"之一的高速铁路(简称高铁)最为瞩目:第一,发展速度飞快。《中国的高速铁路发展》显示,2008—2019年,中国高铁营业里程建设在3.5万公里以上,超过世界其他国家高铁营业里程总和,成为全球高速铁路系统技术最全、集成能力最强、运营里程最长、运行速度最高、在建规模最大的国家。第二,高铁网络日臻完善。中国高铁已经形成"八纵八横"网络,长三角、珠三角、环渤海等地区的城市群建成高密度高铁路网,东部、中部、西部和东北四大板块区域之间互联互通。第三,运力不断提升。中国高铁票价低、速度快、网络密,与汽车和航空相比,在中长距离内具有竞争优势,铁路客运占总客运量的比重从2008年的5.1%增加到2018年的18.8%,其中高铁在铁路客运量中的比重从2008年的0.5%提升到2018年的60.8%。2019年,中国国家铁路完成旅客发送量357亿人次,其中高铁旅客发送量为229亿人次,同比增长14.1%,高铁运输在我国城市之间的人员流动中发挥着日益重要的作用。高铁作为一种新型的交通运载工具,极大地便利了社会经济联系和人们的出行活动(包括就业、安居、交往、游玩、寻医等),影响和改变了经济活动的空间格局和关系,其显著的时空压缩效应给社会经济发展带来了显著的影响。高铁作为现代化交通体系中的重要组成部分,与其他交通运输方式之间建立了有效衔接,能极大地提高区域可达性,而可达性的提高便利了人与人之间的面对面交流,能更加便捷地与外部市场进行知识、产品特征和市场供求等信息的沟通交流,降低了地区间的往来成本。

自2008年8月1日第一条时速350公里的高铁线路——京津城际铁路开通运营以来,中国高铁得到了迅猛发展。目前已经建成了京津、沪宁、京沪、京广、哈大、沪昆等一批具有世界先进水平的高铁,以"八纵八横"为主骨架的高铁网络建设正在全面加快推进。近年来,我国高铁高速发展,而国外则几乎陷入停滞,仅土耳其、西班牙投运了少量高铁,中国高铁通车里程占世界的比重进一步提高。中国高铁的飞速发展极大地完善了国内交通网络,为经济发展打开了新局面。

截至2020年底,我国高速铁路里程达到3.79万公里,较2015年末的1.98万公里翻了近一番,稳居世界第一,因此在当前的时间节点上定量刻画中国高铁对区域的影响至关重要。

三、交通强国战略释放"提质增效"高质量发展的重要信号

2018年,"建设交通强国"写入党的十九大报告;2022年,党的二十大报告明确提出,要加快建设交通强国。加快建设交通强国是顺应高质量发展

的客观需要,贯彻落实交通强国战略对实现高质量发展具有重要意义。2021 年 2 月,中共中央、国务院印发了《国家综合立体交通网规划纲要》,并发出通知,要求各地区各部门结合实际认真贯彻落实。自此开启了交通强国建设的新征程,为高质量发展保驾护航。

交通现代化是国家现代化的重要标志,坚实的基础设施建设也是实现中国高质量发展的重要前提。交通网络的建设能够打通经济大动脉,畅通供需微循环,不断转化为发展势能。交通发展对我国的经济空间格局产生了重要影响,也深刻地促进了区域间的经济溢出,进而实现经济增长(王雨飞和倪鹏飞,2016)。经济高质量发展的主要特征体现在经济增长质量和经济协调发展水平的提高上,中国高铁服务已基本覆盖了东部和中部地区,将全国主要城市群连成一个整体。对于中国区域经济而言,高速铁路的不断完善促进了劳动力、信息技术要素的快速流动,带来了知识溢出、规模经济和产业分工,并通过技术进步、资源配置等方式促进了我国经济的高质量发展(李彦等,2020)。

我国稳步推进交通基础设施建设,综合立体交通的规模体量、覆盖广度和通达深度不断提升。中国拥有全球最大的高速铁路网、高速公路网、世界级港口群,航空航海通达全球。在新发展格局下,我国实施更加积极主动的开放战略,形成更大范围、更宽领域、更深层次的对外开放格局。根据商务部公布的数据,2021 年中国货物出口总额增速为 21.2%,中国对外经贸蓬勃发展。随着中欧班列等交通基础设施的不断建设,我国与"一带一路"合作伙伴的经贸往来不断深化,"一带一路"成为更受欢迎的国际合作平台。

第二节　研究内容

要素流通和资源配置是经济循环发展的关键,与之密切相关的影响市场一体化的技术手段亦是加快构建双循环发展新格局的先决条件。在加速构建"以国内大循环为主体、国内国际双循环相互促进的新发展格局"的重要现实背景下,本研究就高铁对经济发展的影响和价值展开科学论证,旨在为相关规划和决策提供学理支撑。

本书的研究框架如图 1-3 所示,本研究从实际经济问题出发,联系经济学理论,提出科学问题,进而通过构建经济计量模型、识别与估计模型,对中国经济问题进行系统的分析,以期为经济建设和发展提供科学的政策启示。

本书研究的技术路线沿着"发现问题—分析问题—证实问题—解决问题(总结启示)"的逻辑框架展开。

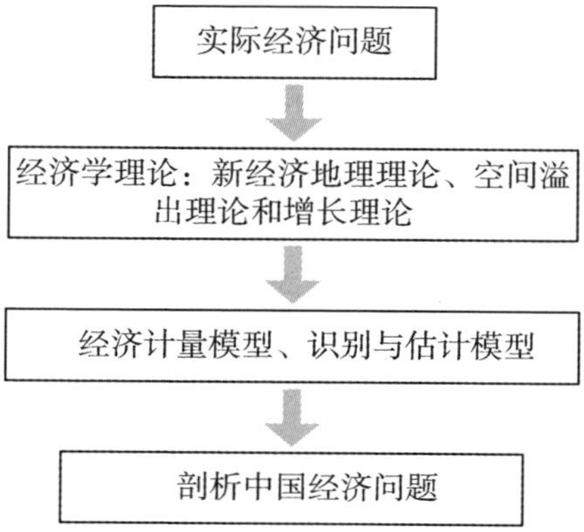

图 1-3　研究框架

第一,问题的提出。基于新古典区域经济增长理论和斯密定理等理论研究与重要发展现实,提炼科学研究问题,即探究双循环背景下中国高铁网络对经济高质量发展的重要意义。

第二,问题的分析。基于文献综述和典型事实梳理,进一步明确中国高铁网络发展产生经济效应的作用渠道。

第三,问题的证实,这也是本书最核心的部分,从国内大循环和国际大循环两个维度进行考察。国内大循环部分基于拉动经济三驾马车——消费、投资和出口的考虑,主要围绕资源配置、对外贸易、经济收敛、创新发展和企业生产率五个方面深入考察高铁网络在助推经济高质量发展方面的作用。对于国外大循环部分,以极具先进技术和生产组织水平的跨境铁路运输——中欧班列为例,考察高铁网络跨越国境的延伸能产生的经济效应,旨在揭示高铁在协调配置国内外资源方面的作用。

第四,问题的解决,也即总结启示。总结概括研究所进行的理论分析及实证探究的发现,基于研究结果提炼结论,给出包括双循环背景下的高铁网络建设规划、交通与经济高质量发展的协调体制、全局和地区性的基础设施助推经济高质量发展等相应的政策启示。

综上所述,本研究基于“国内外联动、要素产品联动、区域联动”的丰富视角考察,旨在为新发展格局下高铁网络的社会经济效应提供系统、全面的阐释,进而厘清高铁助推经济高质量发展的深刻内涵。

第三节　理论基础

从古典工业区位论开始,交通运输一直是影响区域经济联系的重要因素,是区域经济发展和空间结构演变的主要力量之一。高铁的修建与开通为沿线地区的经济发展带来机遇,尤其为要素的空间流动与优化配置,以及缩小沿线相对欠发达地区与经济发达地区的差距创造了条件,对优化区域经济空间格局有着深远影响。

一、区域分工与要素流动理论

古典经济学家亚当·斯密在其经典著作《国富论》中将劳动分工理论及其与市场的关系放在一起,系统地揭示了资源配置的思想。书中指出人们出于私利动机与相互交易的倾向所从事的契约、交换、买卖等经济活动仿佛受一只"看不见的手"的指引,常常会导致行为人不曾存心也不曾预见的有利于社会福利的结果。换言之,在利己心的驱使下,经济活动的参与者为了寻求自身利益最大化,引发了交易的倾向,由交易倾向产生的交易活动导致了分工的存在。分工在交易双方必须相互满足利己心和需求的利益机制约束下,会促进生产的专业化,提高生产效率,由此实现国民财富的增长。

但上述过程并不是顺利的,因为分工受到市场范围的限制,而市场范围的大小受到人口集聚程度和交通运输条件的影响。分工起源于交易的倾向和行为,交易能力的强弱决定了分工的程度,因此分工受到市场的限制。若经济活动参与者所在的市场人烟稀少或者交通条件落后,那么即使他们有交易倾向,也很难实现。有时候尽管能实现交易活动,但无法随意交换到生产过程中所需的物资,进而无法终生专注于一种职业。

依据上述的理论分析可知,在"看不见的手"的指引或调节作用下,资源会不自觉地进入更有效的配置体系,但这种作用会受到人口集聚程度和交通运输条件的影响。由于集聚相对于分散的市场意味着更低的运输成本,斯密认为,在影响市场范围大小及劳动分工的因素中,交通改良最有时效。

在斯密之后,分工增长理论的另一代表人物马克思也肯定了交通对市场范围和分工的作用,他认为产品只有在一定的流通和交易条件下才能转化成货币,而这一过程离不开交通的辅助。一方面,交通工具的改良可以提高产品在市场上的流通速度和效率,从而提升企业生产效率,加大市场供应量;另一方面,交通工具的改进打破了原有的空间贸易壁垒,能以最快的速度获取远方廉价的生产原料,也能在最短的时间内销售产品,促进市场交易在更大的空间内进行,有效地扩大了市场的半径。

二、比较优势理论

斯密曾提到经济主体为了自身利益最大化,会倾向于专注比别人有优势的方面,然后通过交易获取他们所需要的其他任何物品。在国际贸易中,如果一个国家在某种产品的生产上具有优势,那么通过贸易就能实现互惠互利的目的,这一观点被称为绝对优势理论。1817年,李嘉图基于斯密的理念,提出了比较优势理论,他认为不同产品间劳动生产率的差异会导致生产成本和价格的相对差异,相对劳动生产率较高的产品具有比较优势。无论国家是否具有绝对优势,他们只要专门生产并出口其具有比较优势的产品、进口缺乏比较优势的产品,就能各自从贸易中获利。

20世纪30年代,赫克歇尔-俄林的要素禀赋理论部分解释了比较优势的原因。赫克歇尔和俄林认同李嘉图的比较优势原则,但他们提出的比较优势的来源不同于李嘉图。李嘉图认为比较优势来源于生产率差异产生的成本和价格优势,而赫克歇尔和俄林认为国家所具有的要素禀赋决定比较优势。要素禀赋理论提出国家应该出口本国拥有的充裕要素生产的产品,而进口本国供给稀缺要素生产的产品。这些理论常被用于解释国际贸易行为。但如果从资源配置的视角看,上述理论实际上揭示了产品或要素如何在空间上进行合理配置,即将不同国家或地区的生产放在同一体系中进行交换,以实现双方利益最大化。

随着专业化分工日益深化,空间上的贸易行为频繁发生,其资源空间配置性质越来越凸显。交通运输的发展能扩大市场半径,使贸易双方的比较优势受到较小空间约束,更容易被发现,进而优化资源配置,实现产出的最大化。因此,交通运输是实现资源在较大的空间范围内合理配置的工具和手段(陈春生,2009)。但遗憾的是,比较优势理论的假设规避掉了空间因素,并没有重点讨论交通运输的重要性。

三、区位模式与区位结构理论

从分工理论和比较优势理论的阐述中,我们发现,受到马歇尔、李嘉图的影响,空间因素逐渐被主流的经济理论所规避,交通运输的作用似乎逐渐消失。但仍然有部分经济学家继续关注空间因素在经济中的作用。这一分支理论被称为区位理论。

19世纪初,德国经济学家冯·杜能在其著作《孤立国同农业和国民经济的关系》中深入论述了在交通运输费用的约束下,农业生产布局与资源利用的问题。杜能指出,农业区位的选择不仅取决于其生产成本,还取决于农产品产地到消费地(市场)之间的距离。在一个均质的空间中,交通运输成本随着到市场距离的增加而增加,地租随着到市场距离的增加而降低。因此杜能认为,经营主体应该在城市附近种植单位重量价值较低或者不易保存的产品,而在远离市场的土地上种植运输费用较低的作物,以此获取利益。农业区位理论提出,农业生产应以城市为中心,根据不同效益由里向外呈同心圆状布局。尽管杜能的区位理论研究的是农业生产与布局问题,但实际上也体现了交通运输与城市发展之间的内在逻辑。

继农业区位理论提出后,由于欧洲工业的快速发展,出现了对工业区位问题进行研究和探索的工业区位理论。阿尔弗雷德·韦伯通过研究指出,交通运输费用、劳动力成本和集聚是决定工业区位的基本因素。韦伯认为,工厂选择理想的区位时不仅要求运输费用、劳动力成本相对较低,而且要考虑集聚因素。当运输成本一定时,企业可能更倾向于选择劳工成本相对低廉的区位。而集聚因素能够在一定程度上降低运输成本。集聚的形成会使原有根据运费和工资所选择的工业区位发生变化。韦伯在探索区位理论的时候引入了空间费用曲线,为以后的区位论发展提供了一定的方法借鉴。

农业区位理论提出了农业生产布局应以收益最大化为原则,工业区位理论则主张以成本最小化为主选择工业区位。然而有经济学家指出,在生产成本最低的地点建厂并不一定会获得最大化的利润。1940 年,奥古斯特·廖什以追求市场利润最大化为根本出发点,从一般均衡角度研究区位选择问题,提出了以市场为中心、以实现利润最大化为目的的区位理论。廖什认为区位的理想状态是正六边形。虽然廖什的市场区位理论中成本已不是区位选择的主要因素,但原材料的运输费用为生产成本的决定因素仍然是区位理论有效的前提。

区位理论虽然解释了空间问题,但大多是建立在局部均衡框架上的研究,无法对研究问题进行数学模型化。因此,区位理论并没有成功地把空间因素引入一般均衡的分析框架中,直接地论述资源空间配置的问题,但它为资源空间配置研究提供了一定的理论基础。

四、新经济地理理论

20 世纪 70 年代末至 80 年代初,美国经济学家克鲁格曼(Krugman)在区位理论、传统贸易理论和新古典经济增长理论的基础上,成功地将空间因素以运输成本的形式引入一般均衡的分析框架中,形成新经济地理学的理论,其中最具有代表性的就是中心—外围模型。

Krugman(1980)认为主流经济学提出的生产要素不能流动且商品贸易零成本运输的假设与现实不相符。事实上,生产要素和商品从一个地区移动到另一个地区都需要一定的交通运输费用。他在收益递增的市场结构基础上使用垄断竞争模型,并引入冰山成本,建立了一个中心—外围模型,力图把新贸易理论中的不完全竞争、规模经济与区位理论中的运输成本相结合,分析企业区位选择和区域经济增长问题。一般而言,工业企业的区位偏好是市场规模较大的地方,因为产品集聚在市场规模较大的地方集中生产一方面会产生规模经济,另一方面运输成本也会降低,即市场规模更大的地方会吸引要素流入,这使流入地的市场规模更大,迁出地的要素市场供给则相对减少,这种吸引力来源于本地市场效应。进一步分析,由于企业在本地市场集中,消费者需要负担的运输成本较少,产品价格就相对便宜,由此产生的市场价格效应也会促使企业在空间上集聚。本地市场效应和市场价格效应会不断自我强化,进一步累积循环,形成要素、产品市场非对称的中心—外围格局。但大规模的集聚也会导致市场的公共资源短缺,地价和运输成本增加,产生拥挤效应,阻碍生产活动在空间上的集聚。本地市场效应和市场价格效应产生了空间集聚的向心力,而市场拥挤效应是空间集聚的离心力,运输成本决定着两种力量相互作用产生的最终结果。有学者认为在较高的交通运输成本上,扩散必然是稳定的,而如果交通运输成本很低,那么集聚一定是稳定的均衡。中心—外围理论也可以理解为规模报酬递增和运输成本的相互作用是如何影响区间要素或资源的配置的问题。结合本书的研究问题,可知高铁开通会降低生产要素空间流动的交通成本,尤其会促进人口流动,进而显著影响资源的空间配置。

通过对相关理论的梳理,可以看到分工理论中早就提到了交通运输在资源配置中的重要性。但由于空间的复杂性很难把握,主流经济学就将空间因素剔除了,交通运输的重要性也很少被提及。然而,地理经济学派没有放弃将空间因素纳入经济问题的分析中,从运输费用的角度考察了农业区位选择、工业区位选择、城市体系的中心地布局,创建了区位理论。区位理论阐述了交通运输对经济活动空间分布的影响,但由于数学工具的限制,并没有将空间因素引入一般均衡分析框架中。以克鲁格曼为代表的新经济地理学派在区位选择理论及新古典经济增长理论的基础上,从垄断竞争与规模报酬递增的角度出发,将空间距离的影响以运输成本的形式引入一般均衡分析框架中,强调了交通运输成本减少带来的规模经济、聚集经济和外部性对经济活动的影响。

第二章　国内外相关文献综述

本书旨在系统考察高铁网络对中国经济高质量发展的影响,在构建新发展格局的重要现实背景下为经济高质量发展提供学理性的决策支撑。研究从经典的斯密定理的逻辑出发,探讨交通领域技术进步给经济空间格局带来的影响。系统梳理与本书相关的已有文献不仅能为本研究奠定坚实的理论基础,而且有利于明确本研究的边际贡献所在。围绕本研究的主题和内容,主要从两个方面展开论述,分别是中国国内市场的发展研究、高铁的经济效应研究,最后对已有研究进行综合的评述。

第一节　中国国内市场的发展研究

2020 年以来,党中央多次强调要构建新发展格局。构建新发展格局是与时俱进提升我国经济发展水平的战略抉择,也是塑造我国国际经济合作和竞争新优势的战略抉择。新时代中国经济建设从原来的"以外促内"发展格局调整转变到新发展格局无疑对国内市场提出了更高的要求。中国是一个重要的发展中的大国,关于中国国内市场的发展研究一直以来是学界探讨的一个重点。这不仅是大国特有的市场分割现象所蕴含的重要经济学课题,也是找寻理论研究更加贴近现实世界的有效通道——经典的经济学框架较少涉及一国之内的市场分割。

一、双循环的相关研究

双循环经济理论可以追溯到经典的要素和产品的供给理论分析框架,即经济活动是一个动态的循环过程,本质上是产品或服务、资金以及信息在消费者、生产者和政府等经济主体之间进行价值增值的循环过程。

首先,关于双循环的内涵。当前学术界主要从供给与需求两个角度理解内循环和外循环:从产品市场和资源供给的角度出发,将内循环理解为向国内市场提供产品服务和使用国内生产要素,外循环理解为向国外市场提供产品服务和使用国外生产要素(汤铎铎等,2020);从需求的角度出发,可以将内循环理解为内需,外循环理解为外需(徐奇渊,2020)。大国经济的优势就是国内可循环,而在经济全球化大背景下,大国经济通常都是"以国内大循环为主体、国内国际双循环相互促进"的运行体系。一般认为,国内循环是指以满足国内需求为出发点和落脚点,以国内的分工体系和市场体系为载体,以国际分工和国际市场为补充和支持,以国民经济循环顺畅、国内分工不断深化、总体技术水平不断进步为内生动力的经济运行体系;而国际循环则是指以国际分工和国际市场为基础,以国际产业链和价值链为依托,以国际贸易、国际投资和国际金融为表现形式,基于比较优势的各经济体相互竞争、相互依存的经济运行体系。双循环是对我国"以外为主、以外促内"的外向型发展战略的修正和调整,其关键是实现经济循环。

其次,关于内外循环的地位变化及相互促进逻辑的学理阐述。例如,刘鹤(2020)认为,构建新发展格局的关键在于实现经济循环流转和产业关联畅通,必须全面深化改革,构建高水平社会主义市场经济体制,实现经济生产力大发展。国际市场是国内市场的延伸,国内循环为国内国际双循环提供坚实的基础,国内外循环是统一体。刘志彪(2020)明确指出,当前对内开放的紧迫性和重要性已经高于对外开放。双循环不是经济体系走向独立和封闭的信号,而是另一种开放方式或模式,研究进一步提出了"基于内需的全球化"的概念——用国家的超大规模市场吸引全球先进要素来进行创新创业,并依托内需创造的规模经济和产品差异化形成推动出口的强大的内生力量。黄群慧(2021)也指出,应通过供给侧结构性改革,畅通国内经济大循环,使国外产业更加依赖中国供应链和产业链,更加依赖中国消费市场,从而促进更高水平的对外开放,实现国内国际双循环。

最后,关于双循环经济价值/效率的答案。例如,江小涓和孟丽君(2021)基于对双循环的决定因素、中国经验和国际趋势的分析,指出转向以内循环为主体既是现实表现,也是必然选择。为了更好地发挥外循环的作用和促进双循环畅通,要加快建设高标准市场体系和实现更高水平的开放,让双循环更有效率和质量。程恩富和张峰(2021)从政治经济学的视角对新发展格局的逻辑和科学性进行了剖析,认为国际和国内大循环都包括了生产、流通、分配和消费等过程,两者是对立统一的关系。国民经济循环的本质就是社会再生产过程,社会再生产理论是分析基于双循环的新发展格局的基本工具,辩证唯物主义则是基本方法。裴长洪和刘洪愧(2021)认为,新发展格局揭示了中国与开放型世界经济在多元平衡基础上动态平衡的客观规律,蕴含了中国在新发展阶段如何贯彻新发展理念、全面建设社会主义现代化国家必然伴随的深化改革等重要内容,是深化改革指导思想的理论基石。

二、国内市场分割的表现形式及其影响

与全国统一大市场对应的是地方市场分割，包括条块分割和地区分割①，是指地方政府采用各种非市场的手段来确保当地产品在当地市场内地位（陈东琪和银温泉，2002）的现象。中国最早出现市场分割现象是在20世纪80年代中期，地方政府直接利用行政权力分割市场，有些地方甚至采用发"红头文件"的行政手段来阻止地区外竞争性产品进入本地市场。国家立法和执法力度随着经济发展水平和市场化程度的不断提高而日益增强，地方市场分割的表现形式也逐渐从早前的"硬性"发展到20世纪90年代如技术壁垒等的较为隐蔽的形式。

关于市场分割的经济效应分析，学者们首先侧重于单一的效率层面。例如，Young（2000）和Poncet（2005）均对中国国内市场分割导致的内部贸易成本进行了考察，前者从经济改革中不可规避的扭曲角度切入进行考察，后者在量化中国国内市场分割程度的基础之上，还讨论了省与省之间贸易障碍的决定因素，结论都提及了地方保护主义对市场分割的决定性影响。白重恩等（2004）基于1985—1997年中国29个省份内32个行业的产出数据实证验证了地方保护、规模经济以及产业群聚效应对专业化程度的影响，结果显示专业化程度在国有比重高（即地方政府保护动机强）的行业里较低，地方保护主义对区域专业化的影响显著大于外部经济性和规模效应所产生的影响。

随着研究不断深入，越来越多的研究关注市场分割对内外贸易的影响，如张杰等（2010）探究了市场分割对企业出口的影响，揭示了市场分割程度越高，生产效率越低。但是，市场分割对出口的激励作用是显著为正的，即创新能力低的企业和资本密集度低的企业更倾向于出口，这种现象被称为中国的"出口生产率悖论"②。贺灿飞和马妍（2014）进一步指出，企业追求规模经济收益，若因国内市场分割导致国内市场受限，他们便会转向国际市

---

① 地区分割是指因行政边界、地方政策差异、市场保护等因素的作用导致各个地方之间要素、商品、信息传递受阻的经济现象。条块分割指将某个地区再细分为一个个小的区域，经济、制度、文化等方面不能得到有效的交流的现象。若未特别标注，绝大多数讨论中国市场分割问题的文献默认指地区分割。

② 地方保护主义下的市场分割使得企业不再依据自身在国际市场上的竞争力进行出口决策，而是考虑借助出口获得地方政府的优惠政策。以Melitz（2003）为代表的异质性企业贸易理论的核心假设和主要内容，即"出口—生产率"关系，基于理论分析得出的结论是，只有生产率较高的企业（达到门槛值）才会进入国际市场进行出口贸易，然而基于中国工业企业层面的数据实证分析却出现了矛盾——出口企业的生产率显著低于未出口企业，这一现象已经引起了国内外相关研究人员的关注，也因此被概括为"中国的出口生产率悖论"。

场以实现利润最大化。从短期来看,出口企业数量的增加也会带来出口贸易表现的改善;从长远来看,市场分割限制了企业的规模经济效益和专业化分工,这降低了出口企业的生产力和国际竞争力。吕越等(2018)基于2000—2013年中国海关贸易数据和工业企业数据,在微观企业层面检验发现市场分割限制了企业的规模经济效应、促进了中间品进口、抑制了创新、提高了加工贸易的比重,这对企业出口的国内附加值产生了显著的负向影响。卞元超和白俊红(2021)基于2002—2013年中国工业企业的微观数据,采用离散时间生存分析模型考察了市场分割对企业生存风险的影响,并从市场需求效应、技术创新效应和资源配置效应三个方面分析了内在作用机制,结果显示企业所在地区的市场分割程度每提高1%,企业的生存风险将提升1.30%。

在经过数年的渐进性市场化改革后,学界和政府部门对于市场分割程度是否得到有效降低这一问题一直争论不休。Young(2000)、郑毓盛和李崇高(2003)认为,中国的市场分割程度并未有效降低,仍趋于上升;而白重恩等(2004)、陆铭和陈钊(2006)认为,总体上市场分割程度会降低,即市场一体化程度在不断提高。吕越等(2018)实证检验了市场分割对企业出口国内附加值率的影响,发现市场分割对企业出口的国内附加值率产生了显著的负向影响,会通过促进中间品进口、抑制创新和提高加工贸易占比三个渠道降低企业出口的国内附加值率,限制企业的规模经济收益。马述忠和房超(2021)从市场分割角度对中国的电子商务发展进行了学理解释,研究认为自然性市场分割和制度性市场分割均在一定程度上提高了企业线上销售(进行电子商务)的可能性。由于相较于线下,线上市场更为统一、完整,即以跨区域经营为主的企业通过线上销售更能降低进入成本,因而企业更倾向于选择线上销售。卿陶和黄先海(2021)探究了国内市场分割对企业创新的影响,分析发现企业内销规模和出口规模都会显著促进企业创新,市场分割显著地负向调节了市场扩张和市场替代对企业创新的促进作用。

总体来看,学界基本达成了共识,即中国长期以来因自然和制度而形成的地方保护和市场分割,阻碍了资源的合理流动、导致各地严重的重复投资,阻碍了产业结构的调整升级,对社会和经济发展产生了重大的负面影响。国内市场的分割不利于规模效应的发挥是较为直观的经济结果,长远来看,更为严重的弊端是不利于经济的可持续增长,加快全国统一大市场建设已显得越来越重要和紧迫。

三、打破市场分割的研究

(一)宏观政策

既往相关研究结果显示,政府主导的宏观政策(如区域发展战略和财政分权等)导致了市场分割和地方保护主义(臧跃茹,2000),从辩证的视角来看这一结论,它提示着宏观层面的政策导向亦具有调整市场分割程度的作用。自改革开放以来,中国的区域发展战略一直以效率为先导,"让一部分人先富起来,先富带动后富"的发展策略的现实映射是东部沿海地区的优先发展最终推动全国的经济增长。① 例如,万广华等(2005)、Wan 等(2007)的研究指出,中国东部沿海地区在对外开放方面政策支持的直接结果是实现这些地区更加快速的发展,地区层面的先发优势最终进一步转化成了经济发展和收入的差异。平新乔(2004)在国内研究中较早对地方保护主义的动机进行了定量刻画和探索,得到了地方政府实施地方保护主义是受利益驱动的经验证据。结果显示,地方政府的国有资本控制(反映市场分割行为)与相应产业的边际劳动生产率之间存在着显著的正相关关系。1994 年在中国进行的税制改革正式建立了中央政府向地方政府赋予财政方面自主权的财政分权体制,如此一来发展地方经济和保护当地工业对地方政府而言成了双重激励。陆铭和陈钊(2006)认为,地方政府因此产生的以地方保护主义为鲜明特征的逆市场的力量,在之后的时间里显著地影响着省际和省内的资源配置效率以及经济的发展。

(二)经济环境

从长期发展的视角来看,市场经济的不断发展与完善是打破市场分割的重要力量。陈敏等(2007)利用商品零售价格指数数据进行分析,发现中国国内商品市场普遍处在趋向整合的状态。对结果的进一步探究表明,经济开放程度与市场分割程度之间存在非线性关系,当经济开放程度较低时,经济开放加剧了国内市场的分割,但进一步的经济开放会对国内市场一体化产生促进作用(减弱市场分割)。赵奇伟和熊性美(2009)提出,以市场化改革为导向是为了削弱地方保护主义与市场分割,并分别对中国 1995—2006 年 28 个省份的消费品、资本品和劳动力市场的分割程度进行测度。研究结果显示自 1995 年以来,随着经济的发展,消费品、资本品和劳动力市

---

① 这一战略源于邓小平提出的"两个大局"思想:一是东部沿海地区要加快对外开放,使其较快地发展起来,从而带动中西部地区更好地发展,中西部地区要顾全这个大局;二是在发展到一定阶段的时候,又要求东部沿海地区拿出更多力量来帮助中西部地区发展,这也是个大局。

场的分割程度总体上呈现出稳定的收敛趋势。

(三)交通运输

市场分割现象的发生绝大多数是在幅员辽阔的大国内,地区间距离越远意味着两地间进行商贸往来的运输成本越高、交易费用越高,那么即便政府没有采用强制性政策手段来对市场进行圈划和分割,商品的空间流动也会受到限制。刘生龙和胡鞍钢(2011)以中国省级数据为支撑,在引力方程中引入交通变量以探究交通基础设施对区域经济一体化的影响,研究发现前者对后者有显著的积极影响。这一逻辑在情理上很容易理顺,但是对其进行经验分析并不容易。要识别由于距离阻隔而削弱的经济效应无异于计量方法中的反事实估计,但这一现象的经济结果是可以通过实际观察得到的。朱希伟等(2005)、赵奇伟和熊性美(2009)的研究均表明国内地区间的市场分割限制了企业可以进入和获得的国内市场规模,进而导致了资源的低效配置,并最终促使企业用国际市场代替国内市场以获得规模经济优势。贺灿飞和马妍(2014)的实证研究发现,改善中国中部地区区域内的交通基础设施状况有助于减轻国内市场分割对市场的扭曲效应,但是这一影响在东部和西部地区并不十分明显。尽管他们的研究并没有系统地量化交通这一指标,但从定性上得到了交通条件是降低国内市场分割的重要方式之一的结论,具有开创性的意义。周海波等(2017)探究了中国东部、中部和西部地区的交通基础设施与资源错配之间的相关关系,结果显示交通基础设施水平的提高可以促进产业结构调整、消除市场分割、提高分工程度,从而减少要素资源错配。范欣等(2017)基于1993—2012年中国省际层面的面板数据,采用空间面板杜宾模型考察了我国基础设施建设对市场分割的影响,研究发现,基础设施建设是打破市场分割的物质基础,但基础设施建设的空间溢出效应呈现出阶段性差异,不同区域或不同区位下市场分割的策略性行为各异。

国内地区之间交通和政策导向等因素导致的地区间贸易保护使得许多地方的对外贸易成本低于国内贸易成本,国际贸易增长率高于国内贸易增长率。这更是过去几十年间中国外贸和对外直接投资(foreign direct investment,简称 FDI)发展如此迅猛的原因之一(Wang et al.,2012;赵伟等,2011;张艳等,2014;赵玉奇和柯善咨,2016)。朱希伟等(2005)较早在理论层面注意到这个问题,他们将国内市场分割因素纳入 Melitz(2003)的模型,分析发现国内市场分割迫使企业进行出口贸易,促使对外贸易迅速增长。张杰等(2010)、贺灿飞和马妍(2014)也发现国内市场分割挤出了当地市场内那些竞争力相对较弱的本土企业,被挤出的这些企业被迫进入出口市场。此外,市场分割程度越高,其地区平均生产效率越低,地区内那些创新能力低、资本密集度高的企业越倾向于进行出口贸易。

总的来看,随着市场化程度的不断提高,制度性阻碍因素对市场分割的约束作用在不断弱化;相对而言,旨在拉近地区间时空距离的交通网络的作用不断凸显。尽管关于交通基础设施对市场分割的影响在既往研究中有所涉及,但无论是计量方法还是考察深度都是粗浅的。采用间接甚至定性的方法来量化交通基础设施无疑会对实证结果的准确性和稳健性有显著的影响。另外,仅仅停留于交通网络与经济发展某一方面之间相关关系的识别,而非进一步探究和揭示其中的作用传导机制,无疑不利于真正厘清耗费巨大人力、财力建设而成的国内现代交通网络的效用和价值。因此,本研究所关注和讨论的部分重点问题就是,现代交通网络能否对由地理距离造成的空间流动摩擦产生显著影响,以及这种影响究竟是如何产生的?

第二节　高铁的经济效应研究

高铁是 20 世纪中后期出现的一项重大的技术创新,高铁网络的建设是交通基础设施水平的一次重大提升,大幅缩短了地区间往来的时间距离。自 1964 年日本的新干线开通至今,法国、意大利、美国、德国、中国等国家都在大规模地建设高铁网络。随着高铁的快速发展,学术界对于交通基础设施经济效应的研究也进入了"高铁时代"(郭进和白俊红,2019)。

一、内涵研究

高铁经济伴随着高铁的建设发展而产生,并紧随高铁的建设发展而丰富完善。高铁经济学是研究高铁在各个发展阶段上的各种经济活动和相应的经济关系及其运行、发展规律的学科。高铁经济学原创于中国,在经济学门类一级学科(应用经济学)内创设二级学科(高铁经济学),开辟了经济学研究的新领域,丰富了经济学科的组成,拓展了经济学理论体系,对培养新型经济学科人才、推动加快建设创新型国家意义重大。高铁经济学是由哲学、政治学、社会学、数学、地理学、理论经济学、应用经济学、系统科学、交通运输工程、管理科学与工程、工商管理等自然科学和社会科学、软科学与硬科学交叉融合的新兴学科。

高铁经济学的研究对象涉及多个行业和领域,其研究范畴十分广泛,具体包括但不限于高铁政治经济学(研究高铁发展与政策法规和改革发展的关系)、高铁国民经济学(研究高铁发展与国民经济发展的关系)、高铁社会经济学(研究高铁经济与社会发展的关系)、高铁生态经济学(研究高铁发展与自然资源、生态环境之间的关系)、高铁地理经济学(研究高铁发展与国土开发、区位经济活动、资源配置利用等方面的关系)、高铁区域经济学(研究高铁与区域经济发展的关系)、高铁产业经济学(研究高铁产业内部各企业之间相互作用关系的规律)、高铁劳动经济学(研究高铁全产业链劳动关系及其发展规律)、高铁数量经济学(利用数学方法和计算技术研究高铁经济数量关系及其变化规律)、高铁运输经济学(研究旅客和货物运输通过高铁进行位置转移的经济问题)、高铁旅游经济学(研究高铁发展对旅游及旅游产业的影响)。

本研究主要关注高铁引致的生产要素流动性改变对生产活动及效率的影响,重点聚焦高铁对资源配置、对外贸易、地区间发展差距、创新发展等方面的影响,以及高铁带来的人员流动对城市治理可能产生的负向影响和挑战,进而延伸至跨境铁路运输网络对生产要素在国际流动的影响,以"一体二维度六方面"的脉络刻画中国高铁对社会经济发展的综合影响。

二、因果关系研究

高铁的开通运营为区域要素流动提供了载体,能够很好地满足区域要素流动的需要,促进要素在区域之间的流动,能够及时保障分工之后的合作,既有助于发挥分工优势,又能有效推进交流合作。

(一)对日德法意等国高铁的研究

随着高铁不断建设和发展,国外有关高铁的研究日益增多,概括而言主要包括以下四个方面。

第一,高铁显著提高了区域可达性。高铁速度快、运能大,能够极大地缩短不同地域之间的通勤时间。大量研究表明,高铁的开通可以提高城市间的可达性,进而加强城市间的经济联系。Kobayashi 和 Okumura(1997)和 Blum 等(1997)从提高区域可达性的视角展开研究,认为高铁改善了区域之间的交通,加强了区域间的联系,提升了区域的可达性。Vickerman(1995)通过分析高铁网络对欧盟的影响,认为高铁把欧洲核心区的重要城市间的通勤时间缩短到四小时以内,所有地区彼此接近,欧洲作为一个整体的竞争力有可能提升。Gutierrez 等(1996)以出行时间为衡量标准,研究高铁的建设对缩短城市间的通勤时间的影响,出行所用的时间越短,地区可达性越高。Blum 等(1997)认为,高铁沿线各个节点城市被连接在一起,沿线城市成为一个整体,形成一条交通经济带,对外围区域具有扩张的作用。Gutiérrez(2001)认为法国修建 TGV(法国高速铁路系统)可以提高地区的可达性。Okada(1994)通过对日本新干线进行研究发现,新干线的开通缩短了旅客的出行时间,增强了地区可达性。Shaw 等(2014)通过研究中国高铁四个主要阶段的旅行时间、旅行成本和距离可达性,以及高铁在车载旅行时间和与政策变化有关的非车载旅行时间的影响,证明中国城市的可达性也受到高铁的影响,城市的时空模式受到诸如高铁降速、高铁票价降低等政策变化的影响。

第二,高铁对区域经济发展的差异化影响。一方面,大量研究发现高铁显著促进了区域经济发展。例如,Kobayashi 和 Okumura(1997)等提出了高铁对区域经济影响的距离递减梯度模型,认为以铁路线路为轴线,在一定半径的地理范围内从内向外的影响力度是递减的。Vickerman(1997)指出,实现交通系统的网络化是未来交通运输发展的主流方向,高铁与地区经济是相互影响、协调发展的。Sasaki 等(1997)认为,地区经济的发展与高铁的建设存在一定的关系,并通过相关性分析对新干线与日本经济的增长进行验证,发现新干线客流量增长与 GDP 线性相关。Lynch(1998)认为,佛罗里达州的高铁不仅会促进地区经济的增长,而且对文化传播也具有一定的推动作用。Nakamura 和 Ueda(1989)通过对比分析新干线修建前后沿线的就业人口数的变化和旅游人数的增加情况,判断其对沿线地区经济发展的影响。此外,有研究得出不一致的结论,如高铁对区域经济的影响存在空间效应,能够导致中心城市对区域经济的虹吸效应。例如,Vickerman(1997)围绕欧洲高铁对区域发展的影响进行了研究,结果显示,若交通运输系统缺乏真正的网络化发展,则区域发展将有可能向拥有网络服务的大都市中心集聚。可见,虽然高铁开通能提高地区间的可达性,提升地区竞争条件,但是高铁开通带来的区域发展对不同地区存在差异化的影响,可能使主要地区的经济活动更为集中。Coto-Millán 等(2007)通过分析欧盟范围内的高铁发现,欧洲中部的城市明显受益于运输可达性和网络经济,而处于边缘国家(如西班牙、葡萄牙)的城市则进一步边缘化。Li 和 Xu(2018)基于1982 年日本两条主要高铁干线的实证数据研究,认为高铁导致城市间基于部门和位置的极化与分散:在非中心区域服务业就业的人数减少了 7%,但是制造业就业增加了 21%,位于东京 100 公里范围内的城市得以扩张,但是更远距离的城市萎缩。Vickerman 等(2013)证明了高铁在中间地区对服务水平和潜在经济水平的影响并不明显。此类地区受到大城市较低的直接访问的限制和新的跨国国际区域服务匮乏的影响。Vickerman 等(2013)认为,高铁的开通没有达到缩小地区差距的主要目标,也没有减少国界对区域一体化的影响。

第三,高铁对劳动力市场和产业结构等方面的影响。高铁使得人们能够在短时间内实现长距离的运输,即在同一天的时间内能在多个空间位置上实现位移,把以前发生的可能性很小的事件变成了现实,改变了人们的行为方式。Nakamura 和 Ueda(1989)分析了日本在有无新干线情况下各产业就业人数的变化,发现日本修建新干线以后旅游业和服务业就业人数、地区行政中心和铁路车站所在城市的人口数,以及高铁车站通勤便捷地区的人口数都有明显增长。Sasaki 等(1997)以及 Nakamura 和 Ueda(1989)对日本新干线的经济效应展开研究,前者发现高铁在一定程度上疏散了经济活动和人口在空间上的集聚,后者发现高铁建成后旅游业等服务行业的从业人员数量有明显的增长,尤其在高铁已开通的城市。

(二)对中国高铁的研究

1. 高铁与城市可达性的相关研究

高铁作为城市间联通的一项交通基础设施,早期的研究主要就其本身的连通性而言,以在地理层面的讨论为主。如罗鹏飞等(2004)以沪宁地区为例,探讨在高铁影响下沿线地区可达性的变化,采用有效评价旅行时间、经济潜力、日常可达性三类指标,认为高铁沿线地区可达性产生了深刻变化,且邻近区域亦可受益。蒋海兵等(2010)利用日常可达性、潜力值与加权平均时间等指标,采用有无对比法分析京沪地区中心城市可达性空间格局的变化,进一步探讨高铁对中心城市可达性的影响。

随着数据可得性和计量方法的不断改进提升,越来越多的学者展开了关于高铁引致的城市可达性对城市经济发展影响的研究。如张俊(2017)基于 2008—2013 年中国县级面板数据考察了高铁开通给开通高铁的县的经济发展带来的影响,结果显示高铁开通促进了开通高铁县的投资的增加(平均而言开通高铁县的固定资产投资增加了 37%,约 10.86 亿元),进而促进了有高铁的县级市的经济增长,观测样本期间的实证结果显示高铁对县级城市产业结构没有显著的影响。刘勇政和李岩(2017)基于 2000—2013 年280 个地级市的面板数据,运用双重差分法实证检验了高铁开通对城市经济增长的影响,并着重探讨了高铁开通的时滞效应、空间溢出效应和内生性问题。研究发现,高铁开通城市的年均经济增长速度高于未开通城市2.7个百分点,高铁开通城市的相邻城市的年均经济增长速度高于未开通城市 2个百分点。进一步的分析表明,高铁建设促进了城市产业结构调整并加速了城镇化进程。

高铁网络的时空压缩效应显著缩短了旅游客源地和目的地之间的通勤时间,能提升旅游目的地的可达性和吸引力(蒋海兵等,2014;李保超等,2016),对旅游业具有显著的带动作用。魏丽(2020)通过 2003—2016 年中国 31 个省份的面板数据,实证检验了高铁对旅游业及其主要细分行业绿色生产效率的影响,发现了显著的正向影响,即高铁促进了地区旅游业绿色生产综合效率和纯技术效率水平的提高,但对生产规模效率的影响不足。进一步的异质性分析发现,高铁对中西部旅游业绿色生产效率存在积极的促进作用,但对东部地区的影响不存在;对旅游业处于中等效率水平的促进作用较大,对低效率水平和高效率水平的促进作用较小。此外,研究也关注高铁与其他交通运输方式之间的关系。例如,张克中和陶东杰(2016)认为,虽然高铁是载人的交通工具,但也释放了铁路和公路的货运力,降低了货物运输成本,研究使用地级市的铁路和公路的货运总量的对数、客运总量的对数对高铁进行回归。结果表明,高铁开通并没有降低沿途地级市货运总量和客运总量,反而显著地增加了货运总量,这说明高铁的开通是交通基础设施的一次重大提升,增加了人流、物流和信息流。

除了使用面板数据考察高铁对沿线城市的影响,空间经济学的发展也为高铁的空间溢出效应探索提供了理论启示与支撑。例如,陈丰龙等(2018)使用校准后的城市卫星灯光数据,从空间收敛的视角来分析中国区域协调发展演变特征。结果显示,在考虑空间互动关系的前提下,中国城市经济增长总体上存在绝对收敛和条件收敛,基于不同空间权重的估计结果都支持了这一结论。基于空间溢出的学习效应、分享效应、竞争效应等是不同城市实现经济收敛的内在机制。进一步的研究还发现,在过去的 20 年中,城市群收敛并不是中国俱乐部收敛的普遍现象,俱乐部收敛仅出现在相对富裕的城市群内。但高铁开通后,大多数城市群的表现发生了逆转,经济增长基本呈现出收敛的趋势。易巍等(2021)通过匹配中国专利引文数据库、城市高铁开通数据等考察中国高校知识在城市间流动的特征,研究发现:第一,高校专利的被引可能性与被引次数随地理距离的增大而减少;第二,高铁带来的时空压缩效应可使本地引用两小时车程内的外地高校专利的可能性增加 4%,引用次数提升 17%;第三,高铁开通通过促进学术会议举办、提升科技服务等渠道促进了高校技术知识的传播。王永进和侯韫韬(2022)基于中国高铁开通这一自然实验,采用 2001—2016 年 172 个地级市的微观商品价格数据,运用倍差法研究人员流动对城市间商品价格差异的影响。

2.城市集群、产业布局与区域经济发展的相关研究

空间维度关于高铁经济效应的考察主要基于它在空间结构上的塑造功能,即空间重组。产业层面的探索则是以高度依赖人员面对面交流的行业为切入,如龙玉等(2017)基于风险投资的视角,研究高铁通车改变地理距离

的时空约束条件后会引致的风险投资行为的新变化。分析表明,与非高铁城市相比,高铁扩展了风险投资中心城市的投资辐射范围,对高铁城市的风险投资显著增加。而且在高铁通车后,由于投资人和创业者之间的信息不对称程度有所降低,信息敏感性较高的初创期和扩张期的风险投资明显增加。同时,市场化程度更高的非国有的风险投资机构对高铁城市的新增投资较国有风险投资机构更多。研究结果揭示了高铁对地方经济发挥效应的一种作用机制——高铁带来的空间压缩、时间节约、可达性提高使得高铁城市吸引了更多的风险投资,有利于地方经济转型和推动创新。龙玉等(2019)分别以是否成功退出持股企业及投资回报率作为风险投资绩效的代理变量,利用高铁通车这一外生冲击,考察软信息传递和市场准入变化是否促使风险投资更多关注投资后的管理和增值效应的发挥。实证结果表明,在高铁通车之后,风险投资和被投资企业之间的交流便利性提升,软信息更加容易传递,异地投资(尤其是距风险投资所在地50—400公里距离范围内的投资项目)的绩效较之前明显提高。

认知能力密集型的创新行为同样也被认为与复杂信息的传递密切相关,因而有不少学者关注高铁对创新的影响。例如,郭进和白俊红(2019)选用中国沪深两市 A 股上市公司样本,以专利授权量作为企业创新产出的代理变量,从微观企业视角检验了高速铁路建设促进企业创新发展的政策效应;基于资源配置以外的知识溢出视角,指出高速铁路建设在促进企业创新发展方面的重要作用,中国的高铁网络已经成为推动创新驱动发展和建设创新型国家的有力支撑。李涛等(2019)发现,在高铁开通后,东部地区获益最多,高铁提高了人才和消费需求对创新的贡献度。中部地区高铁导致了负向溢出,西部地区的高铁影响不显著。

空间溢出的作用方向可正可负,表现为高铁的集聚力和扩散力。如下元超等(2018)认为,以往研究在考察高铁与区域经济增长关系的过程中,忽视了高铁对区域经济差距的影响,也缺乏对高铁开通背景下要素在区域之间流动现象的关注。在对当前中国高铁开通背景下区域经济增长格局的经验事实进行分析的基础上,研究以是否开通高铁作为一项准自然实验,采用中国 2004—2014 年 287 个地级市的数据对高铁开通与区域经济差距的关系进行了考察。实证探究结果显示,高铁开通能够通过要素流动对区域经济差距产生显著的正向影响,即高铁开通能够拉大区域经济差距,产生极化效应。高铁开通显著扩大了省会城市的经济差距,但是对非省会城市的影响效应是不显著的。再如,邓涛涛和王丹丹(2018)采用双重差分法,以2007—2015 年中国地级城市面板数据为研究样本,实证检验中国高速铁路建设与城市蔓延的因果效应。研究发现,高速铁路已成为诱发中国城市蔓延现象的重要因素。逐年检验的结果显示,随着中国高速铁路的不断推进,高铁导致的城市蔓延现象呈现出阶段性特征。周玉龙等(2018)利用2007—2014年中国城市土地出让的微观数据,运用结合特征价格模型的双重差分法和三重差分法,实证考察了中国高铁建设对城市建设用地市场的多重影响。结果表明,高铁显著地提高了地方政府的土地出让数量和出让金总额,研究结论为地方间的"高铁争夺战"提供了经验支持。进一步的机制分析揭示了高铁的"引流"效应,以及地方政府在出让工业用地和非工业用地时采取"横向补贴"的策略。因此研究认为在未来的高铁建设中,要谨防高铁导致区域发展不均衡扩大、商住用地过度开发,以及因强化土地财政而引发的系统性金融风险。齐昕等(2021)以长三角、珠三角、辽中南城市群为例,借助社会网络分析和空间计量方法,研究高铁对城市群的空间关联结构和经济增长的影响,研究发现高铁建设增强了各城市的节点中心度,增进了城市之间的空间关联,改变了多数城市的节点中心度位序,从而重塑了各城市群的空间位序结构,极大地促进了城市群经济的协调发展。

微观层面的考察同样得益于数据可得性的提高,已有研究围绕高铁对企业和行业层面的影响进行了日益丰富的考察。例如,杨国超(2021)基于2003—2018年全部的A股上市公司数据,研究发现高铁通车降低了公司费用黏性,其作用渠道是降低企业调整成本、减少代理问题,最终提高企业的成本管理效率,且降低作用仅存在于地区初始交通条件较差、调整成本较高以及代理问题较严重的企业中。高铁可以直达的城市数量越多,高铁的网络效应越明显,对费用黏性的降低作用就越大。孙伟增等(2022)认为:高铁开通显著促进了城市产业结构指数的提升;当高铁连通的城市之间产业结构不同而经济发展水平相近时,分工效应起主导作用,并导致产业结构的两极分化;当高铁连通的城市之间既存在产业结构差异又存在发展水平差异时,趋同效应起主导作用,促进了产业结构的相似化;高铁连通使得城市间开发区主导产业的差异度显著下降。施德浩(2022)认为,高铁开通将会推动长三角地区县级单元的产业结构升级,即引导第二产业的退出和第三产业的集聚;高铁对产业结构的影响与县域人口规模呈现出明显的正相关关系,且同时表现在第二产业的分散和第三产业的集聚上;第三产业对高铁开通更加敏感。唐昭沛等(2021)根据城市产业发展特征将城市分为二产主导型城市和三产主导型城市,借助双重差分模型探讨高铁对不同产业结构的城市生产性服务业及其细分行业的空间效应差异,认为:在静态上,高铁促进二产主导型城市产业空间分散、三产主导型城市产业空间集聚;在动态上,高铁对二产主导型城市的生产性服务业空间集散具有先促进集聚后促进分散的特性,对三产主导型城市的产业效应始终表现为促进集聚。

另外,还有一部分学者关注高铁在能源和环境方面的影响,主要是从高铁使用电能这一更为绿色的能源的角度出发。例如,孙鹏博和葛力铭(2022)使用双重差分法和空间杜宾模型系统地研究高铁对城市工业的碳减排效应。研究发现,高铁开通降低了城市的工业碳排放,高铁通过影响企业的技术和成本,实现了绿色技术创新、产业升级和生产率提升,从而降低了城市工业碳排放;高铁通过技术外溢作用实现了沿线中小城市的工业碳减排。高洪玮和吴滨(2022)选取长江经济带的地级市数据进行研究,发现高铁开通显著促进了长江经济带沿线城市制造业的绿色转型,在西部长江上游城市群、直辖市和省会城市以及非沿江城市的促进作用更为突出。此外,长江经济带高铁开通可以通过加快人力资本和研发资本要素的流动促进制造业绿色转型,而高铁开通对铁路货运能力的释放尚不显著,绿色物流在高铁开通促进制造业绿色转型中的中介作用有待进一步发挥。

3. 高铁调整区域空间结构的相关研究

高铁作为交通基础设施,最根本的价值一定是对要素在空间上流动以及这种流动所带来的空间结构的影响,大量的高铁经济效应研究也以此为落脚点。例如,孙健韬(2012)用面板数据模型定量分析武广高铁开通后对沿线地区经济发展的影响,发现武广高铁对沿线地区经济发展的影响不尽相同,大城市的城市化率稳步提升,中小城市的城市化率出现下降,虹吸效应初现端倪;大城市第三产业快速发展,产业结构进一步优化,中小城市第二产业快速发展,工业化水平快速提升。韩旭(2016)关注高铁对中国城市可达性和区域经济空间格局的影响,利用截面数据分析,研究发现,高铁开通显著地提升了城市可达性,使城市间的经济联系更加密切,但同时发现高铁的影响在不同发展水平的城市和区域有差异。赵庆国(2013)分析高铁缩小中国区域差距的作用机理,认为高铁的大能力通道为区域经济发展提供高效运输支撑,速度革命引起的时空压缩提高了区域市场的统一度和紧密度,快速运输线的辐射效应造就了密集的区域性沿线经济走廊和经济带。

邓涛涛等(2017)指出,时间距离逐渐取代传统的空间距离成为影响服务业布局的关键因素。笔者利用 2006—2015 年长三角城市群统计数据和列车实际运营数据,通过构建双重差分模型并引入经济地理学中的引力模型量化了高铁引致的时空收敛效应,定量分析了长三角高速铁路由线成网推进对城市服务业集聚的影响,研究发现长三角高速铁路开通初期(2007—2011 年)对沿线城市服务业集聚的影响并不显著。高速铁路网引致的非均衡时空收敛效应使高铁沿线城市市场区位等级发生重构,加剧了大城市和小城市区位条件的不均衡。

三、作用机制分析

(一)要素流动机制

新经济地理学理论认为,在规模收益递增的情况下,经济聚集会促进经济增长(Duranton & Puga,2004;Duranton & Turner,2012;Duranton et al.,2014)。在不完全竞争的条件下,经济集聚形成地理上的中心—外围经济分布模式。区域经济活动究竟是从外围向中心集聚,还是从中心往外围扩散,取决于诸多因素,如市场规模、交通费用以及区域间劳动力的流动性等(Krugman,1980)。其中交通基础设施的改善能降低流动成本,为要素在空间流动提供便利的通道。龙玉等(2017)认为,高铁能够促进沿线风险投资,之所以会出现这种情况,是因为高铁的开通促进了"软信息"的传递,使得风险投资在一定程度上打破了本地化限制。Qin(2017)以中国铁路提速为准自然实验,研究发现铁路提速改善了节点城市间的旅客获得快速列车服务的渠道,但是使外围县级城市获得这种服务的渠道受损。通过应用双重差分模型进行分析,发现2007年高铁提速后,铁路提速所经过的县级城市生产总值和人均生产总值均下降了4%—5%,表明城市间交通成本下降可能使经济活动由外围县向中心城市集中。Lin(2017)利用1999—2013年中国地级市数据,通过细分中心城市和外围城市,考察高铁对当地经济发展的影响及其影响机制。双向固定效应模型回归结果表明,高铁负向影响外围城市的人均生产总值的增长。文章采用工具变量法来减少内生性问题,结果依然稳健。机制探究结果表明高铁建设促进了中心城市对外围城市人均固定资产投资、人均财政支出、人均教育投资和人均外商直接投资的虹吸效应,从而负向影响外围城市的人均生产总值。

高铁对人员流动的影响在研究中较多地体现在了对通勤的影响分析中。例如,Heuermann和Schmieder(2019)将高铁开通作为准自然实验,研究通勤时间的下降对德国工人工作地和居住地选择的影响。结果显示,高铁的优势主要集中在中短距离,具体作用范围为150—400公里。Bernard等(2019)在分析95万多家日本企业之后也发现,企业所需的一部分投入要素是外包给其他企业生产的,企业规模越大、生产效率越高,其所拥有的要素供应者便越多;地理因素对于要素供给企业和要素需求企业的匹配而言十分重要,大多数供求匹配都局限在当地及周边30公里范围内,企业规模越大,要素供给企业便可能离得越远。此外,Charnoz等(2018)认为,管理者在空间流动上的复制性提高会使生产工厂和总部之间的信息传递变得更加容易,从而促进位置偏远的分公司发展和企业生产活动的专业化,并降低集团层面的运营成本。

受高铁影响的人员流动除了上述研究中体现在企业员工的通勤方面,区域层面也反映了城市或地区的人力资本流动。例如,Yu 等(2019)将高铁开通作为准自然实验,考察高铁开通是否给中小城市带来了经济增长,构建最小生成树作为工具变量,研究发现高铁开通会负向影响中小城市的人均GDP。进一步的作用机制研究发现,高铁使中小城市的资本投入和工业产出下降,高技能劳动者流入大城市。宣烨等(2019)揭示了高铁通过提升区位可达性、降低交易成本和改善地区间要素的相对丰裕程度而影响服务业空间集聚的作用机制。余泳泽和潘妍(2019)发现,高铁缩小了城乡的收入差距,认为原因在于高铁的开通使高质量劳动力流入城市,而高铁对高质量劳动力的影响大于对低质量劳动力的影响。因此,当高铁为城市吸引来高质量劳动力时,由于高低质量劳动力互补使得地区的低质量劳动力也出现短缺,供需关系使得低质量劳动力收入水平提升。吉赟和杨青(2020)发现,高铁开通之后,沿线企业的创新能力显著增强,具体表现在专利授权数量、专利申请数量的显著增长方面,其中尤以发明型的专利授权、专利申请数量的增长最多,并且这种促进效应是逐年增长的。此外,机制分析证明了高铁通过促进企业高学历技术人员的增加进而增强了企业的创新能力。

随着研究内容的不断深入,也有一些学者对高铁的这种要素流动性进行了更为系统与一般化的提炼总结。马光荣等(2020)分析认为,高铁作为交通基础设施,能提升资本要素的空间流动性,在空间上产生虹吸效应,进而扩大本地市场规模。得益于生产的规模报酬递增和产业集聚的正外部性,大城市的生产效率提升。研究结果显示,高铁增加了上市公司异地投资的数量,大城市相较于小城市会吸引更多投资,资本的流动方向是从中小城市流向大城市。实证分析结果较好地支撑了高铁促进规模经济和专业化分工等研究假设。进一步地,文雁兵等(2022)研究指出,高铁等交通基础设施促进了要素的空间流动,改善了所连接地区的市场准入,因而促进了产业结构调整与要素的综合配置效率改进。

(二)释放运能机制

高铁新线路的修建能够释放原有铁路的货运能力,但影响程度大小和显著与否在学术界的争论一直存在。一些学者认为,新的交通线路修建虽然能带来新的通行能力,但也会产生新的运输量,因此不能缓解原有铁路货运能力不足的问题。例如,Duranton 和 Turner(2011)发表在《美国经济评论》上的文章指出,新产生的交通需求导致美国新建的城市内部道路和州际公路不能解决交通拥堵的问题。

但是其他许多学者持相反观点。例如,王强等(2014)的研究结果表明,目前在有高铁运营的航线上,航空公司的行为参数受到了显著的负向影响,民航票价显著下降,这对航空公司的运营造成了很大影响。嵇昊威和赵媛(2014)分析指出,高铁不仅会对经济社会产生重大影响,也有效释放了运能,促使铁路煤炭运输能力提升。该研究以江苏省为研究对象,测算了长三角高铁——京沪高铁、沪宁高铁建设前后煤炭的运输能力。结果显示,随着高铁建设的不断推进,客货分线的形式显著提升了铁路运煤线路的运能。Lin(2017)对不同交通方式的双重差分估计结果显示,高速铁路的开通显著地增加了铁路客运量,边际效应为18%。对总客运量的影响也是显著正向的,边际效应为9.6%,即高铁里程每增加1%,会促进客运量增加9.6%,这表明高铁增加了额外的交通出行量,从其他交通运输方式转移过来的客运量是微小的。高速铁路的开通对公路的客运量有很小的正向影响,对民航有较大且显著的负向影响,这说明高铁与民航之间有较高的替代性,而与公路运输的替代关系则不明显。高速铁路的开通对铁路货物运输的影响不显著,这证实了高铁影响城际旅客的出行成本,而不是货物贸易成本。

高铁释放运能、提升交通运输系统运力的作用机制还被进一步运用到对其经济效应的解释当中,产生了更加显著的学术价值。例如,孙浦阳等(2019)基于理论和实证研究发现,地区的高铁开通通过释放铁路资源,便利了物流,降低了商品从生产地到消费市场的运输成本,进而能强化进口关税下降引致商品价格降低的机制。唐宜红等(2019)通过理论分析提出了高铁促进铁路和高速公路释放货运运能,以及降低商品在地区间流通的可变成本的机制,尽管既有面板数据没有很好地支撑研究分析,但给出了包括运价高、区位优势未能体现以及运营成本较高挤占传统基础设施建设投入等方面的可能的解释。李建明和罗能生(2020)发现,高铁开通的雾霾减缓效应主要是通过对公路客运量进行替代和促进产业结构调整实现的。张梦婷等(2020)认为,随着2008年中国高铁进入交通运输系统,铁路客运量显著增加,公路客运量呈下降趋势,这意味着高铁可能分担了公路客运的负担,释放了公路客运的货运运能。李涵和李超(2021)以秦沈客运专线为对象,系统考察了高铁通过分流对货运系统产生的影响。研究结果显示,高铁开通的确通过分流提高了常规铁路的货运运输效率,进而降低了企业库存的成本,高铁开通后沿线企业库存量显著下降,促进了企业生产效率的提升与地区经济的增长。

(三)信息交流机制

空间溢出效应是指某项经济活动通过生产要素流动、知识技术溢出对空间上邻近的个体产生的影响(苏汝劼和姜玲,2020)。交通基础设施除了具有公共物品的特征外,还具有显著的网络性和外部性等特征。交通基础设施的外部性是其产生空间溢出效应的基本原因(张学良,2012)。交通基础设施通过促进生产要素流动和知识溢出,使生产要素在空间上集聚和扩散,从而产生了一定程度的外部性,会对其他地区的经济活动产生影响。而交通基础设施的网络性将不同区域联系起来,使人流、物流、信息流通过交通网络都能到达目的地,以此促进生产要素流动,进一步增强城市间的经济联系,强化了外部性特征。

得益于高铁连通所便利的人员流动及复杂信息交流,一般认为最显著的作用领域就是创新和学术合作,如 Dong 等(2020)将高铁开通作为准自然实验,考察高技能劳动者在更快的移动速度中是否更有可能促进学术合作,进而将知识和想法传播到更远的地方,研究结果表明,如果城市开通高铁,则该城市的研究人员论文发表的数量和质量方面都有显著的提高,这有利于两个城市之间学者的交流。郭进和白俊红(2019)研究发现,高铁运输所带来的人与人之间的面对面交流显著促进了信息传播和知识溢出,进而降低企业创新的社会成本。

也有学者关注这种信息交流对公司治理和城市间经济往来的影响,如赵静等(2018)认为,高铁的开通可通过降低信息不对称和降低利益相关者的监督成本来抑制经理人进行机会主义行为的能力和动机,从而降低企业股价崩盘风险。孙浦阳等(2019)进一步从进口关税的角度探究高铁开通对外贸开放的影响,实证发现高铁的开通能够促进城市群信息流动,其作用渠道是高铁开通增强了进口关税下降对国内零售商品价格的影响。此外,张梦婷等(2020)指出,高铁"只运人不运货"的特性预期能显著促进复杂信息的面对面交流,他们的研究依据 Cristea(2011)的研究结论,从机场和港口的视角侧面验证了研究猜想。叶德珠等(2020)认为,高铁改变了城市可达性,通过扩大本地市场效应(即经济集聚)而促进不同产业间的知识交流和溢出,带来对创新的正向激励。潘爽和叶德珠(2021)研究发现,高铁开通能提高企业异地并购成功的概率,并显著降低市场分割对资源流动的阻碍作用。这是由于高铁的建设在一定程度上打破了地方政府保护导致的信息流不畅通的局面,促进了跨城市的考察交流。而信息流的畅通是企业并购的重要影响因素。高铁开通促进了跨区域信息流的畅通,当然也提高了企业异地并购的成功率。郭照蕊和黄俊(2021)研究发现,上市公司所在地开通高铁后，由于内外信息不对称程度降低，公司权益资本成本显著下降。进一步的研究表明，高铁的开通提升了公司股票流动性并且提高了信息披露质量，这两点是影响权益资本成本的重要路径。

第三节　文献评述

通过文献梳理可知，资源的空间配置本质上是资源的空间分布带来的经济效应。高铁带来的集聚力量促进要素在市场机制的驱动下向生产率高的地区集聚，提高了要素的边际产出，这意味着要素配置效率的提升。交通基础设施的网络性将不同区域联系起来，使人流、物流、信息流通过交通网络快速而便捷地到达目的地，促进生产要素流动，进一步增强了城市间的经济联系，强化了交通基础设施公共品的外部性特征。

随着高铁建设的不断发展，国外对高铁进行了较为系统和深入的研究，但研究结论存在争议。综合来看，产生争议的点主要在于不少研究发现高铁开通对小城市的经济发展不利，他们的基本逻辑都是高铁开通导致了虹吸效应的发生。从局部的区域发展视角来看，虹吸效应确实会在短期内导致小城市的资本和劳动力等生产资源向大城市聚集，不利于小城市的经济增长。但是从全局视角看，虹吸效应提高了资源配置效率，可能对总体经济发展产生一定的影响。然而，纵观现有文献，很少有研究从资源配置角度深入探究高速铁路对整体经济发展的作用机制。现有的相关研究表明，包括高速铁路在内的交通基础设施存在一定的溢出效应，因此在研究高铁相关问题时有必要考虑空间溢出效应。高铁产生的溢出效应至少包括两类：一类是开通高铁的城市对周边未开通高铁城市的溢出效应；另一类是开通高铁的城市对同样开通了高铁的周边城市的溢出效应。然而，当前对于高铁针对不同城市产生的两种类型的溢出效应是否存在差异这一问题缺乏关注。

第三章 中国高铁网络发展的典型事实

本章是中国高速铁路发展概述及典型事实梳理,呈现了高速铁路的发展起源、发展过程、发展成就以及发展趋势,包括发展历程、空间特征和系统性特征,全面梳理中国交通网络的发展以及高铁在其中的价值,全面总结和展现高速铁路当前及未来的经济价值,为下文的高铁经济效应分析奠定基础。

第一节 发展历程

从 20 世纪 90 年代开始,中国高速铁路发展经历了从无到有、从弱到强、从"跟跑"到"并跑"再到"领跑"的过程,始发于六次大提速,如表 3-1 所示,实现了从"技术引进"到"中国制造"再到"中国创造"的飞速发展,开辟了一条具有中国特色的高速铁路自主创新之路。改革开放不仅揭开了中国经济社会发展的新篇章,也使交通基础设施建设进入了快速发展的崭新阶段。2003 年,迫于每年庞大的客运需求和脆弱的运载能力之间的巨大压差,铁道部(2013 年改为国家铁路局)也提出了建造高铁的跨越式发展构想,铁路机车车辆工业的发展由此进入重大的历史转折期。从 2004 年到 2014 年,中国迅速成长为全世界公认的头号高铁大国,工程建造技术、高速列车技术、高铁运营管理技术和高铁系统集成技术都达到世界一流水平,并创造了多项"世界之最"。

表 3-1　中国六次全国铁路大提速情况概述

项目	第一次大提速	第二次大提速	第三次大提速	第四次大提速	第五次大提速	第六次大提速
时间	1997 年 4 月 1 日	1998 年 10 月 1 日	2000 年 10 月 21 日	2001 年 10 月 21 日	2004 年 4 月 18 日	2007 年 4 月 18 日
主要线路	京广、京呼、京哈三大干线	京广、京呼、京哈三大干线	陇海、兰新、京九和浙赣	京广南段、京九、武昌—成都、浙赣、哈大	主要城市间的城际线	京哈、京沪、京广、陇海、沪昆(浙赣段)、胶济等

续　表

项目	第一次大提速	第二次大提速	第三次大提速	第四次大提速	第五次大提速	第六次大提速
最高速度/(km/h)	160	160	160	160	200	250
提速里程/km	1398	6449	9581	13166	16500	22000
主要特点	列车最高运行速度达到160km/h	列车最高运行速度达到160km/h	列车调整为三个等级,即特快旅客列车、快速旅客列车和普通旅客列车	覆盖全国大部分省区市;优化"夕发朝至"列车运输模式	推出直达特快旅客列车,主要实现大城市间的快捷运输	形成三大系列客运产品:动车组列车、"一站直达"或"夕发朝至"列车、普通旅客列车

改革开放以来,以交通基础设施投资为主的中国基础设施建设实现了跨越式增长,取得了令人瞩目的成就。尤其是 1998 年以来,我国不断实施积极的财政政策以增加公共基础设施的投资,其中公路和铁路作为我国最主要的交通基础设施,得到了大量的投资,相应地,其发展速度也是非常快的。2019 年,中共中央、国务院印发了《交通强国建设纲要》,明确从 2021 年到 21 世纪中叶,分两个阶段推进交通强国建设:第一个阶段,到 2035 年,基本建成交通强国。基本形成"全国 123 出行交通圈"(都市区 1 小时通勤、城市群 2 小时通达、全国主要城市 3 小时覆盖)和"全球 123 快货物流圈"(国内 1 天送达、周边国家 2 天送达、全球主要城市 3 天送达)。第二个阶段,到 21 世纪中叶,全面建成人民满意、保障有力、世界前列的交通强国。伴随着交通基础设施的不断完善,运输成本大大降低,区域间的要素流动更加便利,地区经济也得到了飞速发展。中国已经迅速成长为世界公认的高铁大国,高铁技术得到了国际认可,在短时间内发展起来的高速铁路建造能力也促使高铁行业的业务范围不断向世界扩张。中国中车股份有限公司(简称中国中车)与中国铁建股份有限公司(简称中国铁建)等高铁领域的顶尖公司纷纷与美日等国的高铁公司在国际订单上展开竞争。美国、俄罗斯、巴西等国家同中国达成合作建设高铁和发展铁路的意愿与共识,部分项目已经取得重要进展。中国企业在境外承揽的铁路项目涉及 50 多个国家和地区,铁路技术装备已出口到 30 多个国家。复兴号动车组是我国具有完全

自主知识产权并且达到世界先进水平的动车组列车,已经量产出时速 350 公里、250 公里、160 公里等不同速度的动车。归纳起来,中国高速铁路的发展历程具体可分为三个阶段。

一、基于技术引进与消化吸收的创新追赶期:2004—2007 年

2004 年 1 月,国务院审议通过了《中长期铁路网规划》,这是中国铁路历史上第一个中长期发展规划。这一规划确定的发展目标为,到 2020 年,全国铁路营运里程达到 10 万公里,其中时速 200 公里及以上的客运专线达到 1.2 万公里以上。之后,国务院提出"引进先进技术、联合设计生产、打造中国品牌"的基本方针,至此,发展高速铁路已经成为国家重大发展项目,体现了国家的战略利益和发展目标。基于铁路装备既有的技术基础和技术人才,围绕高铁的各个平台(如基础研发平台、制造平台和产学研联合开发平台)在各大企业迅速搭建成型。2007 年 4 月,全国铁路第六次提速完成,提速后具备速度 200km/h 能力的既有线路和国产"和谐号"动车组同时被写进了中国铁路发展史。2008 年 4 月,时速 200 公里以上的高速动车组 CRH2A 型"和谐号"国产动车组首次启用并批量投入运营。至此,中国高铁企业系统掌握了高速动车组总成、车体、转向架等九大关键技术及主要配套技术。中国不仅实现了时速 200 公里、国产化率达到 75% 以上动车组的批量生产,而且此次搭建起的高速动车组技术平台也达到了国际先进水平。短短数年,中国高速铁路取得了大量的技术创新成果,工程建造技术、高速列车技术已达世界先进水平。这一时期虽然高铁企业对引进技术的吸收能力有很大程度的提高,总体技术水平一流,但关键技术尚未掌握。

二、基于集成创新的创新超越期:2008—2012 年

2008 年《中国高速列车自主创新联合行动计划》启动实施。2008 年 8 月,中国第一条具有完全自主知识产权、世界一流水平的高速铁路——京津城际铁路投入运营,标志着国内企业具备了自主设计制造时速 300—350 公里级别高速列车的能力。这也意味着中国高铁在轮轨动力学、气动热力学控制、车体结构等关键技术上实现了重大突破。2009 年 12 月,世界上一次建成里程最长、运营速度最快的武广高速铁路开通运营。2010 年 5 月,中国拥有自主知识产权的最高运营时速 380 公里的新一代高速列车"和谐号"380A 在中国北车长春客车股份有限公司高速列车制造基地竣工下线,其间解决了许多关键性的技术难题,在流线头型、气密强度与气密性、振动模态、高速转向架等方面均表现出了技术先进性。2011 年 6 月,世界上一

次建成线路里程最长、技术标准最高的高速铁路——京沪高铁顺利开通运营。2012年12月,世界上第一条地处高寒地区的高铁线路——哈大高铁正式通车运营。这些都有力地证明了高铁产业中国创造的实力。2012年12月,世界上运营里程最长,跨越温带、亚热带,穿越多种地形地质区域和众多水系的北京至广州的京广高铁全线通车,全长2298公里。2013年,中国高铁营运里程达到11028公里(约占世界高铁运营里程的45%),中国成了世界高铁投产运营里程最长的国家。

高速铁路网络的目的是在人力资源集中的省会城市和其他分布广阔的、有着丰富自然资源和多样社会经济结构的主要城市之间形成联系。《中长期铁路网规划》(2016)中将铁路网的扩展目标定为:到2025年,铁路网规模达到17.5万公里左右,其中高速铁路3.8万公里左右,网络覆盖进一步扩大,路网结构更加优化,骨干作用更加显著,更好发挥铁路对经济社会发展的保障作用;连接20万人口以上的城市、资源富集区、货物主要集散地、主要港口及口岸,基本覆盖县级以上行政区,形成便捷高效的现代铁路物流网络,构建全方位的开发开放通道,提供覆盖广泛的铁路运输公共服务。连接主要城市群,基本连接省会城市和其他50万人口以上的大中型城市,形成以特大城市为中心覆盖全国、以省会城市为支点覆盖周边的高速铁路网。形成相邻大中型城市间1—4小时交通圈,以及城市群内0.5—2小时交通圈。

三、技术资本密集型的高速发展时期:2013年至今

党的十八大以来,中国交通运输发展取得重大成就,网络化运行达到新水平,无论是投产规模,还是投资规模,均达到历史最高位。截至2020年底,中国高速铁路运营里程达到3.5万公里以上,占世界高铁总里程的比重超过70%,"八纵八横"高铁网络已基本建成,中国拥有了世界上最大规模的高铁运输网络。

2013年7月,宁杭高铁、杭甬高铁开通,构筑了长三角高速铁路主骨架,形成了以上海、杭州、南京、宁波为中心的长三角地区1—2小时交通圈。

2013年12月,津秦高铁开通,与哈大高铁、京沪高铁、京广高铁一起构建了连接东北、华北、华东、华南和广大中部地区的高速铁路网络,为推进京津冀地区一体化发展,以及环渤海地区加速崛起奠定了重要的交通运输基础。

2013年12月,连接长三角和珠三角的东南沿海高铁全线贯通运营,全长1524公里。

2014年12月,贵广高铁全线贯通,翻越地质极其复杂的西南地区的崇山峻岭,将西南山区和珠三角连为一体。

2014年12月,兰新高铁开通,联通兰州至乌鲁木齐,全长1776公里,途经广袤无垠的西北边陲,穿越自然环境恶劣、最大风速高达60km/h的风区、戈壁荒漠。

2015年6月,合福高铁全线通车,全长852公里,途经中国七大自然风景区,被誉为"风景最美的高铁"。

2016年12月,上海至昆明的高速铁路全线通车,沪昆高铁是中国东西向线路里程最长、途经省份最多的高速铁路。

2017年7月,宝鸡至兰州的高速铁路通车,标志着西北山区全面融入全国高铁网络。

2018年9月,哈佳快速铁路开通,这是世界最长的高寒地区快速铁路。

2018年9月,广深港高铁香港段开通,线路全长141公里,内地段为115公里,香港段为26公里。香港段高铁线路的开通标志着香港正式踏入高铁新时代,大大缩短了香港与内地城市间的时空距离。

2018年12月,杭黄高铁开通运营,沿线穿越了7个5A级风景区,以及50多个4A级风景区、10多个国家级森林公园,是一条世界级黄金旅游线,该铁路线的开通结束了浙江西部不通高铁的历史。

2018年12月,川藏铁路成雅段开通运营,此段是从川入藏的第一段,该铁路开通后,最快84分钟可从成都进入川西享受美景,此外,该铁路也将沿途多县带入了动车时代。

2019年9月,京雄城际铁路北京西至大兴机场段开通运营,"复兴号"驶进全球最大单体航站楼——北京大兴国际机场航站楼。

2020年6月,喀赤高铁开通运营。喀赤高铁北起内蒙古赤峰市,向东南方向进入辽宁省朝阳市,与京哈高铁接轨。喀赤高铁的开通使赤峰市进入高铁时代,可以快速到达东北地区。

2020年12月,银西高铁开通运营,线路全长250公里,设计速度为250km/h,银西高铁的开通使塞上江南银川首次被纳入全国高铁网,通过西安北站,可以南下东进,吴忠、庆阳等地自此进入高铁时代。

2021年1月,徐连高铁开通运营,徐连高铁开通后,我国"八纵八横"高速铁路网最长横向通道——连云港至乌鲁木齐的高速铁路全线贯通,与此前已开通运营的郑州至徐州、郑州至西安、西安至宝鸡、宝鸡至兰州、兰州至乌鲁木齐高铁连接,形成全长3422公里的高速铁路通道,为新亚欧大陆桥经济走廊发展提供有力支撑。

2021 年 12 月，沈佳高铁牡佳段开通运营，这是中国最东端的高铁，全线地处高寒地区。

中国高铁坚持集成创新、引进消化吸收再创新和完全自主创新相结合的创新路线，实现了"弯道超车"，高铁装备总体技术水平在较短的时间内走入了世界先进行列，建立了最完整的高速铁路技术标准体系。2015 年 6 月，具有完全自主知识产权、达到世界先进水平的中国首列标准动车组正式下线，标志着中国高速铁路创新正式跨入"中国标准"时代。2017 年 6 月，中国标准动车组正式命名为"复兴号"，分别在京沪高铁两端的北京南站和上海虹桥站双向首发。"复兴号"的开行不仅引领着含金量更高的"中国智造"，更开启了中国高铁创新发展的新征程。

表 3-2 为按照线路详细梳理汇总得到的 2008—2023 年中国高铁建设概况，正是这一条条线路铸就了中国高铁举世瞩目的发展历程。

表 3-2　2008—2023 年中国高铁的建设概况

线路名称	通车时间	途经城市
宁蓉铁路合宁段：合肥—南京	2008 年 4 月 19 日	南京、滁州、合肥
京津城际铁路	2008 年 8 月 1 日	北京、天津
胶济客运专线	2008 年 12 月 20 日	济南、淄博、潍坊、青岛
石太客运专线	2009 年 4 月 1 日	石家庄、阳泉、晋中、太原
宁蓉铁路合武段：合肥—武汉	2009 年 4 月 1 日	合肥、六安、黄冈、武汉
达成铁路	2009 年 7 月 7 日	达州、南充、遂宁、德阳、成都
甬台温铁路	2009 年 9 月 28 日	宁波、台州、温州
温福铁路	2009 年 9 月 28 日	温州、宁德、福州
京广高速铁路武广段：武汉—广州	2009 年 12 月 26 日	武汉、咸宁、岳阳、长沙、株洲、衡阳、郴州、韶关、清远、广州
郑西高速铁路	2010 年 1 月 6 日	郑州、洛阳、三门峡、渭南、西安
福厦高速铁路	2010 年 4 月 26 日	福州、莆田、泉州、厦门
成灌铁路	2010 年 5 月 12 日	成都
沪宁高速铁路	2010 年 7 月 1 日	上海、苏州、无锡、常州、镇江、南京
昌九城际铁路	2010 年 9 月 20 日	南昌、九江
沪杭高速铁路	2010 年 11 月 26 日	上海、嘉兴、杭州

续　表

线路名称	通车时间	途经城市
海南东环高速铁路	2010 年 12 月 30 日	海口、三亚
长吉城际铁路	2010 年 12 月 30 日	长春、吉林
京沪高速铁路	2011 年 6 月 30 日	北京、廊坊、天津、沧州、德州、济南、泰安、济宁、枣庄、徐州、宿州、蚌埠、滁州、南京、镇江、常州、无锡、苏州、上海
广深港高速铁路广深段	2011 年 12 月 26 日	广州、东莞、深圳
龙厦铁路	2012 年 6 月 29 日	龙岩、漳州、厦门
汉宜铁路	2012 年 7 月 1 日	武汉、孝感、荆州、宜昌
京广高速铁路郑武段：郑州—武汉	2012 年 9 月 28 日	郑州、许昌、漯河、驻马店、信阳、孝感、武汉
合蚌客运专线	2012 年 10 月 16 日	合肥、淮南、蚌埠
哈大高速铁路	2012 年 12 月 1 日	大连、营口、鞍山、辽阳、沈阳、铁岭、四平、长春、松原、哈尔滨
京广高速铁路京郑段：北京—郑州	2012 年 12 月 26 日	北京、保定、石家庄、邢台、邯郸、安阳、鹤壁、新乡、郑州
宁杭高速铁路：南京—杭州	2013 年 7 月 1 日	南京、镇江、常州、无锡、湖州、杭州
杭甬高铁：杭州—宁波	2013 年 7 月 1 日	杭州、绍兴、宁波
盘营高速铁路	2013 年 9 月 12 日	盘锦、锦州、鞍山、营口
津秦高速铁路	2013 年 12 月 1 日	天津、唐山、秦皇岛
厦深铁路（含汕头联络线）	2013 年 12 月 28 日	厦门、漳州、潮州、汕头、揭阳、汕尾、惠州、深圳
西宝客运专线	2013 年 12 月 28 日	西安、咸阳、宝鸡
广西沿海城际铁路	2013 年 12 月 28 日	南宁、钦州、北海、防城港
衡柳高速铁路	2013 年 12 月 28 日	衡阳、永州、桂林、柳州
柳南城际铁路	2013 年 12 月 28 日	柳州、来宾、南宁
武咸城际铁路：武汉—咸宁	2013 年 12 月 28 日	武汉、咸宁
大西客运专线：太原—西安	2014 年 7 月 1 日	太原、晋中、临汾、运城、渭南、西安
武石城际铁路	2014 年 6 月 18 日	武汉、鄂州、黄石
武冈城际铁路	2014 年 6 月 18 日	武汉、鄂州、黄冈

续　表

线路名称	通车时间	途经城市
沪昆高速铁路:南昌—长沙	2014 年 9 月 16 日	南昌、新余、宜春、萍乡、长沙
沪昆高速铁路:杭州—南昌	2014 年 12 月 10 日	杭州、绍兴、金华、衢州、上饶、鹰潭、抚州、南昌
沪昆高速铁路:长沙—怀化	2014 年 12 月 16 日	长沙、湘潭、娄底、邵阳、怀化
成绵乐客运专线	2014 年 12 月 20 日	成都、德阳、绵阳、眉山、乐山
兰新高速铁路	2014 年 12 月 26 日	兰州、海东、西宁、张掖、酒泉、嘉峪关、哈密、吐鲁番、乌鲁木齐
贵广高速铁路	2014 年 12 月 26 日	贵阳、黔南布依族苗族自治州、黔东南苗族侗族自治州、柳州、桂林、贺州、肇庆、佛山、广州
南广快速铁路:广州—南宁	2014 年 12 月 26 日	南宁、贵港、梧州、云浮、肇庆、佛山、广州
郑开城际铁路	2014 年 12 月 28 日	郑州、开封
青荣城际铁路	2014 年 12 月 28 日	青岛、烟台、威海
沪昆高速铁路贵州东段	2015 年 6 月 18 日	铜仁、黔东南苗族侗族自治州、贵阳
郑焦城际铁路	2015 年 6 月 26 日	郑州、焦作
合福高速铁路	2015 年 6 月 28 日	合肥、芜湖、铜陵、宣城、黄山、上饶、南平、福州
哈齐高速铁路哈北齐南段	2015 年 8 月 17 日	哈尔滨、绥化、大庆、齐齐哈尔
沈丹高速铁路	2015 年 9 月 1 日	沈阳、本溪、丹东
吉图珲高速铁路	2015 年 9 月 20 日	长春、吉林、延边朝鲜族自治州
南昆客运专线:南宁—百色	2015 年 12 月 11 日	南宁、百色
成渝高速铁路	2015 年 12 月 26 日	成都、资阳、内江、重庆
兰渝铁路广元至重庆段	2015 年 12 月 26 日	重庆、广安、南充、广元
郑机城际铁路	2015 年 12 月 31 日	郑州
郑徐高速铁路	2016 年 9 月 10 日	郑州、开封、商丘、宿州、徐州
渝万高速铁路	2016 年 11 月 28 日	重庆
沪昆高速铁路:昆明—贵阳	2016 年 12 月 28 日	昆明、贵阳、安顺、六盘水、曲靖
南昆高速铁路:百色—昆明	2016 年 12 月 28 日	昆明、百色、文山壮族苗族自治州、红河哈尼族彝族自治州

续　表

线路名称	通车时间	途经城市
徐兰高速铁路宝兰段	2017 年 7 月 9 日	宝鸡、天水、定西、兰州
张呼高速铁路乌呼段	2017 年 8 月 3 日	乌兰察布、呼和浩特
武九高速铁路	2017 年 9 月 21 日	武汉、鄂州、黄石、九江
西成高速铁路	2017 年 12 月 6 日	西安、汉中、广元、绵阳、德阳、成都
莞惠城际轨道东莞段	2017 年 12 月 28 日	东莞、惠州
萧淮客运联络线	2017 年 12 月 28 日	淮北
石济高速铁路	2017 年 12 月 28 日	石家庄、衡水、德州、济南
衢九铁路	2017 年 12 月 28 日	九江、上饶、景德镇、衢州
深茂铁路江茂段	2018 年 7 月 1 日	江门、阳江、茂名
广深港高速铁路香港段	2018 年 9 月 23 日	深圳、香港
哈佳快速铁路	2018 年 9 月 30 日	哈尔滨、佳木斯
杭黄高速铁路	2018 年 12 月 25 日	杭州、黄山、宣城
哈牡高速铁路	2018 年 12 月 25 日	哈尔滨、牡丹江
济青高速铁路	2018 年 12 月 26 日	济南、青岛、淄博、潍坊
青盐高速铁路	2018 年 12 月 26 日	青岛、盐城、日照、连云港
京沈高速铁路辽宁段	2018 年 12 月 29 日	阜新、朝阳
新通高速铁路	2018 年 12 月 29 日	沈阳、阜新、通辽
京雄城际铁路北京段	2019 年 9 月 26 日	北京
浩吉铁路	2019 年 9 月 28 日	鄂尔多斯、榆林、延安、运城、南阳、荆门、岳阳、新余、吉安
梅汕铁路	2019 年 10 月 11 日	梅州、潮州、揭阳
郑万高速铁路郑州至邓州段	2019 年 11 月 20 日	郑州、南阳、平顶山
日兰高速铁路日曲段	2019 年 11 月 26 日	日照、济宁、临沂
成贵高速铁路宜宾至贵阳段	2019 年 11 月 27 日	宜宾、昭通、毕节、贵阳
汉十高速铁路	2019 年 11 月 29 日	武汉、襄阳、孝感、随州、十堰
商合杭高速铁路商丘至合肥段	2019 年 12 月 1 日	合肥、淮南、阜阳、亳州、商丘
郑阜高速铁路	2019 年 12 月 1 日	郑州、许昌、周口、阜阳
郑渝高速铁路郑州至襄阳段	2019 年 12 月 1 日	郑州、许昌、平顶山、南阳、襄阳

续　表

线路名称	通车时间	途经城市
徐盐高速铁路	2019 年 12 月 16 日	徐州、宿迁、淮安、盐城
连镇高速铁路连云港至淮安段	2019 年 12 月 16 日	连云港、淮安
昌赣高速铁路	2019 年 12 月 26 日	南昌、宜春、吉安、赣州
黔常铁路	2019 年 12 月 26 日	重庆、常德、张家界
银兰高速铁路银川至中卫南段	2019 年 12 月 29 日	银川、吴忠、中卫
张呼高速铁路张家口至乌兰察布段	2019 年 12 月 30 日	张家口、乌兰察布
京张高速铁路	2019 年 12 月 30 日	北京、张家口
合杭高速铁路	2020 年 6 月 28 日	合肥、马鞍山、芜湖、宣城、湖州、杭州
喀赤高速铁路	2020 年 6 月 30 日	朝阳、赤峰
沪苏通铁路	2020 年 7 月 1 日	南通、苏州、上海
安六高速铁路	2020 年 7 月 8 日	安顺、六盘水
潍荣高速铁路潍莱段	2020 年 11 月 26 日	潍坊、青岛
广清城际铁路	2020 年 11 月 30 日	广州、清远
广州东环城际铁路	2020 年 11 月 30 日	广州
连镇高速铁路淮丹段	2020 年 12 月 11 日	淮安、扬州、镇江
郑太高速铁路太焦段	2020 年 12 月 12 日	太原、晋中、长治、晋城、焦作
郑机城际铁路新郑机场至郑州南段	2020 年 12 月 13 日	郑州
京港高速铁路合安段、安庆联络线	2020 年 12 月 22 日	合肥、安庆
银西高速铁路	2020 年 12 月 26 日	西安、咸阳、庆阳、吴忠
福平铁路	2020 年 12 月 26 日	福州
仙桃城际铁路	2020 年 12 月 26 日	武汉
京雄城际铁路大兴机场至雄安段	2020 年 12 月 27 日	北京、廊坊
盐通高速铁路	2020 年 12 月 30 日	盐城、南通
京哈高速铁路京承段	2021 年 1 月 22 日	北京、承德

续　表

线路名称	通车时间	途经城市
徐连高速铁路	2021 年 2 月 8 日	徐州、连云港
绵泸高速铁路内自泸段	2021 年 6 月 28 日	内江、自贡、泸州
朝凌高速铁路	2021 年 8 月 3 日	朝阳、锦州
沈佳高速铁路牡佳段	2021 年 12 月 6 日	牡丹江、鸡西、双鸭山、佳木斯
张吉怀高速铁路	2021 年 12 月 6 日	张家界、湘西土家族苗族自治州、怀化
赣深高速铁路	2021 年 12 月 10 日	赣州、河源、惠州、东莞、深圳
沈佳高速铁路白敦段	2021 年 12 月 24 日	延边朝鲜族自治州
日兰高速铁路曲庄段	2021 年 12 月 26 日	曲阜、济宁、菏泽
安九高速铁路	2021 年 12 月 30 日	安庆、黄冈、九江
杭台高速铁路	2022 年 1 月 8 日	杭州、绍兴、台州
济郑高速铁路濮郑段	2022 年 6 月 20 日	濮阳、新乡、郑州
郑渝高速铁路襄万段	2022 年 6 月 20 日	襄阳、荆门、宜昌、恩施土家族苗族自治州、重庆
京广高速铁路京武段	2022 年 6 月 20 日	北京、石家庄、郑州、武汉
渝厦高速铁路益阳至长沙段	2022 年 9 月 6 日	益阳、长沙
银兰高速铁路中卫至兰州段	2022 年 12 月 29 日	中卫、白银、兰州
蓉港高速铁路	2023 年 7 月 1 日	成都、乐山、宜宾、贵阳、桂林、肇庆、广州、东莞、深圳、香港
贵南高速铁路	2023 年 8 月 31 日	贵阳、河池、南宁
广汕高速铁路	2023 年 9 月 26 日	广州、惠州、汕尾
福厦高速铁路	2023 年 9 月 28 日	福州、莆田、泉州、厦门、漳州
沪宁沿江高速铁路	2023 年 9 月 28 日	南京、镇江、常州、无锡、张家港、常熟、太仓
莱蓉高速铁路	2023 年 12 月 8 日	莱西、莱阳、海阳、乳山、威海、荣成
郑济高速铁路濮阳至鲁豫省界段	2023 年 12 月 8 日	濮阳
成宜高速铁路	2023 年 12 月 26 日	成都、资阳、内江、自贡、宜宾
汕汕高速铁路	2023 年 12 月 26 日	汕头、揭阳、汕尾
龙龙高速铁路龙岩至武平段	2023 年 12 月 26 日	龙岩
杭昌高速铁路黄昌段	2023 年 12 月 27 日	南昌、上饶、景德镇、黄山

第二节　空间特征

一、网络格局

中国大规模的高铁建设开始于 2004 年的《中长期铁路网规划》，其中规划了建设超过 1.2 万公里的"四纵四横"①铁路快速客运通道。2008 年，国家批准发布了《中长期铁路网规划（2008 年调整）》，确定了"到 2020 年，全国铁路营业里程达到 12 万公里以上""建设客运专线 1.6 万公里以上"。事实上，到 2016 年，全国基本上建成了以"四纵四横"为骨架的全国快速铁路客运网。2016 年，国家发展和改革委员会（简称发改委）、交通运输部和中国铁路总公司联合发布了《中长期铁路网规划》（2016），其中勾画了新时期高速铁路网"八纵八横"②的宏大蓝图。

2008 年，铁道部对"四纵四横"客运专线进行了规划，目标是让运营速度达到每小时 200 公里以上，并以"四纵四横"客运专线为重点，加快构建快速铁路客运网的主骨架。各线路和站点主要分布在东部沿海地区，少数分布在中部及西部地区。很明显，高铁在省份和城市之间分布极不均匀，东部地区高铁线路较为稠密，各地区间的资源能很好地流通。然而，中西部地区由于铁路线路稀少，各地区间并不能很好地连通，以致发展受阻。

2016 年 7 月，发改委、交通运输部、中国铁路总公司联合发布了《中长期铁路网规划》（2016），勾勒出了新时期"八纵八横"高速铁路网的宏大蓝图。"八纵八横"高速铁路网是指以沿海、京沪等"八纵"通道和陆桥、沿江等"八横"通道为主干，城际铁路为补充的高速铁路网。此外，还补充修建了中西部城市的各大站点，比如青海、乌鲁木齐和西藏等比较偏远的城市和地区。从整体上看，东部地区的铁路线相较于中西部地区而言还是更为稠密，中部地区的铁路网相较于之前来说有一定的改善，西部地区由于地形和气候方面的影响，建设高铁站有一定的难度，所以规划的线路较为稀少。总体而言，中西部地区的铁路线正在不断地建设，中国铁路网的分布将更为稠

---

① "四纵四横"客运专线是指连接直辖市、省会城市及大中城市间的四条纵贯南北和四条横贯东西的长途高速铁路。"四纵"分别是京沪客运专线、京港客运专线、京哈客运专线、杭福深客运专线，"四横"分别是青太客运专线、徐兰客运专线、沪汉蓉客运专线、沪昆客运专线。

② "八纵"通道包括沿海通道、京沪通道、京港（台）通道、京哈—京港澳通道、呼南通道、京昆通道、包（银）海通道、兰（西）广通道。"八横"通道包括绥满通道、京兰通道、青银通道、陆桥通道、沿江通道、沪昆通道、厦渝通道、广昆通道。

密,但东中西部地区的差距仍较为明显。

高速铁路线路的布局是一个综合经济发展、人口、资源分配、国土安全、环境以及社会稳定等多方面考量的结果。同时,高铁线路又被人们寄托了尽可能去完善已有交通系统的希望。高速铁路首先要将省会城市和其他50万人口以上的大中城市连接(中心—中心模式),然后延伸到其他地区,最终形成一个完备的网络。目前运营的高铁线路大多集中于经济相对发达和人口相对聚集的地区,中国50%以上的经济生产和人口可以在1小时交通圈内与高铁建立联系。快速发展的高铁网络显著地扩大了中心城市的交通圈并促使一些中心城市与中心城市之间形成连续的发展区域。从空间上来看,中心城市的1小时交通圈促使长三角地区、珠三角地区和京津冀地区形成相对连续的发展区域,为其提供了安全、可靠、高质量、高效、舒适、方便的客运服务。中国城市间最短出行时间的空间模式呈现出了中心—外围结构。

中国高速铁路的演化和空间特征的通道模式、混合模式和网络模式在Perl 和 Gortz(2015)的研究中也有类似论述。第一,通道模式。通道模式的高速铁路一般先在有较密集人口的地区布点,然后不断拓展干线通道。高速铁路线路的演化大多是先被日益增长的核心城市之间的出行需求刺激,或者核心城市与在同一行政隶属的次一级城市之间,郑州—西安、石家庄—太原、武汉—广州、北京—上海等线路是这一模式的实例。在发展的第二阶段,这些高速铁路沿线上的更小的城市由于交通便利性提高,逐步成为新的经济枢纽。第二,混合模式。这一模式的高速铁路往往是将核心城市和周边的其他城市连接起来。这一模式的线路大多分布于都市集聚区,如长三角地区、珠三角地区和武汉城市圈等,高铁线路加深了区域间的联系,促进了这些区域的整合。第三,网络模式。受各方面的影响,基于交通设施布局的平衡性、国家战略等考虑,高铁线路有逐渐形成完备网络的倾向。尽管中国西部地区的高铁建造成本高、旅客出行需求低、经济相对落后、人口密度不高,但大规模的高铁仍将在那里建成。

二、站点选址

在中国高铁的建设过程中,地方财政和中央政府财政两个口径的参与使得高铁站选址的博弈在高铁建设过程中显得尤为复杂。在实际建设过程中,高铁站到底是建在城市中心还是城乡接合部,两者之间的成本差异非常

大。据赵倩和陈国伟(2015)对京沪线、武广线上 38 个高铁站的统计,中国
高铁站距离城市中心的平均距离为 14.12 公里,高铁站相对中心城市的区
位关系主要有三种(见图 3-1):机场飞地型、城市边缘型和城市中心型。城
市边缘型的站点一般是为了塑造城市新的增长极。而事实上,出于成本因
素的考虑,设立在远郊的站点(机场飞地型)是新建高铁站中最常见的类型。

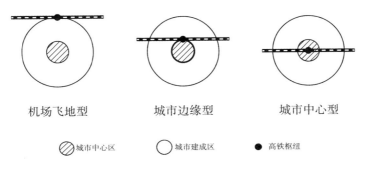

图 3-1　高速铁路枢纽与城市区位关系示意

第一,机场飞地型,属于飞地式或卫星城式,区位选择较其他两种类型
而言距离旧城区更远,且往往要跳开主城区,规划建设一个新的边缘城市。
在中国的高铁建设中,此类以南京为典型,2009 年南京前郊县制造业产值
约占全市总产值的 30.84%,然而绝大多数人口主要居住在原有的主城区。
南京高铁站选址于南京主城区与江宁区的交界处,高铁站的建成推进了产
业经济与江宁区的一体化进程,该高铁站点附近已经逐渐形成南京的一个
城市级中心,引导了整个城市空间结构的重组与产业升级。

第二,城市边缘型。这一类型的高铁站点选址位于与老城区相邻但不
分隔的地区,通过站点开发引导新城市副中心的发展。这些次级城市中心
虽然没有与老城区的中心重合,但由于选址在相邻地块,其土地和空间发展
与老城区并没有完全分开。

第三,城市中心型。这一类型的高铁站点选址通常位于主要城市的中
心区,也就是位于旧中心或者商业区的边缘地带等商业投资的热点地区。
这一类型站点的选取与设置属于强强联合型,往往会进一步强化原有城市
中心的极化效应。由于中国城市具有人口密度较大、交通压力较大和城市
发展阶段较为初期等特征,国内新建高铁站的选址很少采取这一种类型,城
市中心型高铁站一般是由旧站改造而来的。

考虑到大城市的城市化水平较高,中心城区面积过大,集聚效应往往处

于转化集聚不经济的临界点。为了合理平衡空间结构布局,同时加强城市内部的联系,其高铁站点的选址一般均位于城市中心的内部边缘。目前除了北京和上海两个国际化大都市外,主要省会城市中心地区平均面积约为400—800平方公里,而其他中小城市的中心区范围由于一般会为长远发展保留空间,占地面积均有限。因此,参照上述第一种类型的思路,高铁的选址应该位于远离建成中心区的边缘或者更加偏远的郊区,并预留该地区未来发展的用地。在采取第一种类型的选址方式的同时需要加强连接主城区的高速公路、轻轨、地铁或其他高速衔接的交通体系建设,这样才能辅助主城区与高铁站点实现齐头并进的共同发展。

第一种和第二种类型的高铁选址方式对城市规划提出了更高的要求,但同时也能够促进城市空间结构转型升级,推动城市边缘地区的空间发展、产业升级、经济集聚和功能区建设。通过城市道路网络和公共服务设施等基础设施网络的整合,建设新的城市节点和中心区域,并最终促进单中心、摊大饼式的简单城市体系向多中心组团的复合式城市结构体系发展。

城市结构决定着高铁站的区位选择和功能定位,影响高铁站选址的内部因素主要有所在城市的产业发展基础、产业布局、区位条件等,而外部因素则包括车站规模、综合交通体系建设基础、站点周边交通网密度和质量等。

第三节　系统性特征

一、运输网络体系

新中国成立之初,交通运输条件十分落后,交通运输能力与运输量增长的速度不相匹配。为了改变这种局面,国家从 20 世纪 90 年代中期开始便把交通运输放在了优先发展的位置,加大对其的政策扶持力度,各种运输方式的发展因而取得突破性进展。自党的十八大以来,中国的交通基础设施网络更是全面进入了"安全、便捷、高效、绿色的现代综合交通运输体系"[①]建设的新阶段。截至 2020 年底,我国铁路、公路总里程分别达到 14.6 万公

---

① 引文来源于《"十三五"现代综合交通运输体系发展规划》,其中提到要构建以高铁、高速公路、民航等为主体的高品质的快速交通网,以普通国道、普速铁路、港口、航道等为主体的高效率的普通干线网,以农村公路、支线铁路等为主体的基础服务网。

里和 519.81 万公里,其中高速铁路、高速公路里程分别达到 3.8 万公里、15.29 万公里,实现了从无到有,再到里程世界第一的壮举。综合交通枢纽加快建设,综合交通运输网络基本形成,尤其是铁路已经初步形成了"八纵八横"网络,长三角、珠三角、环渤海城市群已建成交通路网,其中高铁覆盖了 80% 的大中型城市。

(一)普通铁路的发展

全国铁路营业里程从 1949 年的 2.18 万公里增长到 2016 年底的 12.4 万公里,平均每年建成铁路新线约 750 公里,西部地区已有几条纵横干线,全国路网基本成型。截至 2016 年底,全国铁路营业里程达到 12.4 万公里,比上年增长 2.5%;全国铁路路网密度为 129.2 公里/万平方公里,比上年增加 3.2 公里/万平方公里。[①] 图 3-2 报告了 1949—2016 年中国铁路的总里程及增长情况,图 3-3、图 3-4 分别为 1978—2021 年中国铁路货运运能和客运运能的变化情况。

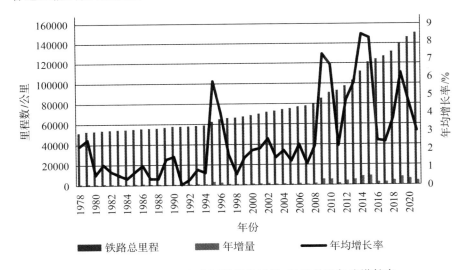

图 3-2 1949—2021 年中国铁路总里程、年增量及年均增长率

注:铁路营业里程为全国铁路营业里程。

---

① 数据来自交通运输部发布的《2016 年交通运输行业发展统计公报》。

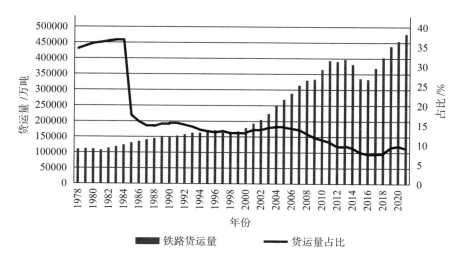

图 3-3　1978—2021 年中国铁路货运运能发展

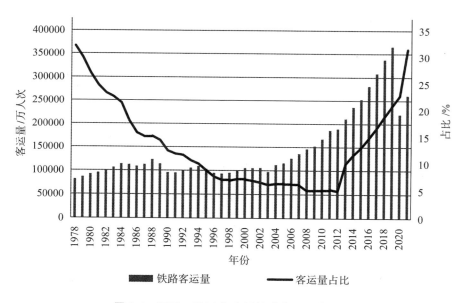

图 3-4　1978—2021 年中国铁路客运运能发展

1949—1978 年是中国铁路的第一轮快速发展时期。1949 年,伴随着新中国的诞生,中央人民政府铁道部成立,自此中国铁路迅速重建发展,面貌焕然一新。

1978 年至今是中国铁路第二轮快速发展和科学发展的阶段。所取得的重要成就包括:第一,青藏铁路在 2006 年 7 月 1 日正式通车,这条被誉为"天路"的路线是实施西部大开发战略的标志性工程。第二,1992 年新亚欧大陆桥①全线贯通,它东起太平洋西岸的中国日照和连云港等港口城市,西至大西洋东岸的比利时安特卫普和荷兰鹿特丹等港口城市,极大地便利了中国与国外的联系。第三,以 2008 年京津城际铁路的开通为标志,高速铁路进入中国铁路系统。② 第四,体制改革。2013 年 3 月,根据《国务院机构改革和职能转变方案》,铁道部被撤销,中国铁路总公司正式挂牌成立,承担铁道部的企业职责,实行铁路政企分离。

(二)高速公路的发展

新中国成立初期,中国没有一条高速公路,能通车的公路仅 8.08 万公里,公路等级均不到二级。图 3-5 反映了 1988—2016 年中国高速公路总里程、年增量及年均增长率的变化情况。高速公路网络已然是中国在走向现代化和民族复兴过程中的一座标志性丰碑。

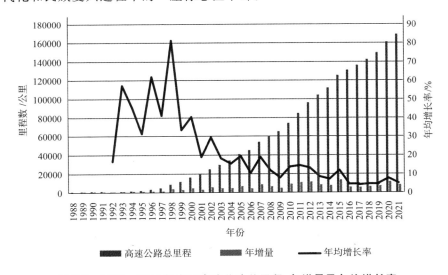

图 3-5　1988—2016 年中国高速公路总里程、年增量及年均增长率

1988—1997 年为中国高速公路的起步阶段。高速公路的建设正式开始于 1984 年。③ 1988 年第一条高速公路——沪嘉高速通车,1990 年第一

---

① 中国国内铁路部分由陇海铁路(兰州—连云港)和兰新铁路(兰州—新疆)组成。作为国际化铁路交通干线,新亚欧大陆桥途经山东、江苏、安徽、河南、陕西、甘肃、青海和新疆八个省份,它的东西两端连接着太平洋与大西洋两大经济中心。

② 考虑到高速铁路的建设规模和影响范围,高速铁路在中国的发展历程及空间特征将在下文进行介绍。

③ 1984 年,京津塘高速公路项目得到批准,这是国内首次根据大量试验结果进行路面设计的范例,为随后的国内其他高速公路的路面设计提供了宝贵经验,也为高速公路的铺筑打下良好的技术基础。

条省内最长的高速公路——沈大高速公路通车,1993 年第一条经过国家正式批准的京津塘高速公路竣工,以上三个"第一"标志着公路建设正式进入了以高速公路为代表的新阶段。

1998—2008 年是高速公路的快速发展阶段。1998 年,中国以实施积极的财政政策来应对 1997 年亚洲金融危机的影响,使得对交通基础设施方面的投入也显著增加,这一积极的投资举措直接促使公路建设进入了快速发展阶段,大规模的建设在全国各地兴起和进行。到了 2003 年底,高速公路通车里程突破 2.9 万公里,位居世界第二。

2008 年至今为高速公路的稳定发展期。2014 年底,高速公路通车总里程超过 11 万公里,位居世界第一。截至 2017 年底,高速公路总里程达 13.64 万公里,已连续五年蝉联世界第一。

图 3-6 和图 3-7 分别为 1988—2021 年中国公路货运运能和客运运能的变化情况,尽管公路运输还包括其他等级公路在内,但基于文献和公开资料的论证,高速公路运输在公路运输(尤其是城际运输)中占据重要地位,因而数据具有一定的代表性。从货运来看,高铁的发展进一步释放了公路的货运运能,2008 年之后的十余年间公路所承担的货运比重不断攀升,仅 2019 年的疫情对货运产生了显著的负向冲击。从客运来看,自 2008 年始,公路在客运中所占比重在不断降低。

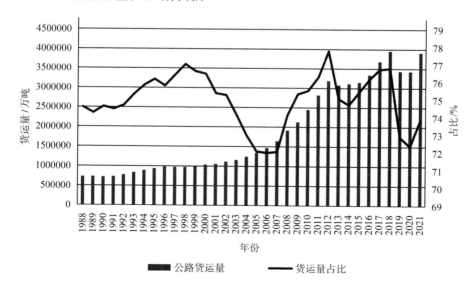

图 3-6 1988—2021 年公路货运运能发展情况

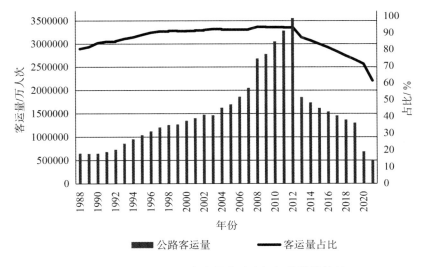

图 3-7　1988—2021 年中国公路客运运能发展情况

（三）民航的发展

民航是我国经济社会发展的重要战略产业，也是构建现代综合交通运输体系的重要组成部分。我国的民航事业起步于 1921—1949 年的新民主主义革命时期。创始阶段培养储备了一批航空人才，正式建立了自己的机场、航空学校和修理厂，开展飞行训练，为新中国民航事业的发展做好准备。1949—1978 年的社会主义革命和建设时期是艰苦创业阶段。新中国成立之际，党和国家领导人便立即着手筹划创建民航，把民航视为建设和发展国家的重要工具，扶持民航起步，在社会主义建设过程中发展民航，让民航事业从无到有，茁壮成长。1978—2012 年的改革开放和社会主义现代化建设新时期是民航改革发展阶段。中国民航伴随着国家改革开放的历史潮流，先后进行了三次改革，初步建立了与社会主义市场经济相适应的体制机制，解放了生产力，激发了市场活力。中国民航从改革开放之初的世界排名第 37 位，到 2005 年跃升为世界第二大航空运输国家，以昂扬的姿态跨入新世纪。2012 年至今是中国特色社会主义新时代的跨越发展阶段。中国民航在高质量发展过程中取得了历史性成绩，基本实现了从航空运输大国向单一航空运输强国的"转段进阶"。当前，中国民航正朝着"两实现"民航强国战略目标迈进，并将开启多领域民航强国的建设新征程。这是中国民航自2005 年运输总周转量成功跃居世界第二位，成为名副其实的航空运输大国之后的又一历史性跨越。中国民航发展处在了新的发展方位。

表 3-3 为以航空总周转量为衡量指标的中国民航在全球的排名位次变化情况。表 3-4 是中美航空运输总周转量的比重变化,2019 年中国航空运输总周转量约为美国的 65.17%。

表 3-3　世界航空总周转量排位变化情况(排名前九的国家)

1978 年		1996 年		2002 年		2005 年		2019 年	
位次	国家	位次	国家	位次	国家	位次	国家	位次	国家
1	美国	1	美国	1	美国	1	美国	1	美国
2	苏联	2	英国	2	日本	2	中国	2	中国
3	英国	3	日本	3	英国	3	德国	3	阿拉伯联合酋长国
4	日本	4	法国	4	德国	4	英国	4	英国
5	法国	5	德国	5	中国	5	日本	5	德国
6	加拿大	6	韩国	6	法国	6	法国	6	俄罗斯
7	联邦德国	7	荷兰	7	新加坡	7	新加坡	7	卡塔尔
8	澳大利亚	8	新加坡	8	韩国	8	韩国	8	日本
9	荷兰	9	澳大利亚	9	荷兰	9	荷兰	9	土耳其

数据来源:中国民用航空局综合司.百年伟业:中国共产党领导下的中国民航事业[M].北京:中国民航出版社,2021.

表 3-4　中美航空运输总周转量对比

年份	中国航空运输总周转量/亿吨公里	美国航空运输总周转量/亿吨公里	相对比重/%
1978	2.90	431.30	0.67
2005	261.30	1520.09	17.19
2012	605.66	1607.58	37.68
2019	1291.95	1982.35	65.17

数据来源:中国民用航空局综合司.百年伟业:中国共产党领导下的中国民航事业[M].北京:中国民航出版社,2021.

截至 2021 年底,中国已形成了京津冀、长三角、粤港澳大湾区和成渝双城四个世界级机场群,北京、上海、广州、成都、昆明、深圳、重庆、西安、乌鲁木齐和哈尔滨 10 个国际航空枢纽,天津、石家庄、太原、呼和浩特、大连、沈阳、长春、杭州、厦门、南京、青岛、福州、济南、南昌、温州、宁波、合肥、武汉、长沙、郑州、海口、三亚、南宁、桂林、贵阳、拉萨、兰州、银川和西宁 29 个区域枢纽。

如图 3-8、图 3-9 所示,自改革开放以来,民航经历了较为明显的两轮大发展,机场数、国内国际航线数和定期航班航线里程均连创新高,但 2020 年和 2021 年受疫情影响出现了负增长。由图 3-10、图 3-11 可知,民航在货物运输中的比重在 2008 年和 2011 年达到高峰,而在客运中的作用自 2013 年开始不断增强,之后也保持和发挥了客观的客运价值。与此同时,截至 2020 年,中国民航连续 11 年确保了运输航空飞行安全,安全运送旅客 46.2 亿人次,继续创造并保持着中国民航更长的安全飞行记录。

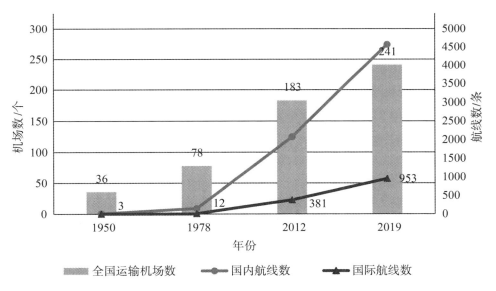

图 3-8 1978—2021 年中国民航定期航班及国内定期航班航线里程

注:以上数据来自历年《中国统计年鉴》的运输交通部分。

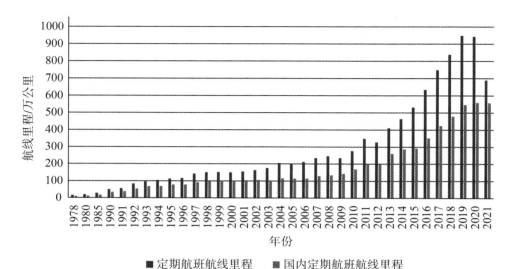

图 3-9 1978—2021 年中国民航定期航班及国内定期航班航线里程

注:数据来自历年《中国统计年鉴》的运输交通部分。从 2011 年起民航航线里程改为定期航班航线里程。

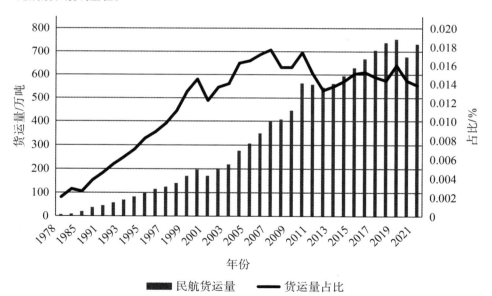

图 3-10 1978—2021 年中国民航的货运运能发展情况

注:数据来自历年《中国统计年鉴》的运输交通部分。从 2011 年起民航航线里程改为定期航班航线里程。

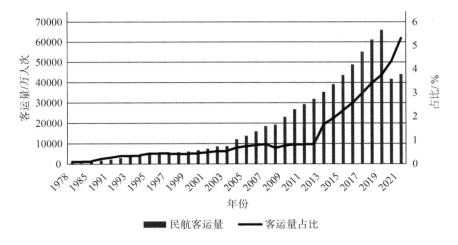

图 3-11　1978—2021 年中国民航的客运运能发展情况

注:数据来自历年《中国统计年鉴》的运输交通部分。从 2011 年起民航航线里程改为定期航班航线里程。

二、各类运输方式的竞合关系及演变

自 2008 年起,随着高铁进入中国的交通运输系统,现代综合运输体系更加趋于完整。表 3-5 展示的是以 2019 年截面数据进行的关于中国高铁、航空、普通铁路和高速公路[①]分别在短距离(150 公里左右)、中距离(500 公里左右)和长距离(1500 公里左右)运输上表现的横向比较。不难发现,高铁与航空相比,其在中短距离的运输中无论就时间、列车频次还是费用都具有绝对的优势,但是在长距离运输时间上航空显现出了绝对的优势,费用上则是普通铁路更具优势。高铁与航空在短距离运输上的竞争最少,与普通铁路的竞争则主要体现在中距离运输上,与高速公路运输在中短距离上就频次和时间都有相当程度的竞争。

图 3-12 的(a)与(b)分别展示了 1949—2021 年的铁路客运量和货运量,从中可以发现 2008 年(高铁进入铁路系统)后铁路系统的客运能力大幅提升。与此同时,还可以发现高铁开通所释放的运能对货运而言是一个显著的正向冲击,带来了铁路货运量的明显增加。

---

①　这里仅指通过高速公路出行的公共客运,不包括自驾出游的情况。囿于数据的可得性,这里的比较单就公共交通出行而言,若考虑自驾出行的情况预计将会使高速公路出行的时间、频次和费用等指标大大改善。

62 | 双循环格局下中国高铁网络的经济效应研究

表3-5 高铁、航空、普通铁路及高速公路的运输成本和运输时间对比

交通模式	短距离运输（北京—天津，150公里）			中距离运输（北京—郑州，600公里）			长距离运输（北京—上海，1400公里）			短距离运输（上海—杭州，160公里）			中距离运输（上海—温州，500公里）			长距离运输（上海—重庆，1500公里）		
	时间/小时	费用/元	频次/（列/天）	时间/小时	费用/元	频次/（列/天）	时间/小时	费用/元	频次/（列/天）	时间/小时	费用/元	频次/（列/天）	时间/小时	费用/元	频次/（列/天）	时间/小时	费用/元	频次/（列/天）
高铁	0.57	54.50	132	2.45	309.00	52	4.81	553.00	36	0.75	73.00	110	3.32	211.00	27	10.67	509.50	7
航空	—	—	—	1.83	1060.00	18	2.25	590.00	90	—	—	—	1.17	1390.00	16	2.83	1130.00	59
传统铁路	1.37	23.50	6	6.70	93.00	5	15.17	177.50	1	1.77	24.50	8	9.27	90.00	1	18.95	389.00	3
高速公路	2.00	35.00	34	9.00	200.00	2	18.00	342.00	1	2.50	68.00	25	6.50	220.00	5	24.50	383.00	2

注：数据为2019年的截面数据，其中，航空相关数据来自"去哪儿网"，高速公路运输数据来自客运网站，铁路和高铁运输数据来自"中国铁路12306网站"。

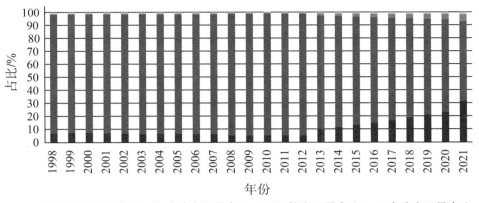

(a)客运量比重分布

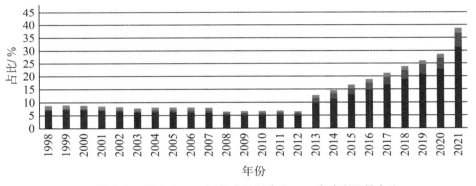

(b)除公路外的客运量比重分布

图 3-12　2008—2021 年中国不同交通运输方式客运量比重变化

注：铁路、公路和民航的运输数据来自国家统计局，高铁的运输数据来自历年的《交通运输行业发展统计公报》。

　　基于 2008—2021 年中国公路、铁路、高铁和民航的客运数据，本书还进行了运能比较，结果如图 3-12、图 3-13 所示。考虑到公路运输的体量相较其他运输方式的体量而言是非常大的，所以将其移除以观察其他几种类型交通的运量情况，图 3-12(a)和 3-12(b)分别为有无公路时的客运量比重分布的情况。可见，公路运输在 2010 年前后达到峰值，随后铁路承担了越来越多的客运任务，其中又以高铁载客能力日益提升为显著特征。民航、铁路和公路运输的运量都呈现出一定的负增长，只有高铁运量逐年增加。

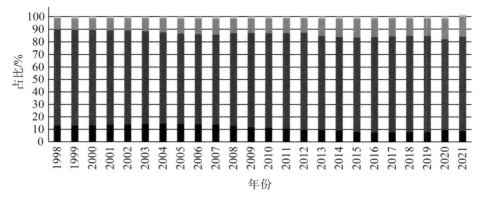

(a)货运量比重分布

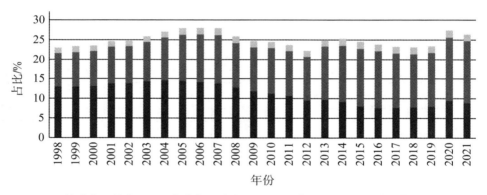

(b)除公路外的货运量比重分布

图 3-13　1998—2021 年中国各类交通运输货运量比重变化

图 3-13 是基于 1998—2021 年中国各类交通货运数据的运能比较分析结果。同客运情况相似的是,公路始终承担了过半的运输任务。除公路外,水路货运量的比重近年来有增长的趋势,而铁路货运量的比重自 2009 年后却有减少的趋势。图 3-14 是 1998—2020 年中国高铁客运量在铁路运输中的比重变化,自 2008 年高铁进入运输系统之后,高铁在铁路客运中的重要性逐年攀升,至 2020 年占比已高达 70%。

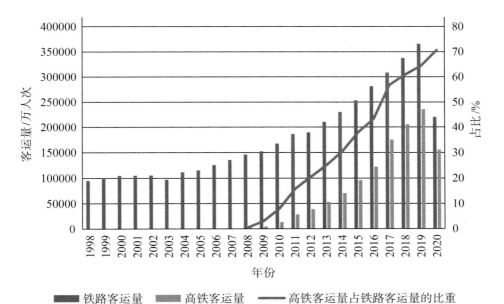

图 3-14　1998—2020 年中国高铁客运量在铁路运输中的比重变化

第四章　高铁网络的资源配置效应

交通运输的发展水平直接决定着市场机制的资源配置作用。本章主要聚焦高铁开通对区域要素错配的影响。已有学者研究得出,高铁开通从宏观和微观层面都提高了地区与企业生产率,而生产率提升的一大途径即为改善要素错配(柏培文和杨志才,2019),那接下来必然要研究高铁开通是否改善了区域要素错配? 空间经济学基本理论表明,随着运输成本的不断降低,区域企业分布将从分散走向集聚再走向分散(Zeng,2016),从而达到资源的有效配置。而空间经济学的大多数模型忽略了劳动力要素跨区域的迁移成本,将劳动力仅仅限定为不可流动和可完全自由流动,如果考虑劳动力的流动便利程度不同,空间经济学的资源有效配置能否实现? 对高铁开通是否有助于改善区域要素错配进行研究可以寻求答案。

第一节　理论分析

发展经济学和空间经济学对基础设施如何影响企业空间分布与区域经济增长做了大量研究,不同于已有研究,本书将要素错配融入一般均衡分析,讨论高铁开通冲击对要素市场配置的影响。20 世纪 90 年代,在经济全球化和区域一体化不断发展的背景下,要素的跨地区流动不断增加。以Krugman(1980,1991)为代表的空间经济学开始将空间因素纳入主流经济学领域的经济增长理论中,试图阐述要素空间配置的一般均衡模式。空间经济学家强调了由运输成本和规模经济相互作用产生的空间力量对要素空间分布的影响,认为空间内要素的流动及企业分布会受到交通发展水平的影响。因此,在完全竞争市场上,资源空间配置效率势必受到交通基础设施发展水平的影响,然而这一推论尚缺乏系统的理论机制分析及有效的实证研究。在人口红利逐渐消失的背景下,如何正确理解交通基础设施对资源空间配置的作用效果及影响机制,从而更好地提高资源配置效率,是摆在我们面前的一个重要的实践问题,也是本节研究的主要问题。

高铁打破了自然性市场分割和技术性市场分割,扩大了市场范围,促进了城市与城市之间的分工深化。一方面,可以使不同产业在特定城市集聚,享受产业分工的规模化优势,提高资源配置效率。例如,长三角城市群融合的一个典型特征就是上海主要发展金融业等服务业,上海周边城市重点发展制造业。另一方面,产生了劳动力蓄水池效应,使劳动力和就业岗位之间的匹配更加有效,纠正了地区间的资源错配。同时,规模的扩大会产生更多新的就业种类,可以做到人尽其才、物尽其用。

第二节　实证模型

本节以高铁开通作为核心解释变量,探究高铁开通对于地级市要素错配的影响。选择双重差分模型作为回归模型。由于各个地级市的高铁开通时间不一致,所以不存在统一的政策实施点,为了更好地观察高铁开通的政策实施效果,本书将高铁开通时间统一设定为 2012 年。具体地,本书设置的回归方程如下:

$$\mathrm{Mis}_{i,t} = \alpha_0 + \alpha_1 \mathrm{HSR}_i * \mathrm{post}_t + \alpha_2 X_{i,t} + \lambda_i + \nu_t + \varepsilon_{i,t} \qquad (4\text{-}1)$$

其中,$\mathrm{Mis}_{i,t}$ 为被解释变量,表示城市 i 在 t 年的要素错配指数。post_t 为时间虚拟变量,在高铁开通的当年及之后各年设为 1,在高铁开通之前设为 0。HSR_i 为地区虚拟变量,开通高铁的地区设为 1,未开通高铁的地区设为 0。

资源错配的测度是资源错配相关分析中最重要的一环,资源错配的测度方法也是众多学者研究的热点。参考沈春苗和郑江淮(2015)的研究,我们将目前国内外测量资源错配的方法分为参数法和半参数法两类。

参数法主要是在对生产函数的强假定条件下,以发达国家为基准,结合发展中国家的实际对相关参数进行估计,以及反事实分析,以实际全要素生产偏离有效全要素生产率的程度来衡量资源错配。Hsieh 和 Klenow(2009)假设企业生产函数是规模报酬不变的柯布-道格拉斯生产函数,以企业边际产出偏离行业均值的程度计算产出扭曲和资本扭曲的价格楔子,然后通过比较带有扭曲的实际全要素生产率水平和以美国为基准的全要素生产率水平,刻画资源错配。此后,许多学者在 Hsieh 和 Klenow(2009)的基础上对资源错配程度进行了测算。Brandt 等(2013)也在 Hsieh 和 Klenow(2009)的研究框架的基础上构造了"国家—省份—所有制企业"三层架构,将要素错配分为省际、省内和分部门的资源错配,研究发现 1985—2007 年中国制造业资源错配使总体全要素生产率平均降低了 33%。靳来群(2015)将 Brandt 等(2013)的三层架构简化为"国家—省份"两层架构,以实际状态下的全要素生产率与有效状态下的全要素生产率差距测算省际的资源错配产生的效率损失。

但在现实情况下,生产函数不会严格满足规模不变的假定。Restuccia和 Rogerson(2008)的研究曾通过构建规模报酬递减的异质性企业模型,证明了异质性的扭曲政策会导致全要素生产率和总产出的损失。龚关和胡关亮(2013)也在 Hsieh 和 Klenow(2009)的基础上放宽了规模报酬不变的假设,认为无论规模报酬如何变化,要素边际产出的离散度都可以衡量资源错配。Aoki(2012)放松了生产函数的特定形式,构建了一个多部门均衡模型,将全要素生产率分解为技术差异、部门份额差异、部门内要素份额差异以及部门内要素配置效率差异,来解释国家间生产率差异产生的原因。陈永伟和胡伟民(2011)在 Aoki(2012)研究的基础上构建了关于资源错配和效率损失的增长核算框架,把资源在行业间的错配分解为要素价格扭曲带来的影响以及产出变动影响,以实际产出和有效产出的缺口衡量资源错配程度。但产出缺口只能体现资源错配的总体状况,无法深入讨论单个要素扭曲带来的影响。由于要素价格的变化会造成要素投入量的变化,因此在实证研究中经常用要素投入扭曲程度作为资源错配程度的代理变量。

半参数法主要是通过运用 OP 方法(一种衡量全要素生产率的方法)(Olley,1996)将测算出的全要素生产率进行分解,以得到全要素生产率的 OP 协方差反映的资源错配程度。这是因为在完全竞争市场的假设下,要素可以自由流动,在市场机制的驱动下,要素会自发地从生产率较低的企业流向生产率较高的企业,使资源达到有效配置,最终各个企业的生产率会趋于相等。因此,全要素生产率的 OP 协方差值越小表明各个企业的生产率差异较小,市场扭曲越大;反之,协方差越大意味着资源没有流向生产率较高的企业,资源存在错配状况。聂辉华和贾瑞雪(2011)使用 OP 方法计算了中国制造业企业的全要素生产率及其 OP 协方差离散程度,结果表明中国制造业企业存在较严重的资源错配。孙浦阳等(2011)也运用此方法对微观层面的企业全要素生产率进行测算,并以 75 分位与 25 分位企业全要素生产率比值衡量资源错配程度,研究发现企业全要素生产率离散度降低会促进行业全要素生产率水平提升。虽然全要素生产率离散程度能够非常直观地反映资源错配,但如果市场中存在进入成本和自由的进入退出机制,那么行业的平均生产率就会随之发生动态变化,OP 协方差就无法准确地反映市场扭曲的资源错配效应(Bartelsman & Haltiwanger,2013)。

除了上述两种方法,还有大量文献用工资分布的差异来衡量资源错配程度,这些测算可用于稳健性检验。本书使用生产要素(劳动力和资本)的非最优配置程度进行衡量,其主要测算方法有影子价格法、前沿分析法等。而生产函数测算法能够直接衡量出各种要素的边际产出,所以本书选取柯布-道格拉斯生产函数对要素错配水平进行测量。其中,mpl 为劳动力的边际产出,mpk 为资本的边际产出;w 为当年城镇居民工资均值,r 为当年金融机构法定贷款利率均值;劳动力投入量为各地区年末城镇就业人口总数,资本投入量根据永续盘存法计算而得。具体衡量公式如式(4-2)和式(4-3)所示。

$$\tau_{i,l} = \mathrm{mpl}/w \quad \tau_{i,l} = \mathrm{mpl}/w \tag{4-2}$$

$$\tau_{i,k} = \mathrm{mpk}/r \quad \tau_{i,k} = \mathrm{mpk}/r \tag{4-3}$$

第三节　变量与数据

本书的数据来源主要有 2006—2016 年《中国城市统计年鉴》、《中国区域经济统计年鉴》、《中国铁道年鉴》、工业企业数据库、中国地形图、全国交通地图册、百度地图开放平台等。按数据内容大致可以分为以下四大类。

一、高铁数据

高铁数据主要来自《中国铁道年鉴》以及中国国家铁路集团有限公司网站、国家铁路局等的新闻报道或公告,其中包含关于高铁线路的开通时间以及规划修建时间等信息。各城市内高铁车站站点的信息是通过"中国铁路12306 网站"和"去哪儿网"获得的。此外,各站点和城市中心精确的经纬度数据均来自百度地图开放平台。高铁站到城市中心的距离,即高铁对城市经济的辐射和影响半径,是利用所有高铁站点的经纬度和城市中心的经纬度,利用 Arc-GIS 10.2 计算得到的。在对机制的验证中,还根据高铁站到城市中心的距离来细分样本进行检验,这一细分可以在很大程度上不遗漏高铁站和城市中心之间距离产生的偏误,而且可以将那些名义上没有开通高铁,但实际上也在高铁站经济效应辐射范围内的城市数据包含在内。

二、区域数据

区域数据主要是指从《中国城市统计年鉴》中获得的关于城市经济特征的数据,一些年份的缺失值根据《中国区域经济统计年鉴》予以补充。《中国城市统计年鉴》的地级市层面数据涉及农业、服务业、人口、不同部门的就业、平均工资、固定资产投资以及地方政府的财政收支等内容。《中国区域经济统计年鉴》的数据涉及房地产投资、价格和工业产出等内容。

除了高铁开通会影响地区要素错配,其他因素也会影响要素错配,所以模型还包括其他影响要素错配的控制变量。

第一,外贸依存度 exp。一国参与贸易会影响本国国内产业的资源配置,生产率最低的企业将退出市场,而生产率最高的企业将兼顾国内与国外市场,从而实现产业内资源的重新配置。但是在中国,有大量出口企业从事加工贸易,这导致出口企业生产率低于非出口企业,加之政府对企业的各种补贴与出口退税,所以出口对于企业要素错配的影响机制及渠道存在一定的特殊性。本书用出口额衡量地区外贸依存度。

第二,外资依存度 fdi。新型贸易理论从微观角度研究企业出口与对外直接投资,得出生产率最高的企业将会选择对外直接投资的结论。中国自 20 世纪 90 年代起引入了大量外资,外商资本深刻影响着中国的经济格局。外商直接投资会对资本要素错配产生一定的影响;外商资本的引进能够促进我国劳动力就业,此外,国外的先进技术带来的生产要素高效率产出会进一步影响我国的劳动力要素错配水平。本书用实际使用外商投资额来衡量外资依存度。

第三,金融发展水平 fin。一个国家的金融市场发展水平会深刻影响国家的要素配置情况。一个完善且有深度的金融市场能够触及小微企业、边缘产业、长尾群体的资金需求,而不是仅仅考虑降低安全性风险,将大多数贷款分配给国有企业和大型企业,这样资本生产要素才能充分实现较大的边际产出,有利于改善企业的融资约束,提高资源配置效率。改善融资约束能够有效提高企业生产率、促进企业出口和对外直接投资、提高产品质量、提升创新能力等,从而提高要素配置效率。本书用金融业从业人数来衡量地区金融发展水平。

第四,产业结构水平 stru。产业结构水平是指地区产业发展水平与完善程度,产业结构不断升级伴随着高端产业的引进扩张与落后产业的缩减和淘汰,地区产业结构不断升级必然伴随着要素的重新组合配置。而相比农业,工业和服务业的劳动、资本要素扭曲程度要小得多,所以产业结构水平也会对要素错配水平产生影响。由于本书中的模型主要讨论农业部门与制造业部门,所以选用第二产业从业人数来衡量产业结构水平。

第五,技术创新水平 tech。技术创新可以改变劳动与资本的最优配比,技术先进的生产方式可以释放出大量劳动、资本或土地要素,在不同的技术水平下,特定行业会发生要素密集度逆转,所以技术水平的提升对于要素错配的改进具有重要意义。因为技术水平越高,劳动与资本的配比越趋于合理,要素低效率使用的程度越低,资本与劳动要素的边际回报率越高,要素错配的程度就越低。本书选取科研技术从业人数来衡量技术创新水平。

实证中涉及的主要变量的描述性统计如表 4-1 所示,样本为 2006—2016 年 281 个地级市的面板数据。

表 4-1　主要变量的描述性统计

变量名	测算说明	样本量	平均值	标准差	最小值	最大值
hsr	是否开通高铁	3091	0.202	0.402	0.000	1.000
laboreff	劳动错配,式(4-2)	3091	0.652	0.494	0.001	2.812
capitaleff	资本错配,式(4-3)	3091	0.353	0.278	0.001	2.904
lnexp	外贸依存度	3091	0.021	0.026	0.000	0.476
lnfdi	外资依存度	3091	0.852	0.091	0.589	0.995
lnstru	产业结构水平	3091	0.372	0.086	0.086	0.774
lnfin	金融发展水平	3091	6.258	1.321	3.241	11.051
lntech	技术创新水平	3091	9.916	0.911	7.302	12.282

第四节　结果及讨论

一、基准回归结果

在进行回归之前,本研究借鉴 Tanaka(2015)的做法,以 2012 年为时间节点绘制开通高铁与未开通高铁城市的要素错配水平的平行趋势图,结果如图 4-1 所示。从图 4-1 可以看出,2009—2012 年,处理组与对照组的要素错配水平近乎重合,说明平行趋势假设得到验证,双重差分模型具备适用性。

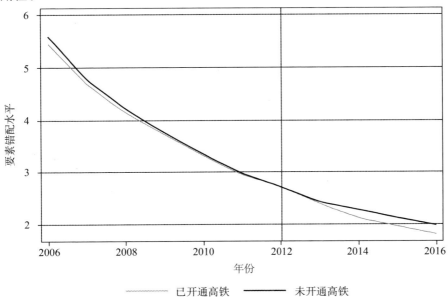

图 4-1　已开通高铁城市与未开通高铁城市的要素错配水平的平行趋势

表 4-2 为高铁开通对劳动要素错配影响的回归结果,其中第(1)列为在不加入控制变量的情况下,将高铁开通直接对劳动要素错配进行回归的结果,可以发现高铁开通对劳动要素错配的回归系数为 -0.388,且在 1% 的显著性水平下显著,说明高铁开通显著改善了地级市的劳动要素错配情况,降低了劳动要素错配水平。第(2)—(6)列为逐步加入各个控制变量的回归结果,结果显示在逐步加入各个控制变量后,解释变量高铁开通前的系数始终为负,且在 1% 的显著性水平下显著,回归结果非常稳健,说明高铁开通显著改善了地级市的劳动要素错配情况,降低了劳动要素错配水平。

表 4-2　高铁开通对劳动要素错配影响的回归结果

变量	(1)	(2)	(3)	(4)	(5)	(6)
高铁开通	-0.388^{***}	-0.288^{***}	-0.254^{***}	-0.101^{***}	-0.079^{***}	-0.065^{***}
	(-21.625)	(-16.346)	(-14.402)	(-7.156)	(-5.427)	(-4.593)
外贸依存度		-0.153^{***}	-0.143^{***}	-0.044^{***}	-0.038^{***}	-0.032^{***}
		(-21.013)	(-17.933)	(-6.579)	(-5.722)	(-4.787)
外资依存度			-0.062^{***}	-0.034^{***}	-0.031^{***}	-0.028^{***}
			(-9.123)	(-6.562)	(-6.010)	(-5.341)
产业结构水平				-0.596^{***}	-0.554^{***}	-0.543^{***}
				(-41.406)	(-35.877)	(-35.261)
技术创新水平					-0.100^{***}	-0.082^{***}
					(-7.007)	(-5.712)
金融发展水平						-0.120^{***}
						(-6.665)
_cons	0.805^{***}	1.794^{***}	2.363^{***}	8.508^{***}	7.850^{***}	7.671^{***}
	(-143.900)	(-38.153)	(-33.862)	(-53.938)	(-43.153)	(-42.042)
N	3091	2989	2866	2866	2866	2865
个体固定效应	是	是	是	是	是	是
R^2	0.141	0.277	0.308	0.583	0.589	0.591

注:*** 表示回归系数在 1% 的显著性水平下显著,** 表示回归系数在 5% 的显著性水平下显著,* 表示回归系数在 10% 的显著性水平下显著。括号内为 t 值。

表 4-3 为高铁开通对资本要素错配影响的回归结果。结果表明,高铁开通对地级市资本要素错配的影响显著为负,且在 1% 的水平下具有统计学上的显著性,说明高铁开通显著提高了地级市的资本要素错配水平。

表 4-3　高铁开通对资本要素错配影响的回归结果

变量	(1)	(2)	(3)	(4)	(5)	(6)
高铁开通	−1.413***	−0.965***	−0.766***	−0.586***	−0.466***	−0.354***
	(−20.930)	(−15.022)	(−12.421)	(−9.393)	(−7.381)	(−5.722)
外贸依存度		−0.652***	−0.546***	−0.430***	−0.399***	−0.347***
		(−24.501)	(−19.542)	(−14.665)	(−13.682)	(−12.172)
外资依存度			−0.408***	−0.376***	−0.360***	−0.330***
			(−17.241)	(−16.132)	(−15.529)	(−14.636)
产业结构水平				−0.702***	−0.478***	−0.386***
				(−11.074)	(−7.043)	(−5.882)
技术创新水平					−0.535***	−0.380***
					(−8.523)	(−6.104)
金融发展水平						−1.010***
						(−12.959)
_cons	2.683***	6.907***	10.302***	17.542***	14.032***	12.523***
	(−127.514)	(−40.025)	(−42.028)	(−25.122)	(−17.511)	(−15.094)
N	3113	3011	2883	2883	2883	2882
个体固定效应	是	是	是	是	是	是
R^2	0.132	0.294	0.372	0.402	0.425	0.457

注：*** 表示回归系数在 1％的显著性水平下显著，** 表示回归系数在 5％的显著性水平下显著，* 表示回归系数在 10％的显著性水平下显著。

二、内生性问题

基准回归结果显示高铁开通在 1％的显著性水平下显著改善了劳动和资本要素错配，但是回归存在潜在的内生性问题，即有可能存在遗漏变量会同时影响地级市高铁开通和要素错配水平，从而给高铁开通对要素错配水平的回归系数带来偏误。为了解决遗漏变量的内生性问题，本书选取地级市平均地理坡度作为高铁开通的工具变量，各个地级市的平均地理坡度由 Arc-GIS 测算得到。

工具变量的选取要满足相关性与外生性条件，地级市的地理坡度越大，建造高铁的困难程度越高，建造的成本就越大，所以地理坡度会显著降低城市开通高铁的概率，这也说明其满足相关性要求；此外，地级市的地理坡度为外生地理变量，不会直接影响区域要素错配，因此满足外生性要求。本书选用两阶段回归进行工具变量估计，第一阶段为式（4-4），把各地级市是否开通高铁对地级市平均地理坡度进行回归，并得到各个地级市高铁开通的拟合概率值；第二阶段为式（4-5），考察第一阶段所得到的地级市高铁开通概率对要素错配的影响。

$$\text{hsr}_i * \text{post}_t = b_0 + b_1 \text{slope}_{i,t} + b_2 X_{i,t} + l_i + h_t + e_{i,t} \qquad (4\text{-}4)$$

$$t_{i,t} = b_0 + b_1 \text{prob}(\text{hsr}_i * \text{post}_t) + b_2 X_{i,t} + l_i + h_t + e_{i,t} \qquad (4\text{-}5)$$

表 4-4 展示的是工具变量的回归结果。结果显示,第一阶段的回归系数为负,且在 1% 的显著性水平下显著,说明地级市的地理坡度对高铁开通具有显著的负向影响,平均地理坡度越大则地级市开通高铁的概率越小,工具变量满足相关性假设。从第二阶段的回归结果看,在选用地理坡度作为工具变量的二阶段回归结果中,高铁开通对劳动力错配和资本错配的回归系数都为负,且在 1% 的显著性水平下显著,说明在考虑高铁开通与要素错配之间潜在的内生性问题后,高铁开通对要素错配的影响依然显著为负,即高铁开通有效改善了地级市的要素错配情况。

表 4-4 平均地理坡度作为工具变量的回归结果

变量	劳动力错配		资本错配	
	(1) 第一阶段	(2) 第二阶段	(3) 第一阶段	(4) 第二阶段
slope	−0.070*** (−3.621)		−0.070*** (−3.601)	
prob(高铁开通)		−0.901*** (−6.015)		−2.522*** (−3.727)
_cons	−5.702*** (−8.204)	7.358*** (−31.572)	−5.702*** (−8.294)	16.672*** (−15.861)
控制变量	是	是	是	是
N	3009	2865	3009	2883

注:*** 表示回归系数在 1% 的显著性水平下显著,** 表示回归系数在 5% 的显著性水平下显著,* 表示回归系数在 10% 的显著性水平下显著。

三、稳健性检验

前文选用双重差分法来衡量高铁开通对地级市要素错配的影响,但是不同地级市的经济发展水平不同,其对应的出口水平、外资依赖程度、金融发展水平、产业发展水平以及科技创新水平存在较大差异,所以为了避免系统性差异,在稳健性检验中选用 PSM-DID 方法对处理组和控制组先进行匹配再进行双重差分估计。表 4-5 中第(1)列和第(2)列为倾向评分匹配法匹配后的回归结果,可以看出,在利用倾向评分匹配法进行匹配后,高铁开通仍然显著降低了地级市劳动要素和资本要素的错配水平,且在 1% 的显著性水平下显著。第(3)列和第(4)列改变了匹配方法,使用卡尺匹配得到最终处理组和控制组,但回归结果依然保持负向显著,说明模型通过了稳健性检验。

表 4-5　PSM-DID 回归结果

变量	(1)	(2)	(3)	(4)
高铁开通	−0.051*** (−3.425)	−0.251*** (−4.104)	−0.069*** (−4.724)	−0.365*** (−5.874)
_cons	8.236*** (−41.515)	14.180*** (−17.401)	7.660*** (−41.866)	12.511*** (−15.286)
控制变量	是	是	是	是
个体固定效应	是	是	是	是
N	2640	2657	2853	2870
R^2	0.612	0.505	0.594	0.465

注：*** 表示回归系数在 1% 的显著性水平下显著，** 表示回归系数在 5% 的显著性水平下显著，* 表示回归系数在 10% 的显著性水平下显著。

四、异质性分析

由以上分析可以得出，2006—2016 年高铁开通显著改善了我国地级市的要素错配情况，但是从高铁开通数据可以观察到高铁开通地级市较多集中在东部地区，中西部地区较少。较多省会城市已开通高铁，而非省会城市开通高铁的概率相对较低。东部地区、省会城市的高铁开通容易形成高铁网络，增加城市出行的便利程度，而中西部地区、边缘城市的高铁密集度低，对要素错配的影响存在不确定性。基于此，本书进行异质性分析，分别探讨东部地区和中西部地区高铁开通对要素错配的影响；此外，笔者还剔除省会城市样本进一步分析高铁开通对非省会城市要素错配的影响，具体结果如表 4-6 所示。

表 4-6　分区域与剔除省会城市的异质性回归结果

变量	东部地区		中西部地区		剔除省会城市	
	(1)	(2)	(3)	(4)	(5)	(6)
高铁开通	−0.043* (−1.940)	−0.456*** (−5.631)	−0.029 (−1.513)	−0.182* (−1.966)	−0.092*** (−5.632)	−0.455*** (−6.443)
_cons	8.518*** (−24.143)	10.101*** (−7.852)	6.839*** (−33.058)	13.402*** (−13.324)	7.733*** (−40.143)	12.570*** (−15.132)
控制变量	是	是	是	是	是	是
个体固定效应	是	是	是	是	是	是
N	1086	1092	1779	1790	2620	2635
R^2	0.651	0.463	0.572	0.501	0.602	0.454

注：*** 表示回归系数在 1% 的显著性水平下显著，** 表示回归系数在 5% 的显著性水平下显著，* 表示回归系数在 10% 的显著性水平下显著。

  表4-6中第(1)列和第(2)列为高铁开通对东部地区劳动、资本要素错配水平的回归结果。结果显示,高铁开通城市的要素错配水平显著降低,对劳动和资本的影响均显著为负。第(3)列和第(4)列分别为高铁开通对中西部地区劳动、资本要素错配水平的回归结果,结果显示,高铁开通对劳动要素错配的影响为负但并不显著,而对资本要素错配的影响显著为负。由表4-6的回归结果可以看出,在分区域回归结果中,高铁开通对劳动要素错配影响的显著性降低的原因在于东部地区高铁开通数量多,形成了有效的人员流动促进网络,而中西部地区高铁开通数量少,对人员流动的促进效应与对要素配置的改进效应尚未充分展现出来。此外,由于分区域回归只能比较同一区域内的城市高铁开通对要素错配的影响,这也将导致显著性水平降低。第(5)列和第(6)列为剔除省会城市后的回归结果。由于省会城市人员流动性大、资本运转速度快,更容易实现要素的合理配置,所以为了解决样本选择偏误问题,笔者将省会城市剔除。从剔除样本后的回归结果来看,高铁开通对劳动要素错配和资本要素错配的影响依然在1%的显著性水平下显著为负,说明高铁开通能够改善城市要素错配情况的结果稳健。

第五章　高铁网络的对外贸易效应

交通基础设施的快速发展会对区域经济的发展、人员流通、产业结构和区域一体化等产生重要的影响，尤其是对中国这样一个自然资源分布广阔、人力资源丰富的发展中的大国。高铁时代深刻影响着社会变革，快捷舒适、安全准点的公交化运营更好地满足了旅客多样化、个性化、便利化的出行服务需求，区域经济的协同发展依托高铁释放出了全新的活力。中国高铁的飞速发展不仅会成为推动社会经济快速发展的巨大引擎，也会成为维护国家安全的重要支撑。很显然，在这一阶段定量刻画中国高铁对区域发展的影响至关重要。

第一节　理论分析

一、提升生产商与供应商的匹配效率

高铁受欢迎主要是因为相比于航空，高铁的票价较低且经济实惠，而且安全度高，此外，高铁很少发生延误的情况，大多数时候都是准时准点到达，这也为一些商务旅客减少了不必要的麻烦，所以高铁的开通会在一定程度上促进相关的商务旅行。所以高铁在客运方面，尤其是长途客运方面，具有很大的竞争优势。在短途旅行中，很多城市的人们也会选择高铁作为自己的交通工具。

高铁的发展提供了更方便、快捷的运输方式，增加了人们面对面交流的可能性，使得生产商和供应商之间能进行面对面交流的频率提高了，有助于减少生产商和供应商之间的信息不对称，让交易更好地达成，并建立良好的买卖关系。

二、降低信息交流成本

高铁的时空压缩效应使人员之间流动的成本减少了，也相应减少了时间成本。此外，高铁还促进了资金的流动以及信息的流动。在贸易活动中，我们在多数情况下都要考虑成本的因素，希望把成本降到最低。在社会经济生活中，人与人之间进行交流与合作以及达成交易的过程中就有交易成本，其中包括两种成本，一种是搜寻成本（搜集进行交易对象信息的成本），另一种是信息成本（得到交易对象信息以及与交易对象进行信息交换的成本）。

而无论是搜寻成本还是信息成本的降低,都有助于贸易的发展,因为这两个成本是贸易成本的重要组成部分。高铁的开通对于这两个成本的减少都有一定的帮助。一方面,高铁开通后,人员流动更加便捷和频繁,往返于不同的城市之间搜集到的交易对象的信息就更多,并且更容易找到与自己匹配的交易对象;另一方面,在确定自己的交易对象后,如果遇到需要面对面才能获得信息的情况,则可以随时乘坐高铁去往那里,以便及时了解重要的信息。

三、促进生产性服务业在空间集聚

生产性服务业是指为保持工业生产过程的连续性、促进工业技术进步、推动产业升级和提高生产效率提供保障的服务行业。它是与制造业直接相关的配套服务业,它并不直接对消费者提供服务,而是直接为生产过程服务,使生产过程更加便捷、高效。其主要包括研发设计与其他技术服务,货物运输、仓储和邮政快递服务,信息服务等。

高铁的开通使人员流动成本还有时间成本下降,并且促进了高质量人才和资金、信息的流动,从而满足不同地区的需求,使劳动力储备更加充足,还为知识溢出提供了条件。知识的提升可以带动周边生产性服务业的集聚,促使地区生产性服务业升级,以及制造业生产率提升。高铁能压缩时间距离,还可以增强中心城市与外围城市的连接,使生产性服务业向外围城市拓展,实现最大化的外部效益。此外,高铁还能使一些制造业企业从大城市向周边城市迁移,而技术研发部门等比较核心的部门仍留在大城市,从而使生产性服务业重新整合,形成空间集聚效应。李红昌等(2016)通过加权平均旅行时间法测算出高铁建设对城市经济及可达性的影响,并指出高铁建设能够缩短旅行时间,从而提高沿线城市可达性,并进一步导致经济的集聚效应。同时,集聚效应也能降低生产制造的成本,促进贸易的发展。运输条件的改善不仅可以降低运输费用,更重要的是可以开拓市场,促进贸易发展。

第二节　现状与典型事实

自改革开放以来,我国的对外贸易一直呈现出稳步发展的态势,但受疫情影响,对外贸易受到了一些阻碍,不过可以克服。随着改革的不断推进,以及国家中部崛起、西部大开发战略的实施,中西部地区也渐渐发展起来,由公路、铁路等构成的交通网络也更加稠密,东中西部地区的差距正在不断缩小。虽然东部地区有对外贸易的先天优势,但是中西部地区也在努力地追赶上来。

从表 5-1 中可以看出,2019 年出口贸易额达到了约 17.24 万亿元,比上年增长 5%,并且进口贸易额达到了约 14.33 万亿元,比上年增长了 1.7%。

图 5-1 反映了 2010—2021 年全国进出口贸易额及增长率情况。随着经济全球化的不断深入以及中国经济的不断发展,2010—2019 年中国的进出口贸易额呈现出上升的趋势。

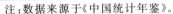

表 5-1　2010—2021 年全国进出口贸易额及增长率

年份	出口贸易额/亿元	进口贸易额/亿元	出口增长率/%	进口增长率/%
2010	107022.8	94699.5	30.5	38.0
2011	123240.6	113161.4	15.2	19.5
2012	129359.3	114801.0	5.0	1.4
2013	137131.4	121037.5	6.0	5.4
2014	143883.8	120358.0	4.9	−0.6
2015	141166.8	104336.1	−1.9	−13.3
2016	138419.3	104967.2	−1.9	0.6
2017	153309.4	124789.8	10.8	18.9
2018	164127.8	140880.3	7.1	12.9
2019	172373.6	143253.7	5.0	1.7
2020	179278.8	142936.4	4.0	−0.2
2021	217287.4	173634.3	21.2	21.5

注:数据来源于《中国统计年鉴》。

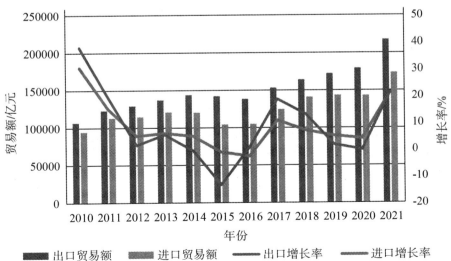

图 5-1　2010—2021 年全国进出口贸易额及增长率

注:数据来源于《中国统计年鉴》。

　　具体来看,中国 2009—2019 年的进出口贸易额出现先增长后下降然后再增长的态势。由于 2008 年的金融危机,全球经济萧条,中国的贸易受到了严重影响,这在 2009 年表现得尤为明显,出口和进口增长率都下降了十几个百分点。2010 年,不管是进口贸易额还是出口贸易额,都实现了大幅度的反弹,并且增长率都达到了 30% 以上。2010 年,上海举办了世界博览会(简称世博会),吸引了全世界的目光,更多国家愿意与中国进行贸易往来,同时中国经济也正快速地从 2008 年的金融危机中复苏,实现了贸易的飞跃式增长。

　　但随着时间的不断推移,中国的进出口贸易也面临新的挑战,仅仅依靠资源要素的对外贸易,以及仅限于沿海城市的对外贸易已经远远不能满足新经济增长的需求了。2015 年和 2016 年国际市场的萧条也导致进出口贸易额出现负增长。到 2017 年,世界经济逐渐复苏,国内经济平稳发展,推动我国外贸进出口持续增长,全年货物贸易进出口总额为 27.79 万亿元人民币,其中,出口贸易额为 15.33 万亿元,增长了 10.8%;进口贸易额为 12.48 万亿元,增长了 18.9%。此后,一直到 2019 年,贸易额都保持平稳增长的态势。

　　从中国已完成通车的"四纵四横"规划来看,东部城市的高铁线路密集程度远高于中西部地区,东部地区的进出口贸易额也明显比中西部地区高。此外,虽然政府在中西部地区的高铁规划线路并不多,但也积极地在这些地区规划建设。高铁"八纵八横"规划线路明显增加了中西部地区的铁路线,使得中国的高铁网络更加稠密,东中西部地区的差距也在慢慢地缩小,从而实现东中西部地区的互联互通。根据国家铁路局的数据,截至 2020 年 9 月,"八纵八横"建设已经完成了 70%。2009—2019 年,中西部地区的进出口贸易额逐年增长,占全国进出口贸易额的比重也不断上升,从 2009 年的 8.9% 到 2019 年的 17.1%,增长超 90%,这在很大程度上也得益于高铁的建成通车。由此可见,我国 2009—2019 年的进出口贸易额呈现出不断上涨的趋势,下文将用计量分析的方法进一步揭示高铁的开通与地区的进出口贸易之间的相关性。

第三节　变量、数据与模型

一、数据来源

　　本书实证部分所采用的数据主要有城市数据、高铁数据以及高程数据。第一,城市数据。本书主要研究地级市层面的高铁与对外贸易之间的关系,地级市的各项数据,包括经济发展数据以及社会发展数据,主要来源于 1999—2017 年的《中国城市统计年鉴》,包括历年各城市的户籍总人口数、生产总值(简称 GDP)、外商直接投资使用额、地方财政收支、固定资产投资、基础交通设施等数据。除此之外,部分年份以及城市的缺失值根据《中国区域经济统计年鉴》补充。

城市其他交通基础设施的数据,主要包括普通铁路、高速公路以及航空等的数据。铁路数据主要来自 1999—2017 年《中国铁道年鉴》,提取的信息是开通普通铁路的年份,开通为 1,未开通为 0;高速公路数据主要来自 1999—2017 年的《中国城市统计年鉴》、《中国区域经济统计年鉴》以及交通运输部的官网,包括高速公路开通的年份以及高速公路建设的总里程;航空数据主要来自 1999—2017 年的《中国城市统计年鉴》,提取的数据主要是开通民航的年份,开通为 1,未开通则为 0。

第二,高铁数据。该数据主要是各个城市在某一年里开通高铁并且运营的时间。该数据主要来自 1999—2017 年《中国铁道年鉴》以及网上公开的统计资料,经整理而得,城市开通运营取 1,没有开通运营则取 0。

第三,高程数据。该数据指用于构建工具变量的地理数据,来自地理空间数据云[①]——公开供下载的数据平台。高程数据的原始状态是一系列的影像资料,要读取其中所包含的地理信息首先需要确定空间范围,本研究中指中国全境。其次按研究需求将搜集到的基础数据进行拼接与裁剪,得到适合研究的"底图"数据之后,再进入处理和分析阶段,在本书中指利用 Arc-GIS 拾取到考察范围内每个点的水文、起伏度和坡度等信息。最后匹配得到 1999—2017 年全国 294 个地级市的面板数据。

二、模型与变量

模型参考 Lin(2017)的研究,根据本书的需要,选定的模型如下:

$$\ln(\text{Export per})_{j,i,t} = \beta_0 + \beta_1 \text{HSR}_{j,i,t} + \beta_2 Z_{j,i,t} + \beta_3 \Omega_{j,t} + \gamma_t + \delta_i + \varepsilon_{j,i,t}$$

$$(5\text{-}1)$$

其中,$\ln(\text{Export per})_{j,i,t}$ 表示位于省份 j 的城市 i 在 t 年的人均出口量。主要解释变量为 $\text{HSR}_{j,i,t}$,若城市 i 在 t 年开通高铁则为 1,否则为 0。β_1 为主要解释变量(开通高铁)的估计系数,如果 $\beta_1 < 0$ 且统计显著,则表明高铁负向影响城市出口,反之亦然。模型中的其他控制变量:第一,$Z_{j,i,t}$ 包括城市内是否有机场(Airport)、高速公路密度(Highway intensity)、是否

---

① 中国科学院计算机网络信息中心的公开数据平台。

有普通铁路(Railway)等其他城市层面的交通禀赋特征变量,并结合既往研究选取市场化程度(孙楚仁等,2014)、金融深化程度(方显仓和曹政,2018)和城市生产总值等城市层面的其他特征变量。其中,市场化程度(Market)的衡量方法较多,本书采用运用最为广泛的樊纲等(2011)的研究中的市场化指数[①](数值越大表示市场化程度越高)来表示;金融深化程度(Finance)用地区信贷占地区生产总值的比重来衡量,即 Finance=地区信贷总额/地区 GDP×100%(数值越大表示程度越高)。第二,$\Omega_{j,t}$ 为省份—时间固定效应,控制随时间变化的会对高铁出口效应产生影响的特征变量。第三,γ_t 是时间固定效应,用以控制时间维度的宏观经济冲击。第四,δ_i 是城市固定效应,控制不随时间变量变化而变化的城市特征因素。此外,为控制潜在的异方差和空间相关问题,本书参考 Bertrand 等(2004)的做法,将标准差在城市层面进行聚类调整。

正如 Redding 和 Turner(2015)所指出的,交通道路的布局并非完全随机,而是取决于诸多影响经济活动的区位条件,这导致识别交通基础设施的经济效应时很容易产生反向因果的内生性问题。因此,本书基于高铁的规划文件——《中长期铁路网规划》(2016),删去文件中明确规定必定要经过的城市[②]——直辖市、省会城市和副省级城市,用剩下的 306 个外围城市构成实证研究样本。

第四节 实证结果及讨论

一、基准回归

表 5-2 呈现的是开通高铁对外围城市出口影响的基准回归结果,可以观察到表示城市经济发展的指标 GDP 与出口之间存在显著的正相关关系,省级层面的市场化程度对出口亦具有显著正向的影响,这与既往研究的结论相一致,说明了模型设置的合理性。第(1)列只有"是否开通高铁"这一个虚拟变量。第(2)列在第(1)列的基础上加入了城市层面的交通基础设施和GDP,以及省份层面的市场化程度和金融深化程度等控制变量,结果显示开通高铁对城市出口的回归系数 β_1 显著为负。从第(3)列到第(5)列,逐渐增加了城市固定效应、时间固定效应和省份—时间固定效应,结果表明开通高

---

① 由于 2010 年以后的市场化指数还没有测算出来,本书根据前三年的平均增长速度推算 2010 年以后的市场化指数。

② 2016 年 7 月公布的《中长期铁路网规划》指出,高速铁路网"连接主要城市群,基本连接省会城市和其他 50 万人口以上大中城市"。

铁对出口的影响始终显著为负,并且数值随着固定效应控制的增加而不断缩小,这意味着即使排除了高铁规划文件中明确指定的中心城市,在关于外围城市是否开通高铁的决策上,规划者仍有一定的倾向性——向那些经济发展状况更好的城市倾斜。因此,在没有时间固定效应和省份—时间固定效应时,如第(2)列和第(3)列所示,高铁对出口的影响会被放大。在第(5)列纳入式(5-1)中所有的控制变量及固定效应后,结果显示开通高铁使城市出口减少了10.23%。[1]

表 5-2　开通高铁对城市出口影响的基准回归结果

变量	(1)	(2)	(3)	(4)	(5)
HSR	1.014*** (14.791)	−0.158*** (−3.121)	−0.158*** (−3.122)	−0.119** (−2.207)	−0.097* (−1.829)
Airport		0.073 (0.810)	0.073 (0.800)	0.059 (0.686)	0.054 (0.631)
Highway intensity		0.037 (1.121)	0.037 (1.117)	0.003 (0.079)	−0.052 (−1.423)
Railway		−0.187** (−2.226)	−0.187** (−2.262)	−0.202** (−2.751)	−0.094 (−1.168)
Market		0.200*** (13.239)	0.200*** (13.329)	0.062*** (3.123)	0.058*** (2.867)
Finance		−0.084*** (−3.121)	−0.084*** (−3.161)	−0.039 (−1.337)	−0.008 (−0.400)
GDP		0.756*** (20.276)	0.756*** (20.206)	0.446*** (5.285)	0.496*** (5.830)
城市固定效应	否	否	是	是	是
时间固定效应	否	否	否	是	是
省份—时间固定效应	否	否	否	否	是
观测值	3914	2758	2758	2758	2758
R^2	0.045	0.675	0.675	0.697	0.709

注:括号里面是稳健聚类(城市层面)的 t 值。* 表示回归系数在10%的显著性水平下显著,** 表示回归系数在5%的显著性水平下显著,*** 表示回归系数在1%的显著性水平下显著。

二、平行趋势假设检验

进行双重差分估计的前提假设是开通高铁城市和未开通高铁城市出口的平行趋势。为了验证平行趋势,参考 Xu(2017)的研究,在式(5-1)的基础

---

[1]　由于被解释变量为处理组城市出口和控制组城市出口的双重差分,回归系数的反对数 e^{λ_1} 的经济含义是其他条件不变时,高铁开通带来处理组变化相较于控制组的倍数。相应地,$e^{\lambda_1}-1$ 反映了高铁开通导致处理组城市出口水平变化的情况。

上加入了开通高铁的前项和滞后项虚拟变量,得到的回归模型如式(5-2)所示。

$$\ln(\text{Export per})_{j,i,t} = \sum_{m=1}^{2} \lambda_m \text{FirstHSR}_{j,i,t-m} + \sum_{n=0}^{3} \lambda_n \text{FirstHSR}_{j,i,t+n}$$
$$+ \lambda_2 Z_{j,i,t} + \lambda_3 \Omega_{j,t} + \gamma_t + \delta_i + \varepsilon_{j,i,t} \qquad (5\text{-}2)$$

其中,如式(5-1)中的含义,$\text{FirstHSR}_{j,i,t}$为虚拟变量,若位于省份j的城市i在t年是第一次开通高铁,则取1,反之则取0。$\text{FirstHSR}_{j,i,t-m}$表示的是第$m$期前项,$\text{FirstHSR}_{j,i,t+n}$表示的是第$n$期滞后项。纳入前项变量是为了考察开通高铁前的效应,以验证平行假设,而纳入滞后项是用以识别开通高铁后的影响。

图5-2是基于式(5-2)在城市层面进行同趋势分析的结果,即关于开通高铁前项和滞后项对外围城市出口的点估计结果。由结果可知,前项的系数与零相比无显著差异,支持平行趋势假设,这意味着开通高铁与城市出口表现之间没有预先的相关性。与此同时,随着高铁的开通,外围城市的出口不断减少,这与基准回归结果相一致,即开通高铁负向影响外围城市出口。

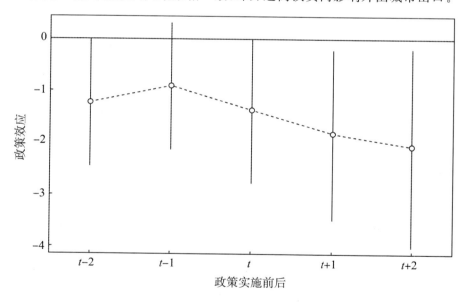

图5-2　开通高铁对城市出口影响的平行趋势分析

三、内生性问题处理

Redding和Turner(2015)认为,识别交通基础设施经济效应必须不断解决因其路线布局的非随机而产生的内生性问题,并提出工具变量法是有效的处理方法之一,这一方法在相关文献中也得到了较为广泛的应用

(Chandra & Thompson，2000；高翔等，2015；Ghani et al.，2016；Liu et al.，2019)。尽管在基准回归中我们利用基于外围城市的回归以减少高铁布局的非随机问题，并且控制时间固定效应和城市固定效应的基准回归用到了广义的双重差分法，但是开通高铁的城市可能与未开通高铁的城市本身就存在差异，因此产生了自选择效应。此外，鉴于高铁规划者对那些经济发展基础较好或发展潜力更大的地区在规划时有明显的偏好，即存在自选择效应、反向因果和空间自相关等导致的内生性问题，我们结合既往研究进一步选用倾向评分匹配法和工具变量法尝试解决这一问题。

(一)倾向评分匹配法

借由未开通高铁城市的数据来刻画开通高铁城市没有开通高铁的情况，首先要进行匹配(De Loecker，2007)，找出除"是否开通高铁"这一差异外尽可能相似的城市对。既往研究表明，高铁对人们的出行模式和企业的区位选择有显著的影响(Bradsher，2013；Bernard et al.，2019)。在理想情况下，对出口的影响应该等于开通高铁的城市在开通高铁后的出口量与其没有开通高铁时的出口量的差，如式(5-3)所示。

$$E\{ZL_{i,s}^1-ZL_{i,s}^0\,|\,OPEN_i=1\}=E\{ZL_{i,s}^1\,|\,OPEN_i=1\}-E\{ZL_{i,s}^0\,|\,OPEN_i=1\}$$
$$(5-3)$$

其中，$ZL_{i,s}^1$ 与 $ZL_{i,s}^0$ 分别表示在 $s=0$ 时开通高铁的城市在 s 期时选择开通和选择不开通时的出口量，$OPEN_i=1$ 表示开通高铁的城市，$OPEN_i=0$ 表示未开通高铁的城市。然而，经济状况越好的城市往往越倾向于开通高铁，同时经济状况好的城市出口量也更大，即

$$E\{ZL_{i,s}^0\,|\,OPEN_i=1\}>E\{ZL_{i,s}^0\,|\,OPEN_i=0\} \qquad (5-4)$$

式(5-4)意味着存在选择性偏误，这会导致估计结果有偏差。为了解决这一问题，本书参照 De Loecker (2007)等的做法，通过筛选出处理组城市(开通高铁城市)和比较组城市(未开通高铁城市)，再从比较组城市中选出与处理组城市尽可能相近的一组城市，最后再采用双重差分法估计开通高铁的出口效应。[①] 倾向评分匹配法已经被广泛应用于政策评估的研究中(De Loecker，2007)。下面是本书应用这一方法的具体过程。

第一，筛选。选出用于分析的处理组城市和比较组城市：样本期内开通了高铁的城市为实验组，比较组则选择在样本期内一直未开通高铁的城市。

第二，匹配。倾向值匹配是基于城市开通高铁的概率对处理组和比较

[①] 这一处理参照了 Blundell 和 Costa Dias(2000)的建议，在匹配中融入双重差分法，减少非参数估计的偏差。

组进行配对的一种方法。在本书的研究中,由于处理组城市开通高铁的时间并不相同,这里需要分年份进行匹配。在对任一年份的城市进行匹配的过程中,需要筛选出当年新开通高铁的城市以及全部的比较组城市,以开通与否(开通高铁取 1,未开通高铁取 0)作为因变量,以前一期可观测的协变量作为自变量进行 Logit 模型估计,如式(5-5)所示。根据估计的结果,进一步对开通高铁城市的概率进行拟合,并根据开通高铁概率的相近程度对处理组和比较组进行配对。匹配质量决定了开通高铁对城市出口影响的估计是否可靠。为此,在每次匹配过后,还会分别进行平衡性假设检验和共同支撑假设检验,针对检验的结果不断调整匹配的方法和参数,直至匹配结果符合要求,确保匹配后能得到可靠的估计结果。

$$\Pr\{OPEN_{i,0}=1\}=\Phi\{h(X_{i,-1})\} \tag{5-5}$$

参考已有文献,倾向值匹配过程中协变量应选取能同时影响城市开通高铁行为决定和城市出口的变量(Rosenbaum & Rubin,1985;Heckman,1979),从而在处理选择性偏误的同时对其他影响城市出口的因素加以控制。根据这一条件,本书在选取匹配变量时,借鉴了高铁相关的实证研究文献所选取的匹配变量(Martincus et al.,2016;Coşar & Demir,2016),以及城市出口相关实证文献中影响出口的可能因素的变量(Eaton & Kortum,2002;Amiti & Konings,2007;Glaeser et al.,2016)。最终,本书选取了以下变量作为匹配变量:是否有机场、公路密集度、固定资产投资、地方财政支出、工业企业单位数以及地区虚拟变量。各协变量的具体定义和形式如表5-3 所示。

表 5-3　匹配变量的定义及度量

变量	形式	变量说明
是否有机场(Airport)	虚拟变量	有机场取1,无机场取 0
公路密集度(Highway intensity)	对数	公路里程(公里)/土地面积(平方公里),再取对数
是否有普通铁路(Railway)	虚拟变量	有普通铁路取1,无普通铁路取 0
固定资产投资(Fixed assets)	对数	人均固定资产投资(不含农户)(万元/人),再取对数
地方财政支出(Fiscal expenditure)	对数	人均地方财政一般预算支出(万元/人),再取对数
教育投资(Education investment)	对数	用于教育的人均财政支出(万元/人),再取对数

第三,估计。结合双重差分法对高铁的出口效应进行估计。首先用新

开通高铁城市的出口量减去城市开通高铁前十年的平均出口量[①]，得到一定时间段内城市出口量的差，这样就去掉了不随时间变化而变化的不可观测因素对城市出口的影响。然后用新开通高铁城市的出口量的差减去与之匹配的未开通高铁城市的出口量在同一时期的差，剔除其他宏观因素可能的影响，最终得到开通高铁对出口的影响，即

$$DATT^s = \frac{1}{N_s} \sum_i \left[(ZL_{i,s}^1 - ZL_{i,s-3}^1) - \sum_{j \in C(i)} w_{i,j} (ZL_{j,s}^C - ZL_{j,s-3}^C) \right]$$

(5-6)

为了获取城市开通高铁的倾向值，需要筛选出对应年份新开通高铁的城市和始终未开通高铁的城市，以开通高铁与否作为因变量，开通高铁前一年可观测的城市特征变量作为自变量，进行 Logit 估计。表 5-4 呈现了2009—2013 年匹配的 Logit 估计结果。

表 5-4　2009—2013 年匹配的 Logit 估计结果

变量	(1) 2009 年	(2) 2010 年	(3) 2011 年	(4) 2012 年	(5) 2013 年
Airport	0.000 (0.000)	0.058 (0.080)	−0.286 (−0.421)	−0.441 (−0.726)	0.765 (1.324)
Highway intensity	−0.183 (−0.109)	1.896*** (3.821)	1.801** (2.260)	0.740 (1.326)	−0.336 (−0.682)
Railway	0.000 (0.000)	0.000 (0.000)	0.000 (0.000)	0.000 (0.000)	−1.283 (−1.018)
Education investment	−3.696*** (−2.957)	7.867*** (3.462)	4.488** (2.462)	0.810 (0.596)	4.086** (2.062)
Fixed assets	0.849 (0.581)	2.087** (2.801)	1.756** (1.927)	2.767*** (3.081)	3.071*** (3.388)
Fiscal expenditure	0.195 (0.082)	−6.711*** (−2.873)	−5.979*** (−2.711)	−4.511*** (−2.829)	−7.661*** (−3.522)
常数项	−14.301*** (−2.617)	10.822** (2.517)	2.926 (0.852)	−5.342 (−1.591)	−0.049 (−0.011)
N	110	195	194	206	213

注：括号里面是稳健聚类（城市层面）的 t 值。* 表示回归系数在 10% 的显著性水平下显著，** 表示回归系数在 5% 的显著性水平下显著，*** 表示回归系数在 1% 的显著性水平下显著。

根据估计得出的城市开通高铁倾向值，本书采用 1∶2 临近匹配的方法[②]为处理组城市（即开通高铁的城市）筛选出配对城市。匹配质量关乎我

---

① 这里也可以用前十年的平均值来进行稳健性检验。

② 本书采用 1∶2 临近匹配的方法进行匹配主要是从估计效率角度考虑。在稳健性检验中，本书还采用了其他配对方法，而采用其他方法的结果依然稳健。

们最后因果效应的估计是否可信,因此在匹配过后需要对其进行检验。有效的匹配应该使匹配结果满足平衡性检验和共同支持检验。本书分别对各年的匹配结果进行了以上两种检验。依据 Smith 和 Todd(2005)的研究,平衡性检验是对配对后新开通高铁的城市与未开通高铁的城市协变量的标准差进行的检验。协变量 X 的标准差为:

$$\text{biss}(X) = \frac{100 \frac{1}{n} \sum_{i \in (T=1)} \left[X_i - \sum_{j \in (T=0)} g(p_i, p_j) X_j \right]}{\sqrt{\frac{\text{var}_{i \in (T=1)}(X_i) + \text{var}_{j \in (T=0)}(X_j)}{2}}} \tag{5-7}$$

标准差越小说明处理组和比较组协变量的差异越小、匹配质量越好。参照 Rosenbaum 和 Rubin(1985)的观点,当标准差的绝对值小于 20 时,匹配结果可以接受。表 5-5 为 2013 年匹配的平衡性检验结果,从表中我们可以看出:匹配前处理组和比较组样本的特征变量的均值差异明显,p 值基本上都接近 0,表明两组样本的协变量存在统计上的显著差异;经过倾向值匹配后,两者差异显著减少,p 值明显上升。其他年份匹配的平衡性检验结果与 2013 年大体相同。

表 5-5　平衡性假设检验结果(2013 年)

变量	匹配前后	均值		偏差		t 检验	
		$p > t$	处理组	比较组	相对偏差	绝对偏差	t
Airport	匹配前	0.303	0.379	−16.1		−3.02	0.003
	匹配后	0.306	0.303	0.3	96.2	0.08	0.933
Highway intensity	匹配前	0.158	−0.901	136.8		19.53	0.000
	匹配后	0.158	0.158	0	100.0	0.01	0.992
Railway	匹配前	1.000	0.901	47.0		6.62	0.000
	匹配后	1.000	1.000	0	100.0	0.00	1.000
Education investment	匹配前	−2.314	−3.283	137.3		21.31	0.000
	匹配后	−2.318	−2.354	5.0	96.4	0.88	0.379
Fixed assets	匹配前	0.915	−0.644	155.2		23.89	0.000
	匹配后	0.878	0.834	4.3	97.2	0.82	0.415
Fiscal expenditure	匹配前	−0.653	−1.790	140.2		21.30	0.000
	匹配后	−0.680	−0.692	1.5	98.9	0.29	0.772

注:括号里面是稳健聚类(城市层面)的 t 值。* 表示回归系数在 10% 的显著性水平下显著,** 表示回归系数在 5% 的显著性水平下显著,*** 表示回归系数在 1% 的显著性水平下显著。

共同支持假设要求两组样本之间的出口倾向值的分布相同。对各年的
共同支持检验结果(见图 5-3、图 5-4)均显示:匹配前,两组城市的开通高铁
倾向值的分布有明显差异;匹配后,两组城市开通高铁倾向值的分布变得相
对重合。

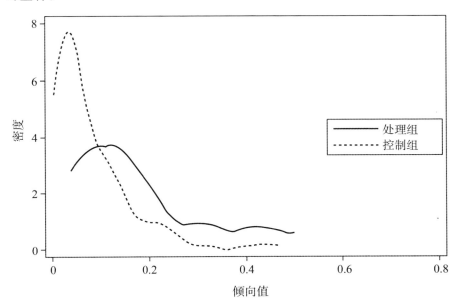

图 5-3 共同支持假设检验结果——匹配前(2013 年)

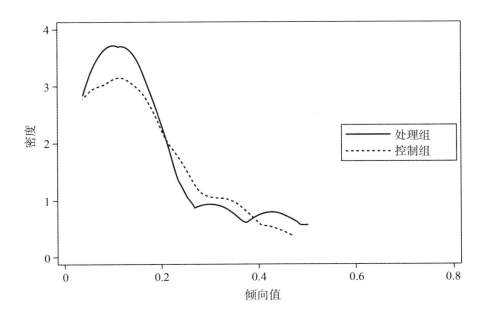

图 5-4 共同支持假设检验结果——匹配后(2013 年)

接下来我们探讨开通高铁对城市出口影响的估计结果。根据式(5-6)，我们可以估计开通高铁对城市出口因果效应的估计值 DATT$_j$,通过该估计值的正负以及是否显著异于 0,我们可以判断开通高铁是促进还是抑制了城市出口,以及这些影响是否在统计上显著。结果如表 5-6 所示,开通高铁的年份调整为 0,1、2、3、4 分别表示开通高铁后的第 1、2、3、4 年,-1、-2、-3、-4 则分别表示开通高铁前的第 1、2、3、4 年。表 5-6 反映了开通高铁前后各年由开通高铁而导致的城市年人均出口量对数值的变化。从表 5-6 中可以发现,在开通高铁后的第三年,对出口的影响开始显著为负,这与基准回归的结论相一致。

表 5-6　高铁的地区出口效应:倾向评分匹配法回归结果

t	-4	-3	-2	-1	0	1	2	3	4
Export per	-0.122* (-1.69)	-0.108 (-1.35)	-0.083 (-0.98)	-0.128 (-1.51)	-0.040 (-0.44)	-0.114 (-1.15)	-0.203 (-1.51)	-0.303* (-1.70)	-0.410* (-1.91)

注:括号里面是稳健聚类(城市层面)的 t 值。* 表示回归系数在 10% 的显著性水平下显著,** 表示回归系数在 5% 的显著性水平下显著,*** 表示回归系数在 1% 的显著性水平下显著。

(二)工具变量法

借鉴 Faber(2014)和张梦婷等(2018)的研究,借助空间地理信息计算开发成本,然后遵循开发成本最低的原则生成交通网络,最后将栅格数据导出。以在这个生成的网络中的某一个城市是否有高铁通过(0-1 虚拟变量)作为城市开通高铁的工具变量。

表 5-7 为工具变量的回归结果。第(1)列为高铁对出口的二阶段回归,结果显示开通高铁显著负向影响出口。第(3)列为工具变量对高铁的一阶段回归,F 值为 15.872,明显大于相关工具变量一阶段回归的 10 的经验值,确保了工具变量的有效性。第(2)列为工具变量对出口的回归结果,关于核心解释变量的估计系数依然显著为负。但是应注意到,与基准回归的结果相比,工具变量回归结果所提示的高铁对外围城市出口的影响的绝对值变大。这意味着实际高铁规划确定开通高铁城市的过程的确存在规划者对经济基础较好的城市的主观倾斜(Faber,2014),同时也表明采用工具变量的方法在一定程度上减少了内生性问题,使得高铁对外围城市出口的负向影响进一步显现。总的来看,使用工具变量进行回归的结果与基准回归结果是一致的,同样得到了高铁开通对外围城市出口有显著负向影响的结论。

表 5-7　工具变量法的回归结果

变量	(1) 二阶段回归	(2) 简约型基准回归	(3) 工具变量的一阶段回归
HSR	−0.396* (−1.77)		
工具变量(最低成本路径)		−0.102** (−2.10)	0.258*** (4.04)
控制变量	是	是	是
观测值	204	204	204
R^2	0.542	0.548	0.251
F 值			15.872

注:括号里面是稳健聚类(城市层面)的 t 值。* 表示回归系数在 10% 的显著性水平下显著,** 表示回归系数在 5% 的显著性水平下显著,*** 表示回归系数在 1% 的显著性水平下显著。控制变量包括是否有机场、高速公路密度、是否有普通铁路、市场化程度、金融深化程度和城市生产总值。

四、稳健性检验

本书采用了多种方法对结果的稳健性进行检验。

第一,基准回归中数据样本窗口期为 1999—2013 年,在这段样本窗口期内,中国开通高铁的真正冲击始于 2008 年,并且除高铁进入铁路运输系统的冲击外,还发生了一系列被认为会对贸易产生显著影响的事件,如2001 年加入世界贸易组织、2008 年的金融危机等。因此,我们尝试探究样本窗口期的选择是否会对结果产生影响。表 5-8 和表 5-9 是按不同方式细分样本窗口期的稳健性检验结果。我们可以看到,无论是截取样本窗口期内的一段时间,还是以不同的等间隔方式选取一些年份的分样本,开通高铁对样本城市出口的负向影响均显著存在,支持了基准回归的结论。

表 5-8　稳健性检验:不同时间段(1)

变量	(1) 2001—2011 年	(2) 2003—2011 年	(3) 2005—2011 年	(4) 1999/2001/2005/ 2007/2009/2011/ 2013 年
HSR	−0.124** (−2.420)	−0.100** (−1.962)	−0.022* (−1.744)	−0.104* (−1.833)
控制变量	是	是	是	是
城市固定效应	是	是	是	是
时间固定效应	是	是	是	是
省份—时间固定效应	是	是	是	是

续　表

变量	(1) 2001—2011 年	(2) 2003—2011 年	(3) 2005—2011 年	(4) 1999/2001/2005/ 2007/2009/2011/ 2013 年
观测值	2471	2165	1810	1450
R^2	0.645	0.539	0.456	0.739

注:括号里面是稳健聚类(城市层面)的 t 值。* 表示回归系数在10%的显著性水平下显著,** 表示回归系数在5%的显著性水平下显著,*** 表示回归系数在1%的显著性水平下显著。控制变量包括是否有机场、高速公路密度、是否有普通铁路、市场化程度、金融深化程度和城市生产总值。

表 5-9　稳健性检验:不同时间段(2)

变量	(1) 2001/2004/ 2007/2010/ 2013 年	(2) 1999—2012 年	(3) 1999—2011 年	(4) 1999—2010 年
HSR	−0.113* (−1.67)	−0.125** (−2.06)	−0.146* (−1.94)	−0.176* (−1.72)
控制变量	是	是	是	是
城市固定效应	是	是	是	是
时间固定效应	是	是	是	是
省份—时间固定效应	是	是	是	是
观测值	951	2471	2351	2147
R^2	0.694	0.645	0.690	0.674

注:括号里面是稳健聚类(城市层面)的 t 值。* 表示回归系数在10%的显著性水平下显著,** 表示回归系数在5%的显著性水平下显著,*** 表示回归系数在1%的显著性水平下显著。控制变量包括是否有机场、高速公路密度、是否有普通铁路、市场化程度、金融深化程度和城市生产总值。

第二,滞后一期。用滞后项进行回归可以在一定程度上排除当期的影响,减少内生性问题的影响。表 5-10 第(1)列显示的是滞后一期的回归结果,其与基准回归结果一致。

表 5-10　稳健性检验:滞后一期、计划修建、对外围城市的不同定义

变量	(1) 滞后一期	(2) 计划修建	(3) 把副省级 城市剔除	(4) 把经济强 市剔除	(5) 把规划中提 到的城市 剔除
HSR	−0.132** (−2.21)	−0.062 (−0.88)	−0.119** (−2.27)	−0.123* (−1.88)	−0.133* (−1.89)

续　表

变量	（1） 滞后一期	（2） 计划修建	（3） 把副省级 城市剔除	（4） 把经济强 市剔除	（5） 把规划中提 到的城市 剔除
控制变量	是	是	是	是	是
城市固定效应	是	是	是	是	是
时间固定效应	是	是	是	是	是
省份—时间 固定效应	是	是	是	是	是
观测值	2623	2760	2683	2478	2361
R^2	0.684	0.709	0.697	0.705	0.689

注：括号里面是稳健聚类（城市层面）的 t 值。* 表示回归系数在 10% 的显著性水平下显著，** 表示回归系数在 5% 的显著性水平下显著，*** 表示回归系数在 1% 的显著性水平下显著。控制变量包括是否有机场、高速公路密度、是否有普通铁路、市场化程度、金融深化程度和城市生产总值。

　　第三，用计划修建高铁代替实际开通高铁。在基准回归中，自变量高铁（HSR）在某城市建成通车后取 1，否则取 0。考虑到可能从正式确定修建之时起，高铁的出口效应就已经开始出现，因此以计划修建数据代替建成通车数据进行稳健性检验。计划修建数据指的是发改委批复同意修建途经某一城市的高铁线路。不难发现，这种以通高铁的信号代替实际开通高铁的处理可以近似地理解为一种安慰剂检验，因为实际并没有发生这个冲击。回归结果呈现于表 5-10 的第（2）列，我们发现并不存在真正开通高铁的提前效应。

　　第四，对外围城市的不同定义。如前文所述，为了排除既有经济优势对结果产生的偏差影响，基准回归的对象是除直辖市和省会城市之外的所有城市。在这里，我们在前文的基础之上又提高了关于外围城市的标准来进一步筛选实证对象。结果如表 5-10 的第（3）、（4）、（5）列所示，其分别对应的是进一步剔除副省级城市、进一步剔除经济强市（当年省内 GDP 排名第二）和进一步剔除规划中的城市（"八纵八横"高铁网络上的城市）①的回归结果，所有的回归结果都得出了开通高铁对城市出口有显著负向影响的结论。

五、作用机制探究

　　理论上，高铁对外围城市的出口产生影响可能的作用机制主要有两

---

　　① 此处的依据为《中长期铁路网规划》（2016），该文件中明确描绘了"八纵八横"高铁网络各条通道途经的城市及支线名称。

个——"高铁开通导致贸易成本降低"和"连入高铁网络带来生产要素的空间重组"。

(一)贸易成本机制

高铁作为客运专线,一方面,其可能通过促进城市中人与人之间面对面的交流,以及便利复杂信息的传递(如增强企业对市场的信息搜索、改善供应关系和提高通关效率等)来降低固定贸易成本(唐宜红等,2019),促进企业出口。既往研究揭示了面对面交流对监管和生产关系的重要性,如航空旅行(Cristea,2011;Startz,2016)和高铁出行(Charnoz et al.,2018;Bernard et al.,2019)。唐宜红等(2019)的实证考察发现,开通高铁便利了复杂信息的有效传递,从而影响企业出口的固定贸易成本。另一方面,开通高铁可能吸引许多原来选择普通列车的乘客,通过释放铁路、高速公路等交通方式的运能(嵇昊威和赵媛,2014;Wu et al.,2014;孙浦阳等,2019),从而释放出交通资源用于货物运输,使普通铁路的货运压力大大降低,进而降低可变贸易成本对企业出口的影响。例如,孙浦阳等(2019)实证探究发现,高铁对其他交通运输能力具有显著的释放效应,从而降低商品的运输成本。这两种影响均会降低贸易成本的国内部分(Donaldson,2018),对出口产生正向影响。

基于此,本书将通过对各种交通方式的客运量和货运量进行描述性统计的方式,进一步对高铁影响可变贸易成本的机制进行分析。图5-5为1998—2021年中国客运情况统计:公路客运量的比重最大,约为80%;铁路约为10%;其他交通运输方式,包括民航和水路客运量,不到总客运量的5%。值得注意的是,随着2008年中国高铁的建成,铁路客运量逐渐增加,而公路客运量却呈现出下降趋势,这说明开通高铁可能减轻了公路客运负担、释放了公路的运能,存在降低货运成本并促进贸易的可能性。因此,我们进一步统计了1998—2021年中国各交通运输方式的货运量情况。如图5-6所示,公路货运量也占据了交通运输货运量的绝大部分,比重约为70%。然而,随着高铁开通,虽然公路运输的货运量呈增加趋势,但是公路货运量占总货运量的比例并无明显变化,换言之,公路货运运能并没有因为开通高铁而增加。描述性统计的结果表明开通高铁并不能显著释放其他交通运输方式的运能,即高铁对可变贸易成本的影响不明显。

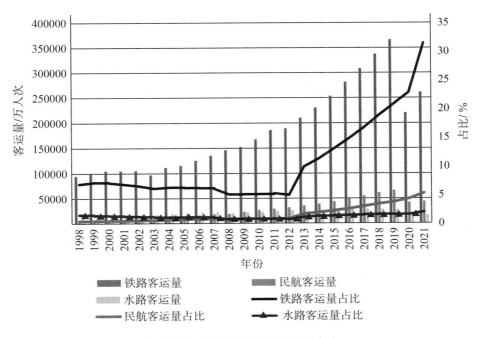

(a)铁路、民航与水路的客运量及占比

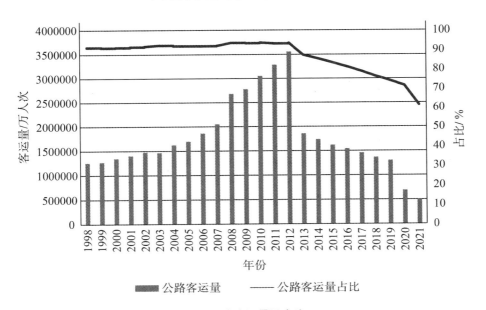

(b)公路客运量及占比

图 5-5　1998—2021 年中国不同交通运输方式的客运量

注：铁路、公路、民航和水路的运输数据来自国家统计局。由于公路相较于其他交通运输方式的数量级过大，为了更直观地呈现结构性变化，故将其单独绘制。

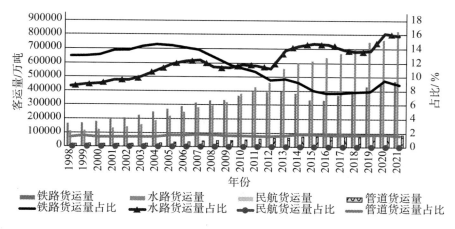

(a)铁路、民航与水路的货运量及占比

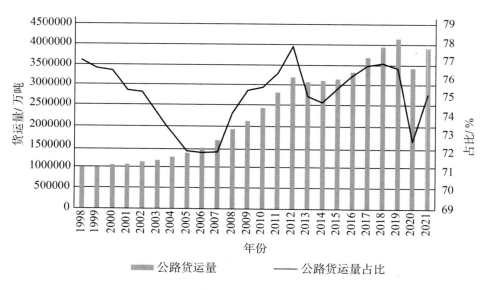

(b)公路货运量及占比

图 5-6　1998—2020 年中国不同交通运输方式的货运量及占比

注:铁路、公路、民航和水路的运输数据来自国家统计局。由于公路相较于其他交通运输方式的数量级过大,为了更直观地呈现结构性变化,故将其单独绘制。

对贸易成本的机制进行再验证。第一,港口在国际贸易中承担着关键性的桥梁作用。港口的通关报关是对外贸易中较为复杂的一项内容(Clark et al.,2004),对复杂信息的交流依赖性更高。由此本书猜想若高铁建成后使某一城市与港口城市建立直接联系,那么这个城市受到高铁的贸易成本降低的正向激励会更显著。为验证这一推测,我们按照"开通高铁是否使得城市与港口城市建立直接联系"进行分组,然后再对其进行回归,结果呈现于表 5-11 的第(1)列和第(2)列。开通高铁对于不能直达港口城市的出口的影响依然显著为负,而对于能直达港口的城市,高铁的影响显著为正。结果与预料的一致,验证了源自面对面交流增强的贸易成本机制。第二,高铁引致的面对面交流增强是在一国之内讨论的,既往研究还揭示了航空运输对国与国之间面对面交流的促进效应(Cristea,2011)。具体而言,原先就有机场的城市意味着国际贸易环境相对更加完备,所以开通高铁可能会加速其形成适于出口的综合交通网络,产生贸易成本降低的乘数效应,那么在有机场的城市内高铁贸易成本机制会更加显著。表 5-11 的第(3)列和第(4)列分别呈现了城市有无机场的实证研究结果,通过对比两组结果可以得出一个相对效应[1],提示有机场城市的出口受开通高铁带来的正向影响更显著,也再次验证了贸易成本机制的存在。

表 5-11　贸易成本机制的验证

变量	(1) 直达港口城市	(2) 未直达港口城市	(3) 有机场组	(4) 没有机场组
HSR	0.198* (1.79)	−0.306** (−2.56)	0.018 (0.12)	−0.142 (−1.38)
控制变量	是	是	是	是
城市固定效应	是	是	是	是
时间固定效应	是	是	是	是
观测值	940	2570	1277	2236
R^2	0.610	0.574	0.543	0.596

注:第(1)列和第(2)列的控制变量包括是否有机场、高速公路密度、是否有普通铁路、市场化程度、金融深化程度和城市生产总值;第(3)列和第(4)列的控制变量包括高速公路密度、是否有普通铁路、市场化程度、金融深化程度和城市生产总值。

(二)虹吸效应[2]机制

生产要素的空间重组在中心—外围的视角下又分为虹吸效应和去中心效应(Baldwin & Okubo,2006;Baum-Snow et al.,2017)。顾名思义,前者会对外围城市产生负向效应,后者会产生正向效应,因此从作用方向上可以预判高铁出口效应的空间重组作用机制应该是虹吸效应的结果。开通高铁带来的要素流动性提高和区域间联系增强(范欣等,2017)会使得外围城市相较于中心城市工业生产的比较劣势更显著,导致外围城市生产减少,进而

---

① 对总样本的回归有显著性,而分样本的结果不再有显著性,这种情况在既往文献中也存在。
② 即生产要素从外围城市流向中心城市的现象。

导致出口的减少,也可以单独用 Krugman(1980)以及 Helpman 和 Krugman(1987)所提出的母市场效应[①]来解释。基于此,根据经典的生产函数设定,$y = Af(k)$,假设技术水平 A 不变,生产要素投入 k 减少,则产出将减少,进而导致出口减少。为了验证虹吸效应作用机制的存在,这里的生产要素投入分别选取了城市的人口(Population)、教育投资(Education investment)、固定资产投资(Fixed assets)和地方财政支出(Fiscal expenditure)等指标来展开探究。

回归结果呈现在表 5-12 中,第(1)列显示高铁对人口没有显著的影响,这与现实相符,即受中国的户籍制度约束,外生冲击对人口(尤其是户籍人口数据)的影响甚微。第(2)—(4)列显示高铁开通对外围城市的教育投资、固定资产投资和地方财政支出均有显著负向的影响(其中又以固定资产的流失最为显著,边际效应高达 17%),证实了虹吸效应机制。开通高铁对教育投资的负向边际效应为 5.4%,从长远看,教育投资的减少又将对人力资本产生影响,从而进一步弱化这些城市的竞争力。从本书的研究结果来看,开通高铁对外围城市的虹吸效应是显著的,与 Qin(2017)、张梦婷等(2018)、Yu 等(2019)的研究结论相一致,而且尤其体现出了对资本要素的虹吸效应。

表 5-12　探究虹吸效应机制的回归结果

变量	(1) 人口	(2) 教育投资	(3) 固定资产投资	(4) 地方财政支出
HSR	0.005 (0.531)	−0.055** (−2.212)	−0.170*** (−3.410)	−0.091*** (−3.291)
控制变量	是	是	是	是
城市固定效应	是	是	是	是
时间固定效应	是	是	是	是
观测值	3979	4133	4139	4509
R^2	0.247	0.913	0.866	0.973

对虹吸效应进行再验证。第一,基于虹吸效应作用原理。一是外围城市与中心城市的空间相邻性。根据虹吸效应作用原理,越接近中心城市的外围城市所受到的作用越强,反之则越弱。基于"是否与中心城市相邻"来细分样本,结果分别呈现于表 5-13 的第(1)列和第(2)列。高铁开通对与中心城市相邻的城市出口有显著的负向影响,而不具相邻性的城市则没有显

[①]　母市场效应是指在存在规模经济和运输成本的世界中,那些拥有较大母国市场需求的产品更容易成为该国的出口产品。

著性,验证了虹吸效应的存在。二是外围城市与中心城市的空间距离。进一步拓展相邻性的猜想,理论上中心城市与外围城市的距离越远,则高铁的虹吸效应越弱,而如果外围城市与中心城市的相对距离与出口正相关,则可以进一步验证虹吸效应的存在。表 5-13 的第(3)列是依据距离进行回归的结果,正如所预想的那样,得到了正相关的结论,验证了虹吸效应机制。第二,以中心城市样本为实证对象进行验证。假设虹吸效应机制不存在,那么在贸易成本机制的作用下高铁开通对中心城市出口的影响肯定显著为正。类似基准回归的处理,表 5-14 自第(1)列到第(3)列依次增加了控制变量,第(3)列为最终回归结果。回归结果显示,高铁对中心城市出口的正向影响并不显著。对此我们认为:一方面,其可以验证虹吸效应机制的存在。正因为高铁的虹吸效应,区域性中心城市的要素流向了更高一级的中心城市,经济发展趋于集聚。另一方面,其反映了高铁的经济效应存在显著的空间异质性。在这里体现为位于不同地区(东中西部地区)的中心城市所受到的高铁开通的经济效应差异明显,这也与 Ke 等(2017)和 Liu 等(2016)的研究结论相一致。

表 5-13　虹吸效应机制的验证Ⅰ:相邻性和空间距离

变量	(1) 与中心城市相邻 Export per	(2) 与中心城市不相邻 Export per	(3) Export per
HSR	−0.201* (−1.860)	−0.002 (−0.021)	
空间距离			0.328 (1.553)
控制变量	是	是	是
城市固定效应	是	是	是
时间固定效应	是	是	是
观测值	1617	1893	3513
R^2	0.576	0.584	0.577

注:括号里面是稳健聚类(城市层面)的 t 值。* 表示回归系数在 10% 的显著性水平下显著,** 表示回归系数在 5% 的显著性水平下显著,*** 表示回归系数在 1% 的显著性水平下显著。

表 5-14　虹吸效应机制的验证Ⅱ:中心城市样本回归

变量	(1) Export per	(2) Export per	(3) Export per
HSR	0.546*** (3.391)	0.538*** (3.201)	0.0086 (0.072)
控制变量	是	是	是
城市固定效应	否	是	是

续　表

变量	（1） Export per	（2） Export per	（3） Export per
时间固定效应	否	否	是
观测值	437	437	437
R^2	0.464	0.464	0.669

注：括号里面是稳健聚类（城市层面）的 t 值。* 表示回归系数在 10% 的显著性水平下显著，** 表示回归系数在 5% 的显著性水平下显著，*** 表示回归系数在 1% 的显著性水平下显著。

第六章 高铁网络的经济收敛效应

党的十九大报告指出,我国社会主要矛盾已经转化为人民日益增长的美好生活需要和不平衡不充分的发展之间的矛盾。2020 年底的党的十九届五中全会进一步强调了区域协调发展战略,以及推动共同富裕、全面建成小康社会的奋斗目标。地区间的发展差距受到了学术界和政界越来越多的关注,研究焦点由增长理论向促进区域协调发展转变(刘秉镰等,2020)。中国的经济总量自 2010 年赶超日本之后稳居世界第二,被誉为"中国式增长奇迹"。2019 年中国人均 GDP 约 7.07 万元,如果按照世界银行 2018 年的标准,以 6% 的低增长率来计算,不出五年中国就会进入高收入国家行列。然而,中国经济在整体取得巨大成就的同时,国内地区间发展不平衡的挑战却日益严峻。本章结合中国建设成果瞩目的交通基础设施现实条件和交通强国战略的发展导向,以带来显著时空压缩效应、打破市场分割的高铁网络为研究对象,系统考察了其对城市经济收敛的影响及其作用机制。

第一节 理论分析

本书主要从交通基础设施引致产业结构变化的视角考察其对城市经济收敛性的影响。与本书密切相关的文献可以分为以下三个类别:经济增长和收敛研究、产业结构变化与经济收敛性,以及交通基础设施与经济增长。

一、经济增长和收敛研究

传统的以新古典增长模型为代表的收敛模型认为,在技术外生一致的前提下,资本的边际报酬递减将导致欠发达地区以快于发达地区的速度增长,进而实现向发达地区收敛,最终实现相同的稳态。平等的经济增长是我们所期待的一个理想状况。关于一国之内各地区经济长期增长趋势的收敛性最早出现在威廉逊(Williamson)于 1965 年提出的"威廉逊区域收入趋同假说"中,他认为国内地区间收入差异的大致趋势呈倒 U 形,即在发展初期差距逐步扩大,然后保持稳定,进入成熟增长阶段后差距将缩小。基于收敛理论,学者们已经概括得到了 β 收敛[①]、σ 收敛[②]和俱乐部收敛[③]三种类型。

然而,现实却显现出与理论模型预测不相符的情况,中国自改革开放后,地区间的收入差距日益显著,这说明经济的收敛性研究仍需要进一步拓展和完善(刘秉镰等,2020)。关注中国经济收敛性问题的已有文献主要可以概括为以下三个主题。第一,关于中国经济收敛性的讨论。不同层面或部门的研究视角,如姚先国和张海峰(2008)基于增长回归发现各省份的经济发展存在较快的条件收敛迹象;戴觅和茅锐(2015)虽然也是在省际层面,但区分了部门进行考察,结果表明工业部门有稳健的绝对收敛,但是非工业部门和整体都未呈现收敛性;张学良(2012)则是在县域层面进行探究,发现经济增长具有绝对 β 收敛的特征。此外,林光平等(2006)还认为中国经济的收敛具有显著的阶段性波动趋势;周亚虹等(2009)在省级层面的分析也发现中国经济增长有着从发散转向收敛的趋势,并且富裕省份和相对落后省份的收敛速度有很大差距;而蔡昉和都阳(2000)、潘文卿(2010)、林毅夫和刘明兴(2003)认为,中国经济不存在全域性的绝对收敛,各地区具有俱乐部收敛特征;陈丰龙等(2018)进一步以城市群为单位,探究发现俱乐部收敛的特征仅出现在相对富裕的城市群内。第二,关于中国经济收敛性的原因讨论。其中包括制度因素(林毅夫和刘明兴,2003)、宏观管理缺陷(马晓河,2010;蔡昉和王美艳,2014)等。第三,关于如何促进经济收敛的因素研究。促进经济的收敛事实上与协调发展密切相关,既有文献中关于促进因素的考察包括技术进步(李光泗和徐翔,2008;任玲玉等,2014)、知识部门的发展(龚刚等,2017)和经济结构调整(马晓河,2011;Huang,2014)。

中国面临"中等收入陷阱"的挑战已经是学界的共识,与发达国家相比,发展中经济体的特点是不同地区、不同经济部门(如农业、非农业)之间存在巨大的生产率和经济水平差距。虽然分配效率低下降低了整体劳动生产率(Hsieh & Klenow,2009),但这同时又成为发展中经济体经济增长的一个重要引擎,即当劳动力和其他资源从生产率较低的活动转向生产率较高的活动时,即使部门内没有生产率增长,经济也会增长。这种促进增长的结构性变化可以成为整体经济增长的一个重要因素(林毅夫和张鹏飞,2006;林

[①] β 收敛指初期人均产出水平较低的经济系统会在人均产出增长率、人均资本增长率等人均项目上以比初期人均产出水平较高的经济系统更快的速度增长,此处针对产出增量而言。

[②] σ 收敛指不同经济系统间人均收入的离差随时间的推移而趋于下降,此处针对产出存量而言。

[③] 俱乐部收敛指初期经济发展水平较近的经济集团各自内部的不同经济系统之间在具有相似的结构特征前提下趋于收敛,即较穷的国家集团和较富的国家集团各自内部存在着条件收敛,而且两个集团之间没有收敛的迹象。

毅夫,2011;郭晗和任保平,2014;柯善咨和赵曜,2014),由此可以看出,系统探究经济结构、产业结构对经济增长收敛性的影响具有重要价值(戴觅和茅锐,2015)。

二、产业结构变化与经济收敛性

在关于经济发展的文献中,最早和最核心的观点之一是发展需要结构变化。Kuznets 和 Murphy(1966)较早提出,如果没有产业结构转变,就不可能实现持续的经济增长。范剑勇和张涛(2003)也认为,缩小中国地区差距的根本途径是尽快实现中西部地区的产业结构转型。结构转型过程分为两个关键部分:新产业的崛起和资源从传统产业向新兴产业的转移。若没有前者,就没有推动经济向前发展的动力;若没有后者,生产率的提高就不会扩散到经济的其他领域,导致非对称市场整合的中心—外围效应,使经济活动向中心城市集聚并对外围城市产生负向影响。

既往研究发现高速发展的国家,特别是那些经历了大幅增长的国家(如日本、韩国、新加坡)都经历了结构性变化(袁富华,2012;傅缨捷,2015)。近年来越来越多的研究将国内劳动力迁移作为经济结构转型的核心,量化了国内劳动力迁移对经济增长的影响(Caliendo et al.,2017;范欣等,2017;Schmutz & Sidibé,2019;Imbert & Papp,2020;Heise & Porzio,2019)。Eckert 和 Peters(2022)发现,劳动力迁移对美国农业在就业中所占比例的下降贡献甚微。但是 Bryan 和 Morten(2015)发现,国内劳动力的迁移对印尼的总生产率有重大影响,若移民成本降低到美国水平,则能使总生产率提高 7.1%。交通基础设施对劳动力迁移的影响不仅在于移除了城市间迁移的障碍(Morten & Oliveira,2018),而且促进了城市间的交流,进而能提高远程劳动力①的匹配效率(Lin,2017),在促进区域分工程度提升的同时也会对产业在空间上的布局产生显著影响。有关中国劳动力迁移的研究,Tombe 和 Zhu(2019)建立了一个多地区含劳动力迁移摩擦的空间分布模型,认为劳动力的迁移取决于流动摩擦与流入地的实际工资,量化了劳动力迁移成本和贸易成本下降对经济增长的影响。虽然已将劳动力迁移作为结构变化以及经济收敛的核心因素,但上述研究均未评估劳动力迁移成本下降对地区产业结构调整,以及对经济收敛性的影响。

---

① 航空和高速铁路发展带来越来越频繁的日常出行意味着城际出行成本降低,这使企业有更强的意愿将总部和研发中心设置在技术人才密集的中心城市,远程控制位于劳动力密集的小城市的工厂的运作。

三、交通基础设施与经济增长

交通运输条件一直是贸易领域研究的一个重要内容,亚当·斯密于 1776 年提出,劳动分工提高了经济效率,但是劳动分工受到交通运输条件的制约(斯密定理)。这意味着交通运输条件的改良不仅可以减少货物运输成本,还能够开拓市场和促进贸易发展(Cristea,2011;Duranton et al., 2014;Startz,2016;王永进和黄青,2017;Xu,2017;Bernard et al.,2019;唐宜红等,2019)。既往关于交通基础设施的研究主要集中于探讨货物运输改善带来的贸易成本降低对经济的影响,包括价格收敛(Shiue & Keller, 2007)、地方劳动力市场的技能溢价(Michaels,2008)、贸易得利(Donaldson,2015)以及长期 GDP 增长(Banerjee et al.,2020)。随着交通技术的不断发展,交通运输网络日渐形成,学者们开始关注交通对人员流动与地区间市场整合和资源再配置的影响(刘生龙和胡鞍钢,2011;范欣等, 2017;刘冲等,2020)。Faber(2014)基于中国公路干线系统数据探究其发展对区域经济的影响,指出公路发展的副作用之一是中心城市对沿线外围城市资源的虹吸效应。Baum-Snow 等(2017)分析了铁路和公路对中国城市人口和经济的动态影响,结果显示交通基础设施建设具有显著的去中心效应,减少了中心城市的人口和产值。Lin(2017)则关注降低人员流动成本的高速铁路对地区经济的影响,研究发现中国高速铁路的开通减少了外围城市的固定资产投资,因此不利于其经济增长。Xu(2017)采用结构模型的方法进行研究,发现开通高速铁路在带来福利增加的同时也显著加剧了地区间的发展不平衡。张克中和陶东杰(2016)、张梦婷等(2018)发现,开通高速铁路促进了外围城市资本和劳动力等生产要素向中心城市的集聚,因而对外围城市产生了具有负向影响的虹吸效应。

基于此,本研究利用中国各地级市层面的城市数据系统考察了城市经济的收敛性以及地区差异,并进一步通过匹配铁路、高速公路和高速铁路等交通基础设施数据,探究国内日益完善的交通网络对城市经济收敛的影响及作用机制。

第二节　数据、模型及收敛性

一、数据及预处理

本研究选取的样本是中国 200 多个地级市,样本期为 1999—2016 年,涉及的数据按类型主要分为城市数据和交通基础设施数据。

第一，城市数据，指地级市经济发展数据，来自 1999—2016 年的《中国城市统计年鉴》，包括地区生产总值、年末总人口、年末单位从业人员数、固定资产投资等信息。被解释变量劳动生产率以人均 GDP 来衡量，反映了地区经济生产总量与地区人口（常住人口）的相对情况，用地区生产总值除以常住人口数。稳健性检验中增加的控制变量还包括城市人口增长率、城市规模和城市化率，其中，城市规模用该城市人口总量取对数来表示，城市化率用该城市市辖区人口占城市总人口的比重来表示。

第二，交通基础设施数据，指各地级市在 1999—2016 年高速铁路、高速公路和普通铁路的建设发展情况。高速铁路数据来自历年《中国铁道年鉴》中的"建设大事件"以及中国国家铁路集团有限公司网站和国家铁路局的新闻报道和公告，按城市名称、线路名称、高速铁路站点名称等进行统计，最终整理得到关于各城市在相应年份高速铁路开通与否（虚拟变量 0-1）的信息。高速公路数据指高速公路密度（单位是公里/万平方米），笔者根据《中国城市统计年鉴》及各年度统计公报的信息汇总统计而来。由于绝大多数城市都存在普通铁路，在这里普通铁路被视作城市的初始交通基础设施禀赋。

二、模型设定

为了研究地级市的经济收敛性，基于 β 收敛模型，本书先建立了一个衡量经济增长率的一般模型。假定实际增长率水平满足：

$$\hat{Y}_{i,t} = \hat{V}_{i,t} - \pi_{i,t} \tag{6-1}$$

其中，Y 表示实际增长，V 表示名义劳动生产率，π 表示通货膨胀，i 和 t 分别表示城市和时间，$\hat{}$ 表示该指标变化的百分比，即增长率。

考虑到一国之内对资本和劳动力流动的限制较小，因此本书假定各城市的物价相近，通货膨胀率相同，即

$$\pi_{i,t} = \pi_t + \varepsilon_{i,t} \tag{6-2}$$

π_t 是 t 年全国的通货膨胀水平，ε 为随机误差扰动项。

然后将 $\hat{Y}_{i,t}$ 分解成城市具体条件 D_i 和收敛效应 V_t^* 的函数：

$$\hat{Y}_{i,t} = \beta(\ln V_t^* - \ln V_{i,t-1}^*) + D_i \tag{6-3}$$

其中，V_t^* 表示 t 期不同城市劳动生产率的均衡水平，其取决于与城市经济发展相关的各项条件。$V_{i,t-1}$ 表示城市 i 在 t 期初始的劳动生产率水平。D_i 表示城市 i 的具体条件。综合式（6-1）、式（6-2）、式（6-3）可以得到：

$$\hat{V}_{i,t} = -\beta(\ln V_{i,t-1} - \ln V_t^*) + \pi_t + D_i + \varepsilon_{i,t} \tag{6-4}$$

进一步整理，并令 $D_t = \beta \ln V_t^* + \pi_t$，可得：

$$\hat{V}_{i,t} = -\beta \ln V_{i,t-1} + D_t + D_i + \varepsilon_{i,t} \tag{6-5}$$

其中，D_t、D_i分别表示时间固定效应和城市固定效应，用以控制时间层面和城市层面的波动影响。控制不同的固定效应会对β的经济学含义产生影响：当只控制时间固定效应时，β衡量的是经济发展的绝对收敛效应；当同时控制时间固定效应和城市固定效应时，β衡量的是条件收敛效应；而如果在控制时间固定效应的基础上控制城市所在省的固定效应，那么β衡量的便是经济发展的俱乐部收敛效应。很显然，β是该模型中的核心系数，我们关注它的符号和大小，若β值为负且统计显著，则说明收敛性存在，而数值大小反映了收敛速度，数值越大说明收敛速度越快。

三、实证研究

(一)基准回归

表6-1呈现的是基准回归结果。其中，第(1)列只控制了时间固定效应，由前文分析可知，这种设定所衡量的是地级市劳动生产率的β绝对收敛情况；第(2)列在控制时间固定效应的基础上又控制了地级市所在省份的固定效应，衡量俱乐部收敛情况；第(3)列在控制时间固定效应的基础上又控制了地级市的固定效应，因此衡量的是β条件收敛的情况。由表6-1的第(1)、(2)、(3)列可知，1999—2016年我国地级市劳动生产率的系数都为负并且在统计学上显著，说明地级市劳动生产率存在明显的β绝对收敛、俱乐部收敛和β条件收敛。进一步对这些β系数的大小进行比较可以发现，第(3)列的β系数最大，第(2)列的β系数次之，第(1)列的β系数最小。由此可知，国内各地级市劳动生产率的β条件收敛速度最快，俱乐部收敛的速度次之，而β绝对收敛的速度相对最慢。这一结果与我们的理论预期一致，即控制的条件越多，劳动生产率的收敛性会越明显。[①]

---

① 但是，设定控制的条件越多，与实际情况的偏离就越大，也更不符合现实。因此，下文的系列探究均只控制时间固定效应，即β绝对收敛，主要考虑在揭示一般规律的基础上，力求使结果和结论的政策启示更有意义。

表 6-1　地级市劳动生产率的收敛结果及稳健性检验 I（增加控制变量）

变量	(1) $\hat{V}_{i,t}$ β绝对收敛	(2) $\hat{V}_{i,t}$ 俱乐部收敛	(3) $\hat{V}_{i,t}$ β条件收敛	(4) $\hat{V}_{i,t}$ β绝对收敛	(5) $\hat{V}_{i,t}$ 俱乐部收敛	(6) $\hat{V}_{i,t}$ β条件收敛
$\ln V_{i,t-1}$	-0.046^{***} (-11.54)	-0.062^{***} (-12.68)	-0.403^{***} (-4.10)	-0.020^{***} (-6.46)	-0.030^{***} (-7.75)	-0.257^{***} (-5.92)
Poprate				-0.771^{***} (-75.06)	-0.763^{***} (-73.49)	-0.571^{***} (-6.49)
City_scale				-0.000 (-0.30)	-0.009^{**} (-2.47)	-0.209^{***} (-3.84)
Urban_ratio				0.000^{***} (3.40)	0.000^{***} (4.11)	-0.000 (-0.21)
年份固定效应	是	是	是	是	是	是
省份固定效应	否	是	否	否	是	否
城市固定效应	否	否	是	否	否	是
常数项	0.007 (3.45)	-0.016 (0.66)	-0.500^{***} (-0.95)	0.020 (-3.18)	0.057^{**} (0.96)	0.944^{***} (2.21)
观测值	4237	4237	4237	4236	4236	4236
R^2	0.143	0.159	0.292	0.649	0.653	0.694

注：括号里面是 t 值，* 表示 $p < 0.1$，** 表示 $p < 0.05$，*** 表示 $p < 0.01$。

（二）稳健性检验

1. 增加控制变量

考虑到城市的集聚效应带来市场、劳动力和技术共享，提高了经济的生产率，有助于一个地区经济的快速发展，我们在基本模型的基础上进一步增加了三个控制变量：城市人口增长率（Poprate）、城市规模（City_scale）和城市化率（Urban_ratio），来控制集聚效应的影响（刘修岩，2014）。表 6-1 的第（4）、（5）、（6）列显示的是增加控制变量后的回归结果，结果显示：在增加控制变量后，主要解释变量的 β 系数依旧为负且在统计学上显著，即上述控制变量并不影响地级市劳动生产率的收敛性；这种收敛趋势在 β 条件收敛、俱乐部收敛和 β 绝对收敛中均存在，并且收敛速度依次递减，这与基准回归结果一致。

2. 不同地区样本

表 6-2 反映了除直辖市和省会城市以外的其他所有地级市的劳动生产

率的收敛性,但是其包含了一些特殊城市集群,如京津冀、长三角和珠三角等经济圈。一般而言,上述经济圈被认为相较于其他城市,在经济、贸易、投资等方面受到了国家更多的政策支持,有更显著的发展优势。因此,为了排除政策方面的影响,我们分别采用剔除三大城市群和按地区细分(东部地区与中西部地区)两种方式对不同地区样本进行稳健性检验。在剔除直辖市和省会城市的基础上剔除京津冀、长三角和珠三角经济圈内的城市,再进行 β 绝对收敛分析,结果呈现于表 6-2 中的第(1)列。分析结果显示,β 绝对收敛系数仍旧显著为负,这意味着城市集群的存在与否并没有影响中国地级市劳动生产率的绝对收敛性。

表 6-2　稳健性检验Ⅱ:不同地区、不同产业的分样本分析

变量	(1) $\hat{V}_{i,t}$ β 绝对收敛 删除直辖市、省会城市,以及京津冀、长三角和珠三角经济圈的城市	(2) $\hat{V}_{i,t}$ β 绝对收敛 东部地区	(3) $\hat{V}_{i,t}$ β 绝对收敛 中西部地区	(4) $\hat{V}_{i,t}$ β 绝对收敛 第一产业	(5) $\hat{V}_{i,t}$ β 绝对收敛 第二产业	(6) $\hat{V}_{i,t}$ β 绝对收敛 第三产业
$\ln V_{i,t-1}$	-0.024^{***} (-6.56)	-0.027^{***} (-4.91)	-0.022^{***} (-4.79)	-0.028^{***} (-7.72)	-0.066^{***} (-11.25)	-0.041^{***} (-8.01)
控制变量	是	是	是	是	是	是
年份固定效应	是	是	是	是	是	是
省份固定效应	否	否	否	否	否	否
城市固定效应	否	否	否	否	否	否
常数项	0.046^{*} (1.91)	-0.087^{**} (-2.34)	0.101^{***} (3.50)	0.036 (0.74)	0.127^{***} (3.77)	-0.059^{**} (-2.22)
观测值	3443	1524	2712	4163	4213	4213
R^2	0.619	0.751	0.631	0.122	0.278	0.126

注:括号里面是 t 值。* 表示 $p < 0.1$,** 表示 $p < 0.05$,*** 表示 $p < 0.01$。

此外,考虑中国区域经济发展不平衡造成不同区域的城市间经济发展有很大的差距,而这种经济发展差距可能会影响地区收敛的差异性,我们进一步将全国城市样本按东部地区和中西部地区细分进行讨论。表 6-2 中的第(2)列和第(3)列呈现的分别是东部地区城市和中西部地区城市的劳动生

产率收敛性的回归结果,结果显示,不论是东部地区还是中西部地区,其 β 系数均显著为负,说明无论是在东部地区还是在中西部地区,劳动生产率都存在显著的 β 绝对收敛,但是东部地区的收敛速度快于中西部地区。

3. 不同产业样本

戴觅和茅锐(2015)的研究揭示了经济结构、产业结构对经济增长收敛(亦有文献称趋同)的重要影响,并提出经济收敛趋势在不同产业内的表现可能存在差异。由此,我们根据不同的产业类别(第一产业、第二产业、第三产业)细分来考察中国各地级市的劳动生产率收敛情况。表 6-2 的第(4)、(5)、(6)列依次报告的是对各城市第一产业、第二产业、第三产业劳动生产率 β 绝对收敛的情况。结果显示,三大产业的 β 系数均显著为负,这说明劳动生产率 β 绝对收敛的特征在三大产业都存在。但是城市经济收敛速度在不同产业之间存在差异,其中,第二产业的收敛速度是最快的,第三产业次之,第一产业最慢。上述结果表明促使经济结构由第一产业向第二、三产业调整是保持经济持续增长的关键,这与既有文献的研究结论一致(戴觅和茅锐,2015)。

4. 不同地区的不同产业样本

表 6-3 说明了收敛特征的地区差异和产业差异,我们进一步结合不同地区和不同产业(东部地区/中西部地区、第一产业/第二产业/第三产业)对样本进行进一步细分来观察经济收敛性差异。结果呈现于表 6-3 中:第一,所有分样本回归的系数都显著为负,即 β 绝对收敛的结论成立;第二,第二产业的收敛速度无论在东部地区还是中西部地区都是最快的,而且东部地区第二产业的收敛在所有情形中速度是最快的;第三,东部地区与中西部地区相比较,东部地区在第一产业和第二产业上的收敛速度更快,但是中西部地区的第三产业收敛速度快于东部地区;第四,东部地区和中西部地区在第一产业和第三产业的收敛差异并不大,而在第二产业的差异显著,这也说明第二产业内表现出的显著收敛趋势可能是地区差异性产生的原因。

表 6-3　稳健性检验 Ⅲ:不同产业、不同地区的分样本分析

变量	(1)$\widehat{V}_{i,t}$ β 绝对收敛 第一产业		(2)$\widehat{V}_{i,t}$ β 绝对收敛 第二产业		(3)$\widehat{V}_{i,t}$ β 绝对收敛 第三产业	
	东部地区	中西部地区	东部地区	中西部地区	东部地区	中西部地区
$\ln V_{i,t-1}$	-0.026^{***} (-4.47)	-0.022^{***} (-3.77)	-0.087^{**} (-9.01)	-0.065^{***} (-6.50)	-0.045^{***} (-6.17)	-0.048^{***} (-4.51)
控制变量	是	是	是	是	是	是
年份固定效应	是	是	是	是	是	是

续　表

变量	(1)$\hat{V}_{i,t}$ β绝对收敛 第一产业		(2)$\hat{V}_{i,t}$ β绝对收敛 第二产业		(3)$\hat{V}_{i,t}$ β绝对收敛 第三产业	
	东部地区	中西部地区	东部地区	中西部地区	东部地区	中西部地区
省份固定效应	否	否	否	否	否	否
城市固定效应	否	否	否	否	否	否
常数项	0.187** (2.23)	−0.026 (−0.26)	0.079 (1.38)	0.255*** (4.17)	−0.097*** (−2.62)	0.152*** (3.15)
观测值	1500	1519	1524	1534	1524	1534
R^2	0.139	0.097	0.325	0.292	0.215	0.116

注:括号里面是 t 值,* 表示 $p<0.1$,** 表示 $p<0.05$,*** 表示 $p<0.01$。

第三节　影响研究

通过上述分析我们发现:第一,地级市的劳动生产率存在显著的收敛性;第二,按地区划分样本,与中西部地区比较,东部地区的收敛速度更快;第三,按产业划分样本,不同产业间比较的结果显示,第二产业的收敛速度最快,第三产业次之,第一产业最慢;第四,结合地区和产业划分样本,研究结果表明第二产业无论是在东部地区还是中西部地区,收敛速度均最快。城市间经济收敛的趋势在这里再次被验证,让我们回到现实发展中,可以看出近 20 年来我国国内高速公路、普通铁路和高速铁路交通网络的迅猛发展极大地降低了地区间的要素流动成本,打破了原有的市场分割,在地区间产生显著的时空压缩效应,"十四五"规划期间在交通强国战略的支撑下,现代交通网络的效能还将进一步提升。关于交通基础设施对整体经济增长的促进作用已经达成了较为广泛的共识(刘秉镰等,2010;Baum-Snow et al.,2017;范欣等,2017),但其对地区间均衡发展的影响尚未被充分揭示,而这又是当前我国经济发展亟待解决的问题。因此,本书在揭示城市经济收敛特征的基础上,进一步就交通基础设施对经济收敛的影响展开系统探究。

一、基准回归

为了考察交通基础设施对经济收敛的影响,参考 Banerjee 等(2020)的研究,我们在基准回归模型式(6-5)的基础上增加了不同交通基础设施变量(高速铁路、高速公路和普通铁路),以及不同交通基础设施与城市前期的经济发展水平的交叉项,具体构建的回归模型如下:

$$\hat{V}_{i,t} = \alpha + \beta_1 \ln V_{i,t-1} + \beta_2 \, \mathrm{HSR}_{i,t} + \beta_3 \, \mathrm{HSR} \ln V_{i,t-1} + \beta_4 \, \mathrm{Highway}_{i,t}$$

$$+ \beta_5 \, \mathrm{Highway}_{i,t} \ln V_{i,t-1} + \beta_6 \, \mathrm{Railway}_{i,t} + \beta_7 \, \mathrm{Railway} \ln V_{i,t-1} + \varepsilon_{i,t} \quad (6\text{-}6)$$

除了分别采用高速铁路开通与否（虚拟变量 0-1）、高速公路密度和铁路开通与否（虚拟变量 0-1）这些传统指标来刻画外，本书还借鉴引入 Donaldson 和 Hornbeck（2016）的市场准入方法，对交通运输网络进行量化和测算，优化传统数据指标的质量。Donaldson 和 Hornbeck（2016）指出，该指标能够同时刻画交通基础设施建设对某地区的直接影响和间接影响，量化不同交通运输方式的加总效应，因此能更好地捕捉和反映交通基础设施网络的特征，从而显著地降低交通基础设施的内生性（Lin，2017；张梦婷等，2018）。任一城市 k 的市场准入定义如下：

$$\mathrm{MA}_k = \sum_{j=1}^{N} \tau_{k,j}^{-\theta} X_j T_j \quad (6\text{-}7)$$

其中，$\tau_{k,j}$ 表示从城市 k 到城市 j 的交通成本，假设生产要素仅劳动力一种。X_j 表示城市 j 从其他城市获取劳动力的成本，T_j 表示城市 j 的生产技术参数。市场准入计算的关键在于需要构建一个城市间动态的交通成本矩阵 τ，它既要包含出行时间的信息，又要包含费用信息。与前文逻辑一致，探究以交通建设引致市场准入 Market_access 刻画交通基础设施的实证回归模型如下：

$$\hat{V}_{i,t} = \alpha + \beta_1 \ln V_{i,t-1} + \beta_2 \, \mathrm{Market\_access}_{i,t} + \beta_3 \, \mathrm{Market\_access} \ln V_{i,t-1} + \varepsilon_{i,t}$$

$$(6\text{-}8)$$

基于式（6-6）和式（6-8）的交通基础设施对城市收敛的全国样本回归结果，报告归纳于表 6-4。根据交通基础设施变量与城市前期的经济发展水平的交叉项的系数大小和显著性，可得高速铁路 HSR、高速公路密度 Highway intensity、普通铁路 Railway 以及交通基础设施引致的市场准入 Market_access 对城市经济收敛均有显著的促进作用，高速铁路为 2.4%，高速公路密度为 1.3%，普通铁路为 2.1%，交通基础设施引致的市场准入为 1.9%。

表 6-4 交通基础设施对城市经济收敛性的影响：全国总样本

变量	(1) β 绝对收敛	(2) β 绝对收敛	(3) β 绝对收敛	(4) β 绝对收敛
$\ln V_{i,t-1}$	-0.017^{***} (-5.52)	-0.022^{***} (-5.89)	-0.001 (-0.19)	0.025^{**} (2.21)
HSR	-0.022^{**} (-2.36)			
$\ln V_{i,t-1} * \mathrm{HSR}$	-0.024^{***} (-2.93)			

续　表

变量	(1) β 绝对收敛	(2) β 绝对收敛	(3) β 绝对收敛	(4) β 绝对收敛
Highway intensity		-0.015^{***} (-2.97)		
$\ln V_{i,t-1}$ *Highway intensity		-0.013^{***} (-3.59)		
Railway			-0.030^{**} (-2.56)	
$\ln V_{i,t-1}$ *Railway			-0.021^{***} (-2.66)	
Market_access				0.019^{**} (2.45)
$\ln V_{i,t-1}$ * Market_access				-0.002^{**} (-2.38)
控制变量	是	是	是	是
年份固定效应	是	是	是	是
省份固定效应	否	否	否	否
城市固定效应	否	否	否	否
常数项	0.016 (0.78)	0.102^{***} (4.34)	0.044^{*} (1.96)	0.013 (0.12)
观测值	4236	3454	4236	3454
R^2	0.651	0.764	0.650	0.577

注:括号里面是 t 值。* 表示 $p < 0.1$，** 表示 $p < 0.05$，*** 表示 $p < 0.01$。

二、地区异质性

在自然区位优势和发展策略等的多重作用下,中国的东部地区相较于中西部地区有较明显的经济优势,这种优势同样也体现在了交通基础设施建设上,东部地区已有的交通网络密度显著大于中西部地区(陆铭,2017)。并且在关于城市经济收敛的探究中也显示出东部地区的收敛速度最快(见表 6-2),那么交通基础设施对收敛的影响是否也具有地区异质性? 为此,我们将样本细分为东部地区和中西部地区进行分析,结果如表 6-5 所示。就具体的交通运输方式来说,由表 6-5 的第(1)列可知高速铁路加快了东部地区城市的经济收敛,而高速公路和普通铁路对东部地区城市的经济收敛没有显著的促进作用,如第(2)、(3)列所示;高速铁路、高速公路和普通铁路均能够加快中西部地区城市的经济收敛,如第(5)、(6)、(7)列所示;交通基础设施引致市场准入的提高能加快东部地区的收敛,但对中西部地区的收敛没有显著影响,如第(4)列和第(8)列所示。

表 6-5　交通基础设施对城市经济收敛性的影响:东部地区和中西部地区的分样本

变量	东部地区				中西部地区			
	(1)	(2)	(3)	(4)	(5)	(6)	(7)	(8)
$\ln V_{i,t-1}$	−0.005 (−1.12)	−0.007 (−1.26)	0.005 (0.42)	0.039* (1.86)	−0.019*** (−4.23)	−0.022*** (−3.93)	0.006 (0.64)	−0.022* (−1.84)
HSR	−0.040*** (−4.12)				−0.022 (−1.32)			
$\ln V_{i,t-1}*$HSR	−0.031*** (−3.02)				−0.031** (−2.38)			
Highway intensity		−0.020** (−2.17)				−0.019*** (−3.21)		
$\ln V_{i,t-1}*$Highway intensity	−0.011 (−1.43)				−0.016*** (−3.65)			
Railway		−0.003 (−0.20)				−0.053*** (−2.91)		
$\ln V_{i,t-1}*$Railway		−0.018 (−1.46)				−0.032*** (−2.99)		
Market_access			0.049*** (3.59)				−0.011 (−1.25)	
$\ln V_{i,t-1}*$Market_access			−0.005*** (−3.42)				0.001 (1.10)	
控制变量	是	是	是	是	是	是	是	是
年份固定效应	是	是	是	是	是	是	是	是
省份固定效应	否	否	否	否	否	否	否	否
城市固定效应	否	否	否	否	否	否	否	否
常数项	0.003 (0.11)	0.152*** (4.70)	0.015 (0.47)	−0.328 (−1.55)	0.105*** (3.73)	0.173*** (6.06)	0.142*** (4.51)	0.406*** (3.47)
观测值	1524	1254	1524	1254	2713	2201	2713	2200
R^2	0.644	0.629	0.642	0.791	0.644	0.771	0.645	0.766

注:括号里面是 t 值。* 表示 $p < 0.1$,** 表示 $p < 0.05$,*** 表示 $p < 0.01$。

三、产业异质性

前文的分析结果显示不同产业的收敛性存在差异(见表 6-2 和表 6-3)。因此,这里也从不同产业的层面探究交通基础设施影响城市经济收敛性的异质性,旨在以不同产业的分样本结果反映和揭示交通基础设施对产业结构的影响,再结合总样本的结果分析交通基础设施影响城市经济收敛性的作用机制。

表 6-6 和表 6-7 分别显示了交通基础设施对第一产业、第二产业和第三产业分样本的收敛回归结果。结果显示,在样本窗口期 1999—2016 年:

交通基础设施对第一产业的收敛性的影响并不显著；高速公路和普通铁路显著地加速了第二产业的收敛，如表 6-7 中的第(2)、(3)列所示，而高速铁路对第二产业的影响不显著；高速铁路和普通铁路对第三产业的收敛性没有显著影响，高速公路对第三产业的收敛性有显著的负向影响。

表 6-6　交通基础设施对城市经济收敛性的影响：第一产业

变量	(1)	(2)	(3)	(4)
$\ln V_{i,t-1}$	-0.122^{***} (-16.14)	-0.147^{***} (-15.72)	-0.099^{***} (-4.90)	-0.127^{***} (-4.85)
HSR	-0.062 (-1.11)			
$\ln V_{i,t-1}*$HSR	0.041^{**} (2.26)			
Highway intensity		0.115^{***} (4.97)		
$\ln V_{i,t-1}*$Highway intensity		0.0235 (3.03)		
Railway			0.016 (0.23)	
$\ln V_{i,t-1}*$Railway			-0.018 (-0.87)	
Market_access				0.019^{***} (3.06)
$\ln V_{i,t-1}*$Market_access				-0.001 (-0.46)
控制变量	是	是	是	是
年份固定效应	是	是	是	是
省份固定效应	否	否	否	否
城市固定效应	否	否	否	否
常数项	-0.351^{***} (-3.28)	0.233^{*} (1.79)	-0.375^{***} (-3.03)	-0.530^{***} (-3.93)
观测值	4163	3409	4163	3409
R^2	0.703	0.742	0.703	0.248

注：括号里面是 t 值。* 表示 $p<0.1$，** 表示 $p<0.05$，*** 表示 $p<0.01$。

表 6-7　交通基础设施对城市经济收敛性的影响：第二产业、第三产业

变量	(1) 第二产业	(2) 第三产业	(3)	(4)	(5)	(6)	(7)	(8)
$\ln V_{i,t-1}$	-0.107^{***} (-14.54)	-0.111^{***} (-12.95)	-0.061^{***} (-2.69)	-0.085^{***} (-2.60)	-0.096^{***} (-14.34)	-0.082^{***} (-11.01)	-0.071^{***} (-4.17)	-0.145^{***} (-5.16)
HSR	-0.005 (-0.35)				0.005 (0.49)			

续　表

变量	(1) 第二产业	(2) 第三产业	(3)	(4)	(5)	(6)	(7)	(8)
$\ln V_{i,t-1}*$ HSR	−0.009 (−0.44)				0.019 (1.24)			
Highway intensity		−0.003 (−0.43)				0.015*** (2.97)		
$\ln V_{i,t-1}*$ Highway intensity		−0.019** (−2.36)				0.025*** (3.07)		
Railway			0.040* (1.79)				−0.005 (−0.39)	
$\ln V_{i,t-1}*$ Railway			−0.052** (−2.20)				−0.024 (−1.36)	
Market_ access				−0.004* (−1.82)				0.001 (1.03)
$\ln V_{i,t-1}*$ Market_access				−0.001 (−0.44)				0.004** (2.00)
控制变量	是	是	是	是	是	是	是	是
年份固定 效应	是	是	是	是	是	是	是	是
省份固定 效应	否	否	否	否	否	否	否	否
城市固定 效应	否	否	否	否	否	否	否	否
常数项	−0.421*** (−8.76)	−0.111** (−2.25)	−0.459*** (−8.86)	0.005 (0.09)	−0.177*** (−4.84)	−0.131*** (−3.21)	−0.182*** (−4.89)	−0.133*** (−3.39)
观测值	4464	3443	4464	3443	4213	3443	4213	3443
R^2	0.552	0.403	0.552	0.269	0.528	0.601	0.529	0.171

注:括号里面是 t 值,* 表示 $p < 0.1$,** 表示 $p < 0.05$,*** 表示 $p < 0.01$。

对此,本书认为主要的原因是城市间存在数量众多的高速收费站,高昂的高速通行费用在一定程度上提高了资源的流动成本和商品的运输成本[1],加重了企业的负担,进而造成严重的市场分割和低效的资源配置,个体性特征突出的第三产业对这种成本可能更为敏感。综合全国总样本及分产业的回归结果,可以总结得到交通基础设施影响城市经济收敛可能的作用机制,即交通基础设施促进了第二产业的收敛,加速了产业结构的调整,

---

[1]　交通运输部发布的《2019 年全国收费公路统计公报》显示,2019 年全国收费高速公路共 14.28 万公里,高速公路主线收费站 753.5 个,全国收费公路通行费收入 5937.9 亿元。

其中又以高速公路和普通铁路的促进作用最为显著。这一结论也与戴觅和茅锐(2015)关于工业部门和非工业部门收敛趋势比较的研究结果相符,他们研究发现我国工业部门的劳动生产率在省际层面表现出稳健的绝对收敛特性。

第七章 高铁网络的区域创新效应

高铁显著降低了城市间出行的时间成本,提高了城市间的旅客流量,增加了人们面对面交流的机会,因而会对人力资本的空间格局产生显著影响。人力资本对创新能力的重要性不言而喻。创新作为引领经济发展的第一动力,是未来开辟新的经济增长点、转向经济高质量发展的重要助力。党的十八大报告中提出要实施创新驱动发展战略,建设中国特色自主创新道路。党的十九大报告更是将创新摆在国家发展全局的核心位置。因此,了解及克服限制创新发展的内外部因素显得尤为重要。在创新驱动发展的战略背景下,探究高铁建设对创新的影响不仅能够丰富交通基础设施对创新的影响研究,而且对企业选址与高铁规划具有借鉴价值,此外,还能为区域创新发展战略的制定和城市、地区及企业的发展规划提供支撑,具有重要的理论价值和现实意义。

第一节 理论分析

随着经济社会的发展,社会生产中人力资本比物质资本更加重要的方面愈发凸显(Galor & Moav,2004)。作为企业创新能力的重要影响因素,人力资本空间分布改变也必然会影响城市内企业的创新能力。迅猛发展的高铁提高了人口流动的速度并扩大了人口流动的范围,在社会经济中发挥着日益重要的作用(见图 7-1),大幅促进了人力资本的空间流动,进而可能会影响企业创新的空间格局。现有研究普遍认为高铁压缩了时空距离,降低了人口流动的时间成本,极大地促进了人口在城市间的流动,进而带动了人力资本在城市间的流动,而劳动力是生产活动不可或缺的生产要素。

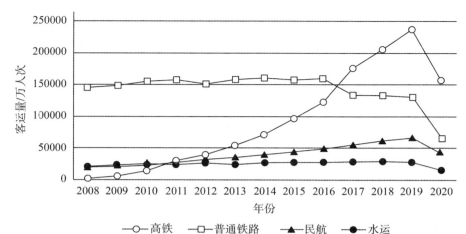

图 7-1　2008—2020 年中国除公路外各类交通运输方式的客运量变化情况
注：根据历年《中国统计年鉴》中的运输、邮电和软件业数据计算绘制。

新经济地理学的理论基石——中心—外围理论完备地解释了集聚经济，即运输成本的下降提高了贸易自由度，以市场规模效应与生活成本效应为表征的集聚力和以市场拥堵效应为特征的分散力始终同时作用。当集聚力大于分散力时能够促进流动性工业人口向具有工资优势的地区集聚，即向大城市集聚，因此可以说是自我强化过程，反之则为自我纠正过程（见图7-2）。高铁开通后除了直接减少了运输成本，还间接释放了普通铁路的运输能力，进而提高区域间的贸易自由度。因此，理论上高铁的开通可能会促进人力资本进一步向发达城市集聚，导致外围城市人才流失，马太效应进一步加剧。

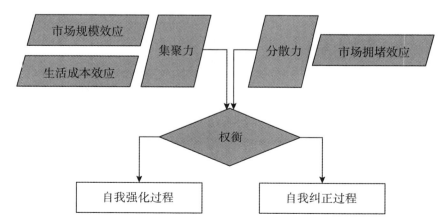

图 7-2　中心—外围理论的基本逻辑示意

　　纵观历史,交通基础设施的快速增长时期往往会与交通基础设施快速建设的时期重合(Banerjee et al.,2020)。交通基础设施能够产生显著的经济效应,对创新活动也可能产生影响。交通作为突破地理空间障碍的重要手段和渠道,在创新活动中的影响和作用一直备受关注。Aschauer(1990)关于美国交通基础设施经济弹性的分析是一次开创性探索,开启了交通基础设施经济效应的研究。此后,交通运输在经济地理研究领域中得到了更为充分的讨论。例如,Acemoglu 等(2016)基于美国历史数据研究了与铁路密切相关的邮局和创新活动间的关系,指出了交通基础设施对创新活动的促进作用。Wang 等(2018)研究了中国交通基础设施密度与企业专利间的关系,也认可交通基础设施对创新的正向促进作用。交通基础设施建设压缩了时空距离,促进了人员交流,确实提高了地区整体的创新能力。

　　高速铁路客运专线的特殊属性①使得越来越多的研究者开始关注高铁与创新活动的关系。学界关于高铁的创新效应也做了较多有益的探索,和传统交通基础设施与创新间关系的研究类似。此外,也有不少学者支持高铁促进创新能力提高的观点,如 Charnoz 等(2018)基于法国高铁进行研究,发现高铁的开通减少了总部与子公司间人员流动的时间,从而降低了面对面交流的成本,进而提高了子公司生产率。黄苏萍和李燕(2018)基于长三角城市的研究也证明了高铁对城市创新潜力的促进作用。朱桃杏和陆军(2015)基于省会城市间的高铁连接研究,认为高铁既是创新的重要投入也是其重要产出。诸竹君等(2019)发现与创新中心城市的距离是决定高铁产生影响的重要因素,100 公里以内和 200—300 公里的城市间距离是最佳距离,局部呈倒 U 形。从行业角度看,技术越前沿且更具比较优势的行业所受到的高铁促进效应越强。吉赟和杨青(2020)发现,高铁促进了高铁城市内企业的专利增长,并且这种促进效应随着开通时间的增加而增强,促进增长的作用主要体现在发明专利的数量上。孙文浩等(2021)发现,推前数期的回归中高铁变量变为负向影响,即高铁对制造业企业创新有着倒 U 形的影响——先促进后抑制。异质性分析中,东部地区和低全要素生产率城市的制造业创新有着倒 U 形影响。进一步分析发现,高铁密度的增加也会对创新产生倒 U 形影响。

　　综上所述,本书提出以下研究假设。

　　H1:开通高铁所带来的显著时空压缩效应会给中心城市创新带来显著

---

　　① 需要指出和注意的是,关于高铁客运专线的属性是中国特有的,而本研究的分析讨论是以中国高铁为例展开的,因此不存在异议。关于高铁发展及定义的详细内容可参见本书第三章。

的正向影响。

H2：开通高铁所带来的显著时空压缩效应会显著地负向影响外围城市创新。

与此同时，鉴于交通基础设施本身就需要空间作为载体，因此异质性问题不容忽视。不少研究认为其给异质性空间带来了异质性影响——发达地区既可能带动落后地区创新，也可能通过虹吸效应形成人才集聚，挤压落后地区的创新（Boarnet，1998；Cohen，2004；Cantos et al.，2005）。刘秉镰等（2011）、梁双陆和梁巧玲（2016）、马明和赵国浩（2017）的研究也得出了一致的结论，即交通基础设施对要素的空间分布具有显著的异质性。张梦婷等（2018）使用规模以上企业微观数据进行研究后发现，高铁开通仅仅使得大城市内的企业更能提高生产率。Dong 等（2020）发现，中国高铁开通会促进学者间的面对面交流，提高城市内高校的学术产出，并且认为一线城市并不是最佳受益者，反而是二线城市获益明显。然而，杨思莹和李政（2019）则认为高铁能够促进城市创新，但这种促进主要体现在科教水平较弱的城市。谭建华等（2019）发现，高铁促进了企业创新，但具有促进作用的企业主要分布于非国有、融资约束低、技术禀赋高以及竞争激烈的行业。吉赟和杨青（2020）研究发现，高铁对创新的促进在大中型城市和高强度创新型行业的效果更显著。陈婧等（2019）发现，高铁只促进了民企创新投入的增长，但民企、国企的创新产出受高铁开通的影响均有增长；此外，她还发现，高铁在融资约束高的区域和高科技行业的创新促进效果更好，对中小企业和东部地区企业有促进作用，对中西部地区的企业无明显影响，而对东北地区的企业有着抑制作用。廖进球和巫雪芬（2021）也发现，高铁对企业创新的促进作用在空间格局上呈现出明显的中心—外围趋势。总的来看，现有的文献为本书研究提供了很好的理论支撑和方法借鉴，但是既有文献较少从系统城市发展的角度对高铁的影响及作用展开探究，关于高铁影响创新活动的空间异质性分析有待进一步深化。

鉴于劳动要素的趋优性，高铁开通扩大了劳动力的流动范围（Guirao et al.，2018），促使其不断向更高边际报酬和更好公共服务的高铁开通城市流动，然而随着我国经济的不断发展，我国的城市发展到达了拐点，即高铁带来的一般劳动力集聚，造成了市场拥挤效应（邓涛涛等，2018），会导致知识密集型服务业向外扩散。具体影响路径可分为以下两种。

第一，基于市场拥挤效应的被动扩散。市场拥挤效应扩散主要是由于生产要素价格不断上升。高铁开通带来的劳动力的大量涌入会导致城市的土地、水、电等生产要素的价格随着需求量的增加而上涨，使企业的生产成本增加。一方面,这使得企业的利润率降低,并且越来越难在高铁开通城市立足;另一方面,其也使得商品价格联动性增长,导致劳动者的生活成本提高。因此,出于成本最小化的考虑,知识密集型服务业的企业会向外围城市扩散。

第二,基于资源整合目的的主动扩散。高铁开通提高了劳动力流动的速度,为中心城市的知识密集型服务业的企业主动向沿线城市扩散,以及进行资源要素整合提供了运输基础。当高铁沿线城市的资源禀赋相差较大时,主动扩散既可以避免由一般劳动力大量涌入带来的高昂的生产要素成本,又可以通过高铁进行高效管理。

综上所述,本书提出以下研究假设。

H3:高铁对创新的促进效应具有显著的城市规模异质性,表现为在大城市的影响相较于中小城市更显著。

第二节　实证分析

借鉴 Lin(2017)的方法,使用双重差分模型检验高铁对创新的影响,基准回归模型如式(7-1)所示。

$$\ln Patent\_app_{i,c,t}=\lambda_0+\lambda_1 HSR_{i,c,t}+\lambda_2 Z_{i,c,t}+\Omega_c+\delta_t+\varepsilon_{i,c,t} \quad (7-1)$$

模型中的被解释变量创新以专利申请书为指标(Acs,2002;Hagedoorn,2003;Yueh,2009)。$\ln Patent\_app_{i,c,t}$ 表示位于 c 城市的企业 i 在 t 年的专利申请数。此外,考虑到企业专利申请数为计数变量的特点,本书对专利申请数进行对数变换。[①]

$HSR_{i,c,t}$ 是本书研究的核心解释变量,表示 c 城市在 t 年的高铁通车情况。λ_1 是核心解释变量的系数,在本节中表示高铁开通对创新的影响,其显著为正意味着对创新是促进的影响,反之则是抑制作用。$Z_{i,c,t}$ 为城市层面的控制变量,包括 c 城市在 t 年的经济社会及交通基础设施情况,具体是指高速公路、普通铁路、机场等其他交通基础设施的发展情况,还包括城市人均 GDP、人口等经济社会发展指标。Ω_c 为城市固定效应,是城市不随时间变化而变化的固定效应。δ_t 为时间固定效应。$\varepsilon_{i,c,t}$ 为误差项。此外,为控制潜在的异方差和空间相关问题,参考 Brandt 等(2013)的处理方式,本书将标准差在城市层面进行了聚类调整。

结合前文关于中心—外围理论的讨论,本书将中国城市分为两大类:一类是直辖市、省会城市和副省级城市(称为中心城市),另一类则是其余较小

---

① 由于很多企业专利数为零,所以对专利数进行非零处理(1＋专利数)后再进行对数变换。

的城市(称为外围城市)。虽然外围城市数量远多于中心城市,但也不宜再进行细分。根据文中使用数据的统计,70%左右的上市公司都位于中心城市。外围城市中的不少城市并没有上市公司,将外围城市进一步细分并不能更细致地反映高铁对不同等级城市的冲击。因此,对于本书的研究内容来说,将城市直接分为中心与外围两组是恰当的。此外,虽然中心城市原本的经济社会与创新能力的优势地位可能给本书研究带来内生性问题,但外围城市的站点选择很多都是地区间综合博弈的结果,城市自身的经济社会发展状况并不是决定性因素。与混合在一起的回归相比,将城市分为中心和外围能够减少内生性问题。

在具体回归过程中,基准回归采用双重差分法对高铁影响城市企业创新进行评估,采用事件分析法检验平行趋势,并通过构建最小生成树这一工具变量验证内生性问题。稳健性检验中使用了两种方法:一是通过使用不同的指标,使用了专利授予数和处理后[1]的专利申请数两种新数据来替换原本的因变量,并逐步添加了区域—时间、省份—时间、城市—时间固定效应;二是采用不同回归方法,考虑到专利量为计数变量,本书使用拟合优度偏差来检验企业专利变量是属于泊松分布还是负二项分布。

数据来源于《中国统计年鉴》《中国城市统计年鉴》《中国铁道年鉴》和Wind经济数据库等公开渠道。

第一,高铁数据。主要通过历年的《中国铁道年鉴》、"中国铁路12306网站"并结合中国国家铁路集团有限公司网站以及相关的报道,统计出各城市的高铁通车情况[2],标注出具体的通车年份。用0-1虚拟变量分别表示城市截至当年年底(12月31日)是否开通了高铁,开通为1,否则为0。

第二,企业数据。鉴于上市企业一般更重视研发与创新(吴超鹏和唐菂,2016;张劲帆等,2017;Zhao et al.,2017),本书选取了上市企业数据作为研究样本,并按创新研究的一般做法删除金融类和带有ST标的企业。本书以专利申请数来表示企业创新能力,同时收集了企业专利授权数量来进行稳健性检验。此外,本书控制了与企业自身特征相关的变量,如企业年龄、企业资产规模和研发投入。本书企业层面的数据来自Wind经济数据库中的上市企业部分,其详细记录了1999—2013年我国上市企业的专利申请、授权情况,以及企业地址、资产等详细信息。

第三,各地级市的经济社会发展状况数据,如地区生产总值、人口、平均

---

[1] 参考Liu和Qiu(2016)的方法对专利数进行处理,该方法有效地解决了样本中大量企业申请专利数为零的问题。

[2] 一些发达城市会有多个高铁站,我们只以第一个高铁站开通的时间为标准。

工资、交通基础设施状况、研发投入以及科研综合技术从业人员等信息。这部分数据来自《中国城市统计年鉴》，一些缺失值使用《中国区域经济统计年鉴》进行补充。

综上，将不同维度数据按地级市进行匹配和汇总，得到面板数据。表7-1为实证研究中所涉及的主要变量的描述性统计，样本窗口期为1999—2013年。

表 7-1　主要变量的描述性统计

变量名	变量	变量说明	观测值	均值	标准差	最小值	最大值
创新	Patent applications	企业专利申请数＋1，并取对数	4665	1.246	1.591	0.000	8.720
高铁	HSR	所在城市通高铁取1，未通高铁取0	4636	0.322	0.467	0.000	1.000
创新投入	R&D	研发投入，取对数	4506	5.595	8.095	0.000	22.996
机场	Airport	所在城市有机场取1，无机场取0	27506	0.763	0.425	0.000	1.000
高速公路	Highway	公路里程（公里）/土地面积（平方公里），再取对数	4636	−0.182	0.699	−5.596	2.046
铁路	Railway	所在城市有普通铁路取1，无普通铁路取0	4636	0.973	0.161	0.000	1.000
人均GDP	GDP per	人均GDP，取对数	4636	1.385	0.989	−1.864	3.800
人口规模	Population	城市人口，取对数	4636	6.309	0.789	2.678	8.124

第三节　结果及讨论

一、基准回归

基于模型式(7-1)进行实证回归，表7-2和表7-3分别报告了对外围城市和中心城市的基准回归结果。其中，表7-2中的第(1)列没有控制任何其他的变量，仅仅是开通高铁对外围城市内企业创新的回归。第(2)列控制了企业自身特征、城市交通基础设施状况与城市特征，核心变量的系数为负值，且具有统计学上的显著性。第(3)列进一步控制了城市固定效应，第(4)

列则是同时控制了城市固定效应和时间固定效应。这里以控制因素考虑相对最为全面的第(4)列的回归结果为主要分析依据,可以发现高铁对位于外围城市的企业的创新具有显著的负向影响,边际效应为 6.7%,结果在 90%的置信区间内可信。

表 7-2　基准回归结果(外围城市)

变量	(1) lnPatent applications	(2) lnPatent applications	(3) lnPatent applications	(4) lnPatent applications
HSR	0.9936*** (−1.70)	−0.0847** (24.70)	−0.0847** (−2.19)	−0.0676* (−2.19)
R&D		0.0479*** (26.75)	0.0479*** (26.75)	0.0496*** (22.83)
Airport		−0.1167 (−1.50)	−0.1167 (−1.50)	−0.0926 (−1.20)
Highway		0.1265*** (3.74)	0.1265*** (3.74)	0.0429 (1.12)
Railway		0.0898 (1.35)	0.0898 (1.35)	0.0653 (0.99)
GDP per		0.1102* (1.82)	0.1102* (1.82)	−0.1936*** (−2.73)
Population		0.3610* (1.90)	0.3610* (1.90)	0.0983 (0.51)
城市固定效应	否	否	是	是
时间固定效应	否	否	否	是
常数项	1.0086*** (86.27)	−10.9842*** (−9.40)	−10.9842*** (−9.40)	−9.4435*** (−7.99)
观测值	4413	4105	4105	4105
R^2	0.0679	0.3657	0.3657	0.3790

注:括号里面是稳健聚类(城市层面)的 t 值。* 表示 $p < 0.1$,** 表示 $p < 0.05$,*** 表示 $p < 0.01$。

表 7-3　基准回归结果(中心城市)

变量	(1) lnPatent applications	(2) lnPatent applications	(3) lnPatent applications	(4) lnPatent applications
HSR	0.9936*** (24.70)	−0.0847** (−2.19)	−0.0847** (−2.19)	−0.0676* (−1.70)
Age		0.0041 (0.41)	0.0041 (0.41)	−0.1408*** (−7.01)
Assets		0.4523*** (22.56)	0.4523*** (22.56)	0.4315*** (21.53)
R&D		0.0479*** (26.75)	0.0479*** (26.75)	0.0496*** (22.83)
Airport		−0.1167 (−1.50)	−0.1167 (−1.50)	−0.0926 (−1.20)

续　表

变量	(1) lnPatent applications	(2) lnPatent applications	(3) lnPatent applications	(4) lnPatent applications
Highway		0.1265*** (3.74)	0.1265*** (3.74)	0.0429 (1.12)
Railway		0.0898 (1.35)	0.0898 (1.35)	0.0653 (0.99)
GDP per		0.1102* (1.82)	0.1102* (1.82)	−0.1936*** (−2.73)
Population		0.3610* (1.90)	0.3610* (1.90)	0.0983 (0.51)
城市固定效应	否	否	是	是
时间固定效应	否	否	否	是
常数项	1.0086*** (86.27)	−10.9842*** (−9.40)	−10.9842*** (−9.40)	−9.4435*** (−7.99)
观测值	4413	4105	4105	4105
R^2	0.0679	0.3657	0.3657	0.3790

注:括号里面是稳健聚类(城市层面)的 t 值。* 表示 $p<0.1$，** 表示 $p<0.05$，*** 表示 $p<0.01$。

此外,机场、铁路和高速公路等其他交通基础设施对企业创新的影响都不显著,我们认为这从侧面印证了高铁在客运方面的巨大贡献,传统交通基础设施中运人并不是其主要目的,高铁运输的对象是人,由此使得高铁在人与人之间的交流中发挥了巨大的作用。

二、事件分析

基准回归使用了双重差分模型,双重差分的一个重要前提是存在平行趋势,所以需要进行平行趋势假设的检验。本书借鉴 Lin(2017)的做法,对基准回归模型进行变换以验证平行趋势假设。模型调整如式(7-2)所示。

$$\text{lnPatent applications}_{c,t} = \sum_{m=1}^{3} \lambda_m \text{FirstHSR}_{c,t-m}$$

$$+ \sum_{n=0}^{3} \lambda_n \text{FirstHSR}_{c,t+n} + \alpha_2 Z_c + \alpha_3 V_{r,t} + W_{c,t} + \rho_{p,t} + d_t + u_{i,c,t}$$

$$(7\text{-}2)$$

其中,当且仅当城市 c 在 t 年为第一年通车时,FirstHSR 取 1。$\text{FirstHSR}_{c,t-m}$ 为 m 期前项,$\text{FirstHSR}_{c,t+n}$ 为 n 期滞后项。前项能够验证高铁开通前是否存在预期效应促进企业创新能力的增长。而滞后项能够使我们追踪高铁开通后的效应变化,识别出高铁开通后的三年里对城市创新能力影响效应的变化。

事件分析的结果如图 7-3 所示,从图中可以看出,平行趋势得到验证。其中,高铁开通的前三年对企业创新影响的可信区间接近于 0,这意味着高铁开通对企业创新能力的影响并不存在显著的预期效应。高铁开通后,高铁对创新的影响系数显著小于 0,提示高铁开通负向影响了这些城市内上市公司的创新。

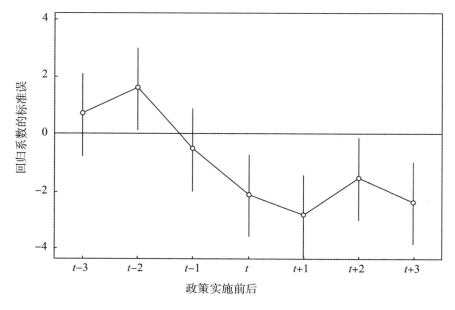

图 7-3 事件分析结果

注:系数表示点估计的结果,纵向带宽表示 +(−)1.96 倍点估计结果系数的标准误。

三、稳健性检验

为保障回归结果的稳健性,对回归结果用两种方法进行了检验。表 7-4 中第(1)列和第(2)列的被解释变量分别使用专利授权量与利用 Liu 和 Qiu (2016)的方法处理后的专利申请数替换专利申请量进行回归;第(3)列至第 (5)列依次添加区域—时间、省份—时间和城市—时间固定效应进行回归。从结果中可以看出,高铁显著负向影响外围城市内上市公司的创新。考虑到专利量为计数变量,本书还使用拟合优度偏差来检验企业专利变量是属于泊松分布还是负二项分布。表 7-5 的结果显示我们的观测值存在过度分散的问题,因此负二项分布的回归结果更为准确。两种方法的稳健性检验都证实高铁对外围城市内上市企业创新能力的抑制是稳健的。

表 7-4　稳健性检验 1：替换被解释变量

变量	(1) 专利授权数	(2) 专利申请数	(3) 专利申请数	(4) 专利申请数	(5) 专利申请数
HSR	−0.041* (−1.84)	−0.090* (−1.83)	−0.106** (−2.51)	−0.084** (−2.07)	−0.092* (−1.83)
R&D	0.045*** (22.93)	0.060*** (22.63)	0.048*** (21.89)	0.050*** (22.66)	0.041*** (18.47)
Airport	−0.118* (−1.70)	−0.122 (−1.29)	−0.063 (−0.77)	−0.071 (−0.91)	−0.027 (−0.25)
Highway	0.001 (−0.02)	0.049 (−1.04)	−0.067 (−1.55)	0.043 (−1.13)	−0.039 (−0.84)
Railway	0.011 (−0.19)	0.082 (−1.01)	0.105 (−1.51)	0.061 (−0.92)	0.084 (−0.91)
GDP per	−0.183*** (−2.87)	−0.242*** (−2.79)	−0.097 (−1.15)	−0.152** (−2.08)	−0.182* (−1.68)
Population	0.553*** (−3.20)	0.083 (−0.35)	0.086 (−0.41)	0.131 (−0.68)	−0.092 (−0.36)
城市固定效应	是	是	是	是	是
时间固定效应	是	是	是	是	是
区域—时间 固定效应	否	否	是	否	否
省份—时间 固定效应	否	否	否	是	否
城市—时间 固定效应	否	否	否	否	是
常数项	−9.887*** (−9.30)	−11.358*** (−7.87)	−0.000*** (−2.81)	−35.416*** (−3.25)	−0.000*** (−2.61)
观测值	9105	9105	9105	9105	9105
R^2	0.381	0.376	0.388	0.380	0.434

　　注：括号里面是稳健聚类（城市层面）的 t 值。* 表示 $p < 0.1$，** 表示 $p < 0.05$，*** 表示 $p < 0.01$。

表 7-5　稳健性检验 2：不同的回归方式

变量	(1) 专利申请数 泊松分布	(2) 专利申请数 负二项分布	(3) 专利授权数 泊松分布	(4) 专利授权数 负二项分布
HSR	0.018 (1.57)	−0.322*** (−3.75)	0.053*** (3.92)	−0.373*** (−4.29)
R&D	0.013*** (27.62)	0.072*** (15.42)	0.023*** (38.98)	0.075*** (15.80)

续　表

变量	(1) 专利申请数 泊松分布	(2) 专利申请数 负二项分布	(3) 专利授权数 泊松分布	(4) 专利授权数 负二项分布
Airport	0.381*** (10.09)	−0.329* (−1.79)	0.386*** (8.38)	−0.317* (−1.66)
Highway	0.113*** (4.22)	−0.077 (−0.74)	0.434*** (13.77)	−0.104 (−0.97)
Railway	0.253*** (15.00)	0.214 (1.52)	0.118*** (5.62)	0.095 (0.66)
GDP per	−0.447*** (−11.58)	−0.330* (−1.85)	0.016 (0.33)	−0.451** (−2.42)
Population	0.483*** (1.79)	0.146 (6.59)	0.723*** (0.34)	0.811* (8.00)
城市固定效应	是	是	是	是
时间固定效应	是	是	是	是
常数项	9105	9105	9105	9105

注：括号里面是稳健聚类（城市层面）的 t 值。* 表示 $p < 0.1$，** 表示 $p < 0.05$，*** 表示 $p < 0.01$。

四、异质性探究

中国幅员辽阔并且是一个典型的发展中国家，发展不充分不均衡是客观存在的现象，因而全国层面样本的基准回归难以反映高铁在不同区域的表现。为了研究不同区位下高铁发挥效用的差别，进行区域异质性分析十分有必要。在进行中心—外围的异质性分析时，中心城市设定为直辖市、副省级城市及省会城市，其余为外围城市。回归结果显示，高铁对中心城市与外围城市的创新能力都能够产生促进作用。

此外，中国东部、中部、西部、东北四大区域[①]的文化与经济发展差异巨大，进一步以四大区域为子样本进行回归分析。结果如表 7-6 中的第(3)—(6)列所示，四个子样本的回归中高铁系数都显著为正，说明高铁对四大区域的创新能力提升都有促进作用。就系数的大小而言，与各区域内部无高铁的城市相比较，西部有高铁的城市创新能力提升最大，东北与东部有高铁

---

① 按照《中共中央 国务院关于促进中部地区崛起的若干意见》《国务院关于实施西部大开发若干政策措施的通知》的划分标准：东部包括北京、天津、河北、上海、江苏、浙江、福建、山东、广东和海南；中部包括山西、安徽、江西、河南、湖北和湖南；西部包括内蒙古、广西、重庆、四川、贵州、云南、西藏、陕西、甘肃、青海、宁夏和新疆；东北包括辽宁、吉林和黑龙江。

的城市次之,中部有高铁的城市最小。

表 7-6　高铁创新效应的空间异质性

变量	(1) 外围城市	(2) 中心城市	(3) 东部	(4) 中部	(5) 西部	(6) 东北
HSR	0.516*** (6.08)	6.542*** (3.24)	0.607*** (3.31)	0.223* (1.79)	1.174*** (6.75)	0.728*** (3.95)
Railway	0.548*** (2.81)	—	1.132*** (3.02)	−0.093 (−0.19)	−0.252 (−0.95)	—
Airport	−0.120 (−0.90)	−4.341 (−0.69)	0.062 (0.21)	−0.363 (−1.16)	−0.326* (−1.73)	0.406 (1.37)
Highway	−0.398*** (−3.26)	—	−0.865 (−0.66)	0.104 (0.41)	−0.268 (−1.55)	−0.004 (−0.02)
GDP per	0.164*** (4.10)	0.835*** (2.73)	0.378*** (4.01)	0.030 (0.42)	0.204*** (2.81)	−0.027 (−0.35)
工业产值	−0.040*** (−7.17)	−0.109 (−0.52)	−0.075*** (−4.39)	−0.051*** (−4.70)	0.009 (1.04)	−0.026** (−2.25)
Population	−20.889* (−1.66)	−104.602 (−1.04)	11.279 (0.44)	−69.954*** (−4.50)	−73.041 (−1.41)	−80.489 (−0.48)
财政收入	0.016*** (17.61)	0.004 (1.30)	0.018*** (10.67)	0.008*** (4.92)	0.010*** (3.80)	0.015*** (4.62)
科技投入	0.146*** (10.40)	−0.030 (−0.82)	0.077*** (2.91)	0.221*** (10.98)	0.067** (2.04)	0.074 (0.83)
工资	0.013 (0.23)	−0.559 (−0.38)	−0.387 (−1.56)	−0.187 (−1.62)	−0.006 (−0.10)	−0.299 (−1.57)
年份	是	是	是	是	是	是
常数项	2.244*** (3.83)	20.461 (1.51)	2.766 (1.27)	5.806*** (6.06)	1.901 (1.30)	3.068 (1.00)
观测值	2386	402	644	787	633	322
R^2	0.705	0.699	0.832	0.672	0.495	0.551
城市个数	212	34	62	66	56	28
城市固定效应	是	是	是	是	是	是

注:括号里面是稳健聚类(城市层面)的 t 值。* 表示 $p < 0.1$,** 表示 $p < 0.05$,*** 表示 $p < 0.01$。

第八章　高铁网络的企业生产率效应

"要想富,先修路。"各国在发展过程中为谋发展,都针对交通基础设施建设进行了大量的投资。据世界银行报告,2012—2016 年世界银行的借贷中约有 12% 用于与交通相关的项目。尤其是在中国[①],2016 年基础设施投资高达 11.89 万亿元人民币(约为日本当年 GDP 的 41%)。随着中国制造业的快速发展,企业的生产率不断提高(杨汝岱,2015)。那么,快速发展的高速铁路网络是否与企业生产率提高存在着因果关系?

第一节　理论分析

首先,与本研究密切相关的研究文献是高铁的经济效应评估。高铁兴起于 20 世纪中期,相较于其他交通方式,高铁的能耗最低、污染最小,因而在政府交通基础设施规划中占据重要地位。大量研究表明,高铁的开通可以提高城市的可达性,拓展城市空间,进而加强城市间的经济联系(Gutierrrez et al.,1996;罗鹏飞等,2004;蒋海兵等,2010;Shaw et al.,2014)。慢慢地,高铁对区域经济发展的差异化影响在研究中也有越来越多的体现(Kobayashi & Okumura,1997;Vickerman,1997;Coto-Millán et al.,2007;Li & Xu,2016)。此外,也有相当一部分学者关注的是高铁对劳动力市场和产业结构等方面的影响,如 Nakamura 和 Ueda(1989)、Sasaki等(1997)、Lin(2017)等。以上研究为高铁的经济效应评估奠定了重要的分析基础和研究启示,但是从中也不难发现这些研究在论证高铁的影响时多是采用比较的方法,即刻画的是一种间接效应(Donaldson & Hornbeck,2016),这既是研究的不足之一,也是可改进的方向所在。

其次,交通基础设施对企业的影响研究。在现阶段的中国,从交通基础设施建设中获益最大的无疑是工业企业,因此已有研究也聚焦于交通基础设施对工业企业的影响。具体可以概括为以下几类:第一,交通与企业生产

[①]　改革开放以来,中国的交通基础设施得益于政策支持和财政保障而发展迅猛,因连年对基础设施建设的高额投入,甚至被外媒冠以"基建狂魔"的称号。也正因如此,中国的交通基础设施实现了跨越式的发展,走过了许多发达国家需要 30—40 年才能走完的路——普通公路、高速公路、高速铁路总里程是世界第一并以最快的速度增长。

率的关系,如龙小宁和高翔(2014)、高翔和龙小宁(2015)、Gibbons 和 Wu(2020)、Holl(2016)、贾俊雪和梁煊(2020)的研究;第二,交通对企业选址或产业集聚的影响,如 Holl(2004)、Duran-Fernandez 和 Santos(2014)、Ghani等(2016)的研究;第三,交通与企业存货的关系,如刘秉镰和刘玉梅(2011)的研究。以上关于交通基础设施对企业影响的研究为本书开展高铁对企业的经济效应分析提供了重要的逻辑范式,但是对高铁这一新兴的交通方式的评估显然是欠缺的,尤其在对企业生产率的影响研究上仍是空白状态。由于规划中明确了高铁在现代交通网络中的重要地位,这意味着高铁的经济影响必然是巨大的。Bernard 等(2019)也揭示了日本新干线的建成对企业生产链、供应商选择的显著影响。由此可以推知,中国高铁对企业生产力的影响必定不容小觑。

第二节　数据描述与处理

一、数据来源

本书所涉及的数据的来源主要有 1999—2011 年《中国城市统计年鉴》、1999—2011 年《中国区域经济统计年鉴》、1999—2011 年中国工业企业数据库、中国地形图、全国交通地图册、1999—2011 年《中国铁道年鉴》、百度地图开放平台等。按数据的出处大致可以将数据分为四大类,分别为高铁数据、区域数据、微观数据和矢量数据。

(一)高铁数据

高铁数据主要来自《中国铁道年鉴》、中国国家铁路集团有限公司网站、国家铁路局等的新闻报道或公告,其中包括关于高铁线路的开通时间以及规划修建的时间等信息。各城市内高铁车站站点的信息是通过"中国铁路12306 网站"和"去哪儿网"获得的。此外,各站点和城市中心精确的经纬度数据均来自百度地图开放平台。高铁站到城市中心的距离,即高速铁路对城市经济的辐射和影响半径,是利用所有高铁站点的经纬度和城市中心的经纬度,利用 Arc-GIS 10.2 计算得到的。在对结果的进一步讨论中,根据高铁站到城市中心的距离来细分样本进行检验,这一细分可以在很大程度上不遗漏因高铁站和城市中心之间的距离而产生的偏误,而且可以将那些名义上没有通高铁但实际上在高铁站经济效应辐射范围内的城市数据包含在内。

(二)区域数据

区域数据主要是指从《中国城市统计年鉴》中获得的关于城市经济特征

的数据,一些年份的缺失值根据《中国区域经济统计年鉴》予以补充,主要涉及农业、服务业、人口、不同部门的就业、平均工资、固定资产投资、地方政府的财政收支、房地产投资、价格和工业产出等内容。

(三)微观数据

微观数据主要从中国工业企业数据库中获得。该数据库提供了1998—2011年全部的国有企业以及年销售额在500万元以上的非国有企业信息,给出了企业层面的详细信息,包含企业的地理位置、所属行业、成立年份、总产值、总销售额、中间要素投入、固定资产、员工人数等上百个指标。在使用中国工业企业数据库之前,本书需要对该数据库进行如下处理:第一,由于原始数据中部分企业的法人代码发生了改变,本书参考 Brandt 等(2013)的做法,采用企业的法人代码、企业名称、法人名称、地区代码、行业代码、成立年份、地址和主要产品名称等构建新的面板数据,并生成新的企业识别代码;第二,参考 Brandt 等(2013)的做法,删除企业员工少于八人的观测样本;第三,参考 Cai 等(2002)的做法,删除缺少总资产、净固定资产、销售额、工业总产值的企业样本;第四,删除不符合会计准则的样本,即流动资产大于总资产、总固定资产大于总资产的样本,以及删除没有识别编号的企业或成立时间无效的企业,例如成立时间在 12 月之后或在 1 月之前;第五,由于我国在 2003 年采用了新的行业分类代码,本书根据 Brandt 等(2013)的做法,按照新的行业分类代码对企业数据进行了标准化统一处理;第六,对于中国工业企业数据库中缺失的 2004 年的工业总产值数据,本书用 2004 年经济普查数据库中的工业总产值数据来填补这一缺失值。同时,考虑到自然资源在矿产、石油等资源性行业中有重要作用,以及烟草、废物回收处理与水电煤气生产供应的垄断性和不可贸易性,本书将剔除这些行业,然后对制造行业进行研究分析。

(四)矢量数据

矢量数据有两种用途:一是用于图形化呈现路线网络;二是用于工具变量最小生成树的计算和构建。数据来源主要有地理空间数据云①、中国行政区划矢量图以及 1999—2011 年的中国交通地图册。其中,DEM 数字高程数据 SRTM(Shuttle Radar Topography Mission,航天飞机雷达地形测

---

① 中国科学院计算机网络信息中心的开放数据平台,网址是 http://www.gscloud.cn/。DEM(Digital Elevation Model,数字高程模型)数据是通过有限的地形高程数据实现对地面地形的数字化模拟,一般认为其可以描述包括高程在内的各种地貌因子,如坡度、坡向、坡度变化率等。全球的 DEM 数据可以通过空间信息联盟(Consortium for Spatial Information)获得,网址是 http://srtm.csi.cgiar.org/SELECTION/inputCoord.asp。

绘使命)是由美国太空总署和美国国防部国家测绘局联合测量得到的地形数据,包含丰富的地形、地貌和水文等信息,从中可以提取到大量的地表形态信息,如坡度、坡向、水系等。

二、市场准入的测算

市场准入是从一般均衡贸易理论推演出来的(Donaldson & Hornbeck,2016),用以估计随着交通基础设施建设的进行,区域间经济交流成本变化的加总效应。对照已有研究中量化交通基础设施的不足,这一指标的优势主要体现在以下三个方面:第一,定量评估交通基础设施的综合影响。随着交通基础设施的扩大,城市间的交易成本显著降低,交通运输越便捷,市场可达性就越高。第二,刻画了交通基础设施对每一个城市的全局影响。计算过程中利用了全局范围内所有可能的运输方案,即决定市场可达性大小的是在全国交通网络范围内的全局便利程度,及其与重要经济区域的互联程度。第三,能够同时刻画交通基础设施建设的直接影响和间接影响。计算中涉及的交通出行成本在相邻城市的交通设施变得更加完善时,即使本城市的条件没有发生改变也会对结果产生显著影响,提高其市场准入水平。

具体的测算过程如下。首先,构建三个空间均衡方程:

$$\ln l_k = k_l + \lambda_l^H \ln \bar{H}_k + \lambda_l^\delta \ln \bar{\delta}_k + \lambda_l^M \ln \mathrm{MA}_k \tag{8-1}$$

$$\ln W_k = k_w + \lambda_w^H \ln \bar{H}_k + \lambda_w^\delta \ln \bar{\delta}_k + \lambda_w^M \ln \mathrm{MA}_k \tag{8-2}$$

$$\ln q_k = k_q + \lambda_q^H \ln \bar{H}_k + \lambda_q^\delta \ln \bar{\delta}_k + \lambda_q^M \ln \mathrm{MA}_k \tag{8-3}$$

其中,l_k 表示城市 k 的就业情况,W_k 表示城市 k 的工资水平,q_k 为城市 k 的房产价格。可见,本书感兴趣的内生变量都可以用外生变量来表示,即它们都可以用外生变量 $\bar{H}_k$(城市 k 的土地供给)和 MA_k(城市 k 的市场准入)来表示。理论上,市场准入对就业、工资和房地产价格的三个弹性 λ_l^M、λ_w^M、λ_q^M 都应该为正,房产价格对房产数量的弹性 λ_q^H 应该为负,就业对房产数量的弹性 λ_l^H 也应该是正的。求解均衡可以得到任一城市 k 的市场准入定义:

$$\mathrm{MA}_k = \sum_{j=1}^N \tau_{k,j}^{-\theta} X_j T_j \tag{8-4}$$

其中,$\tau_{k,j}$ 表示从城市 k 到城市 j 的交通成本,X_j 表示城市 j 从其他城市获取劳动力的成本。根据 CES(固定替代弹性)生产函数和完全竞争的假设,企业的利润为 0,所以劳动力成本与总产出相等,即 $T_j X_j = T_j \mathrm{GDP}_j$,$T_j$ 是城市 j 的生产技术参数。因为存在"所有城市中都有一定比例的劳动力在本城市就业"的假设,所以该城市的生产技术参数 T_j 可以由平均工资水平 w_j 推导出来。

总投入与总产出恒等的公式:$\overline{z(j)}L_j = w_j L_j$,其中 $\overline{z(j)}$ 为城市 j 的平均生产率,L_j 为城市 j 的劳动力总数。根据平均生产率服从弗雷歇(Frechet)分布,即 $\overline{z(j)} = e^{\gamma/\theta} T_j^{1/\theta}$,因此有 $T_j = T \times w_j^{\theta}$,$T_j X_j \approx \text{GDP}_j (w_j)^{\theta}$。出于化简的目的,进一步略去工资变量,则可以用 GDP 近似表示 $X_j T_j$,即

$$\text{MA}_k = \sum_{j=1}^{N} \tau_{k,j}^{-\theta} \text{GDP}_j \tag{8-5}$$

其次,成本参数的计算。根据前文的推导,市场准入计算的关键在于需要构建一个城市间动态的交通成本 $\tau_{k,j}$,它既要包含出行时间的信息,也要包含所需费用的信息,为了构建这一矩阵需要作出以下假设。

假设 1:城市间距离矩阵的构建。根据 Zheng 和 Kahn(2013)的计算方法,在计算城市间铁路距离时,本书假定这个距离等于城市间直线距离的 1.2 倍。城市间直线距离则是依据城市的经纬度坐标数据,利用 Arc-GIS 计算得到。

假设 2:为了识别出建成高铁在出行时间和出行费用上的效应,本书将旅客出行的交通方式归纳为三类,即传统道路或慢速铁路、高速公路、高速铁路。在绝大多数城市中第一种交通方式都是存在的,而是否有高速公路和高速铁路,是根据前文介绍的地区统计年鉴、统计公报和《中国铁道年鉴》中的"建设大事记"等信息汇总统计而来的。对于运行的速度和所需费用,也标准化处理如下。传统道路或慢速铁路的速度为 60km/h,费用为 0.1 元/km[①];高速公路的速度为 100km/h,费用为 0.23 元/km;高速铁路的速度为 250km/h,费用为 0.43 元/km。时间和费用两个变量是在决策选择哪种交通方式时需要权衡的关键。

假设 3:市场准入公式中的 θ。Eaton 和 Kortum(2002)指出,θ 描述了生产率的分布,且反映了贸易流动中的比较优势(贸易弹性)。但是,因为没有一国之内区域间的贸易流动数据,没法从数据中直接估计这一参数,所以本书采用 Donaldson(2015)的研究中的贸易弹性 3.6。稳健性检验中本书进一步将 Eaton 和 Kortum(2002)的研究结果 8.28 和 12.86 代入进行验证。此外,为了减少跟地理有关的地区冲击造成的内生性,在所有市场准入

---

① 铁路成本的计算由三部分组成:空调费用、铁路局运营成本、基准费用。高速公路的运行成本则考虑了通行费和燃油费。为了简化处理,在传统道路和慢速铁路中,本书假定这两种交通方式每公里的费用相等。

的计算中,各城市 GDP 均为 2000 年的数据。

综上可知,所计算的市场准入是一国之内所有其他城市的 GDP 与到这个城市的交通成本比值的总和。因此,一般的规律是一个城市越是紧靠省会城市(省会城市的经济总量一般比较大),则市场准入值会越大;而且,当两个城市靠得非常近时,分母会很小(交通费用很少、所需时间也很少),所以市场准入值也会很大。针对这两种情况产生的结果偏差,本书进行了如下修正:第一,删除距离省会城市和副省级城市 50 公里以内的城市数据。第二,删除城市间距离 50 公里以内的城市数据。最终本书得到了 1999—2013 年中国 336 个地级市市场准入的计算结果。表 8-1 反映了不同市场准入历年变化情况,从表中可以看出,高铁带来的市场准入(MAHSR)、高铁和高速公路共同带来的市场准入(MAall)、高速公路带来的市场准入(MAhighway)都随着时间的推移而增长,表明各个城市的市场可达性都在提高。

表 8-1　不同交通方式引致的市场准入历年变化情况①

变量	含义	1999 年	2002 年	2005 年	2008 年	2011 年	2013 年
MAHSR	高铁带来的市场准入	12.3357	12.3435	12.3819	12.4071	12.5236	12.5976
MAall	高铁和高速公路共同带来的市场准入	12.4394	12.4911	12.5848	12.6271	12.8069	12.8861
MAhighway	高速公路带来的市场准入	12.4394	12.4911	12.5848	12.6240	12.7651	12.7975

注:以上结果均是对数结果。

第三节　模型设定与实证策略

一、模型设定

为了考察高铁引致的市场准入变化对企业生产率的影响,拓展 Lin(2017)的模型,并具体改进构建如下:

$$\ln(\text{Labor productivity})_{i,t} = \lambda_0 + \lambda_1 \text{MA}_{c,t} + \lambda_2 V_{i,t} + \Omega_C + \delta_i + \delta_t + u_{i,c,t}$$

$$(8\text{-}6)$$

---

① 通过与 Lin(2017)计算的市场准入比较,发现数量级非常相近,侧面印证了计算结果的可靠性。

其中,$\ln(\text{Labor productivity})_{i,t}$ 表示企业 i 在 t 年的生产率。本书最关心的主要解释变量为 $\text{MA}_{c,t}$。如前文所述,本书主要计算了三个市场准入:高铁带来的市场准入(MAHSR)、高铁和高速公路共同带来的市场准入(MAall)和高速公路带来的市场准入(MAhighway)。λ_1 为核心解释变量的估计系数,如果 $\lambda_1 > 0$ 且显著,则表明市场准入提高正向影响企业生产率,反之则表明市场准入提高负向影响企业生产率。$V_{i,t}$ 为企业层面的控制变量,包括企业规模、企业年龄、企业负债和企业出口强度,用以控制其他企业因素产生的影响。Ω_c 是城市固定效应,控制不随时间变化的城市特征因素。δ_t 是时间固定效应,用以控制时间维度的宏观经济冲击。δ_i 是企业固定效应。此外,为控制潜在的异方差和空间相关问题,本书参考 Bertrand 等(2004)的做法,将标准差在企业层面进行聚类调整。表 8-2 是本研究中涉及的一些关键变量的描述性统计结果。

表 8-2　主要变量的描述性统计

变量	变量说明	均值	标准差	最大值	最小值
Labor productivity	人均工业总产值取对数	5.168	1.217	12.82	−6.628
MAall	高铁和高速公路共同带来的市场准入取对数	15.100	2.307	18.96	0
MAHSR	高铁带来的市场准入取对数	14.820	2.295	18.77	0
MAhighway	高速公路带来的市场准入取对数	15.090	2.304	18.62	0
Size	企业总资产取对数	9.296	1.752	17.06	0
Age	企业成立至观测值所在年份经过的年数	8.958	9.295	60.00	0
Lev	负债合计与总资产之比	0.548	0.381	12.03	−76.230
Export	出口交货量与工业总产值之比	0.142	0.317	2.66	0

二、实证策略

为识别高铁引致的市场准入变化对企业生产率的影响,首先,本书构建了双向固定效应模型以评估对企业生产率的影响。为了尽可能地减少交通基础设施的自选择问题,在选择实证对象时,本书剔除了那些在规划文件中写明必定要经过的城市——省会城市、副省级城市和直辖市(在本书中我们称之为中心城市,余下的城市我们称为外围城市)。所有的回归都是针对外围城市展开的。面板数据的双向固定效应模型是一种广义上的双重差分估计模型,由此可以得出基本结论,并在此基础上进行稳健性检验。

其次,本书借鉴 Faber(2014)构建高速公路工具变量的原理,亦以最小生成树为高铁的工具变量来处理内生性问题。选择的依据主要有两个:一是 Faber(2014)构建最小生成树的立足点在于"在排除规划者对地区经济基础的考虑后,地理开发成本的高低理论上应该是决定高速公路修建中具体路线走向的重要依据"。换言之,如果单纯以地理开发成本为准则,可以有效地降低因规划者对经济发达地区的偏好而带来的内生性问题。地理开发成本由地形地貌等地理性因素决定,这些因素属于既定现实,因而修建过程中的困难程度是确定的。二是高速公路规划中指出高速公路的规划目的为"全面连接地级行政中心,城镇人口超过 20 万的中等及以上城市,重要交通枢纽和重要边境口岸"[①]。关于高速铁路的规划中也提到了类似的规划目标,即"连接主要城市群,基本连接省会城市和其他 50 万人口以上大中城市,形成以特大城市为中心覆盖全国、以省会城市为支点覆盖周边的高速铁路网"[②]。这意味着高速铁路的修建与高速公路的修建具有很大的可比性,两者都有政策上的目标城市——行政中心和人口密集城市。因而利用地理信息来构建工具变量以减少内生性问题的思路对高速铁路的研究分析也同样适用。

$$\text{cost}_i = 0.3\text{water}_i + 0.4\text{slope}_i + 0.3\text{grads}_i \tag{8-7}$$

最小生成树的构建过程如下:一是将高程数据导入 Arc-GIS 10.2 进行镶嵌和裁剪等预处理后,利用空间分析模块从原始数据中提取各单元格(cell size,即栅格文件的最小单元)的水文信息(water_i)、坡度信息(slope_i)和起伏度信息(grads_i)。二是利用空间分析模块中的"栅格计算器",按给定的地理开发成本式(8-7)计算得出地图上每个单元格的地理开发成本(汤国安和杨昕,2012)。三是再次调用 Arc-GIS 中的空间分析模块,在"cost path(成本路径)"命令下给定输入,一方面靶点城市为所有省会城市,另一方面上一步存储的所有单元格的开发成本。运行后便可得到依据地理开发成本最低原则输出的路径网络。将此栅格数据导出,便可以得到各地级市是否应该通高铁的虚拟变量(0-1),以此作为研究该城市高速铁路的工具变量。

最后,本书根据 Krugman(1980)与 Helpman 和 Krugman(1987)提出的非对称市场整合的中心—外围理论进行机制检验,并从高铁站离城市中心的距离、城市交通初始禀赋差异、行业异质性和企业异质性等方面对虹吸效应机制进行了再验证。

---

① 引文出自《国家公路网规划(2013—2030 年)》。
② 引文出自《中长期铁路网规划》(2016)。

第四节　实证结果与分析

一、基准回归结果

表 8-3 呈现的是高铁引致的市场准入对企业生产率的双向固定效应回归结果,对高速公路和高铁与高速公路共同引致的市场准入也进行了回归,以便做横向比较。具体来看,第(1)列是高铁引致的市场准入对企业生产率的回归结果,呈现出了显著的负向影响,边际大小为 6.03%。第(2)列和第(3)列分别是高铁与高速公路共同引致的市场准入以及高速公路引致的市场准入对企业生产率的影响,结果表明两者均负向影响企业生产率,弹性分别为5.51%、3.68%。可见,对外围城市而言,交通基础设施带来的市场准入提高负向影响了当地企业的生产率。而且相较于高速公路,高铁引致的市场准入的影响更为显著。可能的原因在于运输对象的差异,高速公路的主要运输对象为货物,而高铁主要运载的是乘客。人的流动不仅能在生产上体现为劳动力的流动,而且在需求侧意味着消费市场规模的变化。总的来看,基准回归的结果在一定程度上颠覆了对高铁经济效应的普遍认识,接下来我们要探究的问题便是,负向影响究竟源自何处? 如何修正才能使其更好地实现规划初衷?

表 8-3　高铁对企业生产率影响的基准回归结果

变量	(1) Labor productivity	(2) Labor productivity	(3) Labor productivity
MAHSR	−0.0603*** (−24.45)		
MAall		−0.0551*** (−21.01)	
MAhighway			−0.0368*** (−14.95)
Size	0.222*** (130.15)	0.222*** (130.25)	0.222*** (130.31)
Age	−0.000371* (−1.76)	−0.000369* (−1.75)	−0.000371* (−1.75)
Lev	−0.00273 (−1.26)	−0.00273 (−1.26)	−0.00275 (−1.27)
Export	−0.0184*** (−3.21)	−0.0184*** (−3.26)	−0.0185*** (−3.27)
常数项	2.853*** (8.01)	2.787*** (7.78)	2.521*** (7.04)
时间固定效应	是	是	是
城市固定效应	是	是	是
企业固定效应	是	是	是

变量	(1) Labor productivity	(2) Labor productivity	(3) Labor productivity
观测值	2179685	2179685	2179685
R^2	0.285	0.285	0.284

注：括号里面是稳健聚类（企业层面）的 t 值。* 表示 $p < 0.1$，** 表示 $p < 0.05$，*** 表示 $p < 0.01$。

二、稳健性检验

为了确保结论的稳健性，本书分别采用滞后项、使用不同因变量的代理变量和调整市场准入的计算等方法进行了检验。

首先，鉴于高铁引致的市场准入提高可能并不会立即产生影响，故对主要的解释变量进行了滞后一期的处理，回归结果呈现于表 8-4。由表 8-4 可知，基准回归的结论依旧成立，即高铁引致的市场准入变化会负向影响企业的生产率。

表 8-4　高铁引致的市场准入对企业生产率滞后一期的回归结果

变量	(1) Labor productivity	(2) Labor productivity	(3) Labor productivity
L. MAHSR	−0.0142*** (−6.33)		
L. MAall		−0.0271*** (−11.76)	
L. MAhighway			−0.0181*** (−7.61)
L. Size	0.107*** (62.98)	0.107*** (62.98)	0.107*** (63.01)
L. Age	−0.000204 (−1.13)	−0.000202 (−1.13)	−0.000203 (−1.13)
L. Lev	−0.00547 (−1.42)	−0.00546 (−1.42)	−0.00547 (−1.42)
L. Export	−0.0117*** (−3.59)	−0.0117*** (−3.60)	−0.0117*** (−3.61)
常数项	3.774*** (54.11)	3.980*** (56.41)	3.836*** (54.07)
时间固定效应	是	是	是
城市固定效应	是	是	是
企业固定效应	是	是	是
观测值	1374819	1374819	1374819
R^2	0.213	0.213	0.213

注：括号里面是稳健聚类（企业层面）的 t 值。* 表示 $p < 0.1$，** 表示 $p < 0.05$，*** 表示 $p < 0.01$。

其次,本书分别选用企业人均工业销售值和企业人均利润总额作为企业生产率的代理变量,回归结果呈现于表 8-5。同样地,高铁引致的市场准入给企业带来显著负向影响的结论仍旧成立,并且对企业利润率的影响尤其大。

表 8-5　对因变量代理变量的回归:企业人均工业销售值、企业人均利润总额

变量	(1) 企业人均 工业销售值	(2) 企业人均 工业销售值	(3) 企业人均 工业销售值	(4) 企业人均 利润总额	(5) 企业人均 利润总额	(6) 企业人均 利润总额
MAHSR	−0.0612*** (−24.54)			−5.217*** (−12.64)		
MAall		−0.0567*** (−21.14)			−4.1310*** (−11.45)	
MAhigh-way			−0.0385*** (−15.27)			−2.7740*** (−7.64)
Size	0.219*** (127.96)	0.219*** (128.05)	0.219*** (128.12)	21.740*** (39.84)	21.750*** (39.84)	21.760*** (39.85)
Age	−0.000355* (−1.72)	−0.000353* (−1.71)	−0.000355* (−1.71)	−0.006890 (−1.16)	−0.006790 (−1.14)	−0.006970 (−1.16)
Lev	−0.00249 (−1.24)	−0.00249 (−1.24)	−0.00251 (−1.24)	−1.34900 (−1.56)	−1.35000 (−1.56)	−1.35100 (−1.56)
Export	0.0436*** (9.25)	0.0439*** (9.32)	0.0437*** (9.28)	3.8270** (2.47)	3.8250** (2.48)	3.8150** (2.47)
常数项	2.807*** (7.63)	2.749*** (7.44)	2.486*** (6.73)	−203.400*** (−16.92)	−218.300*** (−18.16)	−238.000*** (−19.60)
时间固定效应	是	是	是	是	是	是
城市固定效应	是	是	是	是	是	是
企业固定效应	是	是	是	是	是	是
观测值	2178762	2178762	2178762	2179685	2179685	2179685
R^2	0.285	0.285	0.285	0.066	0.066	0.066

注:括号里面是稳健聚类(企业层面)的 t 值。* 表示 $p<0.1$,** 表示 $p<0.05$,*** 表示 $p<0.01$。

最后,本书还通过调整市场准入计算公式中的参数和更换描述城市市场规模的指标,来求不同设置下的市场准入计算结果。具体地,第一种调节是通过取不同的参数 θ。用 Eaton 和 Kortum(2002)的结果(即 8.28 和 12.86)依次去代替 3.6,从而得到新的数据。第二种调节是在描述市场规模时,用人口数据代替原来计算时采用的 GDP 数据(Bernard et al.,2019)。利用调整参数的两种计算结果进行回归后,发现实证结果并没有质的变化。

三、内生性问题的处理

评估交通基础设施的经济效应不可忽略的是对交通基础设施的非随机性问题的解决，即因规划者对经济基础较好或区位优势显著的地方的偏好而导致的内生性问题。高铁对企业生产率的影响研究也不例外，因此本书采用工具变量法来解决内生性问题。

工具变量法属于识别交通基础设施影响的一个较为常用的方法，Redding 和 Turner(2015)系统总结了已有研究中关于交通基础设施的工具变量选择的三种主要策略：第一，从规划图和规划文件中找准随机变量。第二，历史性路线，从非常古老的交通路线中找准随机变量。第三，意料之外的布局方式，在这里指可以影响交通基础设施的规划但又不会受规划者倾向影响的因素。结合文献和资料的梳理，本书采用的是第三种策略，即以意料之外的策略寻找工具变量。主要参考 Faber(2014)构建高速公路工具变量的思路，利用空间地理信息计算交通基础设施建设的开发成本，并以开发成本决定一个城市是否应该有高速铁路通过为工具变量。工具变量的具体计算过程在前文的数据描述部分已经进行了较为详细的描述。地理上的开发成本会影响高铁的修建，但不会受规划者倾向的影响，因而可能使其满足工具变量的相关性和外生性。但是由于构造的工具变量取决于地理信息数据，不会随时间而变动，因此本书选取样本最后一年——2011 年的数据来对工具变量的结果进行回归。

表 8-6 呈现的是工具变量的回归结果。第(1)列是高铁引致的市场准入对企业生产率影响的工具变量回归结果，第(2)列和第(3)列为其余两种市场准入对企业生产率的回归结果。不难发现，工具变量的回归结果与基准回归结果基本一致。第(4)—(6)列依次为工具变量对高铁引致的市场准入、高铁和高速公路共同引致的市场准入以及高速公路引致的市场准入的一阶段回归，F 值大于相关研究提出的临界值(即 10)，因而拒绝弱工具变量的假设，表明了工具变量的有效性。第(7)列是工具变量对企业生产率的直接回归结果。

表 8-6　工具变量的回归结果(一):基本回归

变量	(1)	(2)	(3)	(4)	(5)	(6)	(7)
	工具变量 Labor productivity			工具变量的一阶段回归			固定效应 Labor productivity
				MAHSR	MAall	MAhighway	
MAHSR	−0.104*** (−27.01)						
MAall		−0.108*** (−26.97)					
MAhighway			−0.118*** (−26.80)				
工具变量				1.368*** (111.70)	1.314*** (109.07)	1.207*** (100.62)	−0.142*** (−27.85)
Size	0.235*** (95.27)	0.235*** (95.05)	0.235*** (94.17)	−0.113*** (−19.85)	−0.110*** (−19.61)	−0.105*** (−18.87)	0.247*** (103.95)
Age	−0.0200*** (−55.19)	−0.0200*** (−54.99)	−0.0200*** (−54.82)	−0.0023*** (−2.72)	−0.0019** (−2.18)	−0.0022*** (−2.65)	−0.0198*** (−56.24)
Lev	−0.224*** (−25.62)	−0.222*** (−25.33)	−0.220*** (−24.90)	0.293*** (14.55)	0.300*** (15.13)	0.293*** (14.87)	−0.255*** (−30.28)
Export	−0.167*** (−40.05)	−0.167*** (−39.74)	−0.166*** (−39.25)	0.163*** (17.03)	0.165*** (17.45)	0.158*** (16.84)	−0.184*** (−46.14)
常数项	5.417*** (81.72)	5.509*** (79.21)	5.652*** (75.41)	15.640*** (260.73)	15.880*** (269.06)	15.790*** (268.90)	3.790*** (151.51)
城市固定效应	是	是	是	是	是	是	是
企业固定效应	是	是	是	是	是	是	是
观测值	140612	140612	140612	140612	140612	140612	140612
F 值				12000	12000	10000	
R^2				0.0862	0.0829	0.0719	0.1020

注:括号里面是稳健聚类(企业层面)的 t 值。* 表示 $p < 0.1$,** 表示 $p < 0.05$,*** 表示 $p < 0.01$。

表 8-7 则是以企业人均工业销售值和企业人均利润总额作为代理因变量的工具变量的回归结果,可以看出其与表 8-5 的结果基本一致。因此,接下来本书将重点探究产生这一负向影响的具体作用机制。

表 8-7　工具变量的回归结果(二):对因变量的代理变量的回归

变量	(1)	(2)	(3)	(4)	(5)	(6)
	企业人均工业销售值			企业人均利润总额		
MAHSR	−0.101*** (−25.95)			−8.299*** (−11.29)		
MAall		−0.105*** (−25.91)			−8.636*** (−11.29)	
MAhigh-way			−0.114*** (−25.77)			−9.406*** (−11.28)

续　表

变量	(1)	(2)	(3)	(4)	(5)	(6)
	企业人均工业销售值			企业人均利润总额		
Size	0.232***	0.232***	0.231***	20.670***	20.650***	20.610***
	(93.36)	(93.15)	(92.33)	(43.82)	(43.78)	(43.60)
Age	−0.0200***	−0.0200***	−0.0201***	−1.6580***	−1.6550***	−1.6600***
	(−54.96)	(−54.78)	(−54.63)	(−23.96)	(−23.91)	(−23.96)
Lev	−0.233***	−0.231***	−0.229***	−31.360***	−31.200***	−31.030***
	(−26.51)	(−26.23)	(−25.82)	(−18.78)	(−18.66)	(−18.52)
Export	−0.141***	−0.140***	−0.140***	−5.544***	−5.477***	−5.411***
	(−33.56)	(−33.28)	(−32.86)	(−6.95)	(−6.85)	(−6.76)
常数项	5.372***	5.461***	5.600***	9.102	16.470	27.900**
	(80.57)	(78.06)	(74.30)	(0.72)	(1.24)	(1.96)
城市固定效应	是	是	是	是	是	是
企业固定效应	是	是	是	是	是	是
观测值	140610	140610	140610	140612	140612	140612
F 值	12000	12000	10000	12000	12000	10000

注:括号里面是稳健聚类(企业层面)的 t 值。* 表示 $p < 0.1$，** 表示 $p < 0.05$，*** 表示 $p < 0.01$。

第九章　高铁网络跨境发展的贸易效应

　　作为中国的一张"名片",中国高铁还走出了国门,服务"一带一路"建设,中老铁路、亚吉铁路、蒙内铁路相继开通运营,雅万高铁项目全部采用安全可靠、技术先进、运营成熟的中国铁路技术标准。

　　中欧班列通达欧洲 23 个国家的 185 个城市,成为"一带一路"建设的重要成果和突出亮点。"一带一路"建设是中国成功实现经济外循环目标的重要一环,稳住中欧贸易基本盘对中国的对外贸易来说至关重要。作为高铁的跨境延伸,中欧班列搭建起了陆向贸易通道,其因稳定、运费适中、运速适中的特性在交通运输市场中占据了一定的份额。综合定性的学理分析和科学的定量阐释,本章旨在对高铁网络跨境发展的贸易效应展开考察,揭示这一串联国内国外市场的有形路网对要素流动及商品流通的影响。

第一节　典型事实分析

　　交通基础设施既是直接的公共产品,又有促进干中学和提升运行效率的双重作用,全球每年都为改善交通基础设施进行巨大投资。作为共建"一带一路"的旗舰项目和明星品牌,中欧班列为推动区域经济转型升级、助力中国制造走出国门、构建新发展格局提供了强劲的动力支撑,与共建"一带一路"国家和地区共享诸多贸易红利,印证了"一带一路"建设的强大生命力和感召力。

　　中欧班列自 2011 年开通到 2021 年累计开行了约 4.88 万列。中欧班列是共建"一带一路"的旗舰项目和明星品牌,沟通了中亚、欧洲等地区,在破解马六甲海峡咽喉掣肘、疏通中欧贸易、摆脱物流资源制约、服务国内国际双循环等方面具有十分重要的战略意义。疫情期间跨境铁路基础设施——中欧班列的优越性凸显。至 2021 年底,中欧班列已累计铺画了 82 条运输线路,通达欧洲 24 个国家的 190 多个城市,运输货品 5 万余种,从"连点成线"到"织线成网",形成了一张贯通亚欧的物流网,为推动区域经济转型升级、构建新发展格局提供了强劲的动力支撑。

　　无论是从建设速度还是运营规模来看,中欧班列这样大规模的跨境运输组织形式都是史无前例的。中欧班列无疑是"一带一路"建设的重要成果,在这里,我们分别从发展历程和空间结构两个维度梳理其建设规模,并为进一步的计量考察与分析奠定基础。

一、发展历程

结合新闻报道和学术界的资料,中欧班列的发展大致可以分为四个阶段:2011—2012 年为积极探索时期,2013—2015 年为高速建设时期,2016—2020 年为稳定提升时期,2021 年至今为提质增效时期。

积极探索时期(2011—2012 年)。2011 年 3 月,满载重庆制造的电子产品的渝新欧专列从重庆团结村始发,开行 16 天,顺利抵达德国的杜伊斯堡,拉开了中欧贸易用铁路运输的序幕。2012 年 10 月,武汉—捷克的首趟中欧班列试运行,打通了武汉本地产品直接出口欧洲的快捷经济运输大通道。

高速建设时期(2013—2015 年)。2013 年 3 月,从杜伊斯堡(德国)发车的渝新欧首趟回程试验班列顺利抵达重庆铁路集装箱中心站,标志着中欧班列"有去无回"的困局开始破解。2013 年 9 月,中欧班列苏州—华沙运输路线首次开行,标志着长三角地区中欧班列开行实现零的突破。2014 年 11 月,义新欧班列创下了"运输路线最长""途经国家最多(八个)""国内穿过省份最多""县级城市开通中欧班列"等多项记录。2015 年 3 月,发改委、外交部、商务部联合发布《推动共建丝绸之路经济带和 21 世纪海上丝绸之路的愿景与行动》,其中提及"建立中欧通道铁路运输、口岸通关协调机制,打造'中欧班列'品牌,建设沟通境内外、连接东中西的运输通道。支持郑州、西安等内陆城市建设航空港、国际陆港,加强内陆口岸与沿海、沿边口岸通关合作,开展跨境贸易电子商务服务试点"。2015 年 2 月,黑龙江首趟中欧班列正式上线运营。

稳步提升时期(2016—2020 年)。2016 年 6 月,中欧班列统一品牌正式发布启用,自此中国开往欧洲的所有中欧班列全部采用这一标识。2016 年 10 月,中欧班列建设的首个顶层设计——《中欧班列建设发展规划(2016—2020 年)》正式落地,其中提出将中欧班列打造成具有国际竞争力和良好商誉度的世界知名物流品牌。2019 年,《共建"一带一路"倡议:进展、贡献与展望》中明确指出,中欧班列初步探索形成了多国协作的国际班列运行机制。2020 年,面对疫情的强力冲击,中欧班列实现了逆势增长。2020 年 11 月,由义乌、重庆、郑州、西安等 11 个中欧班列运营平台共同组货的 X8020 次"跨境电商欧洲专列"在义乌西站启程,奔赴比利时的列日①,这是首列多省跨区域合作的中欧班列,标志着中欧班列运营从"百花齐放"向"和合共生"的高质量融合发展迈出了关键的一步。2020 年,北斗三号最后一颗组

---

① 列日(Liège)是列日省省会,比利时第三大城市,地处欧洲的中心。

网卫星于 6 月 23 日成功发射,标志着我国北斗卫星导航系统即将实现全球组网。而北斗导航系统在铁路上的应用也在不断扩大。2020 年内有 10 万个集装箱安装了北斗定位终端,有 1 万个用在了中欧班列上。北斗系统的应用让集装箱运输过程真正变得高速化、透明化、可视化。北斗卫星导航系统在中欧班列的成功应用将中欧班列打造成"一带一路"合作的先行者,中欧班列驶出了"科技范儿"。2020 年 7 月,中欧班列首趟玩具专列满载着各类品牌玩具开行 15 天后到达捷克布拉格,这是为满足市场需求而专门开行的全国首趟玩具专列,义乌中欧班列已成为中国向欧洲国家出口商品和运送生活必需物资的绿色、高效的国际物流主通道,承接了空运、海运的转移货源,在畅通国际物流大通道中发挥了"火车头"的作用。2020 年 11 月,"菜鸟号—阿拉山口专列"在新疆阿拉山口综合保税区始发,专列上搭载了20 万件欧洲消费者"双十一"期间网购的包裹。专列的开通进一步补充了跨境运力,让"双十一"包裹 10 天左右即可送达欧洲,再通过菜鸟欧洲卡车网络送达欧盟 20 多个国家。2020 年天猫"双十一"期间,超过 400 万件包裹通过中欧班列送到欧洲。在此期间,中欧班列的开行规模快速增长,运输覆盖范围不断扩大。

提质增效时期(2021 年至今)。2021 年 1 月 1 日,重庆、成都两地同时发出 2021 年中欧班列(成渝)第一趟列车,重庆的班列开往德国杜伊斯堡,成都的班列开往波兰罗兹。这是中国首个两地合作开行的中欧班列。6 月20 日,中欧班列统一品牌五周年工作座谈会在北京召开,会议研究部署了新阶段推进中欧班列高质量发展的各项工作,提出制定中欧班列"1+N+X"政策文件。9 月 9 日,中欧班列运输联合工作组第七次会议以视频会议的方式召开,会议审议了《中欧班列全程时刻表编制与协作办法(试行)》《中欧班列运输计划商定办法》。

2022 年 4 月,中欧班列(西安)首次尝试南通道"两海"(即跨越里海和黑海)线路,途经哈萨克斯坦、阿塞拜疆、格鲁吉亚、罗马尼亚等国家,最终抵达欧洲。9 月 13 日,中欧班列累计开行突破 6 万列。10 月 26 日,首列全程时刻表中欧班列(西安至德国杜伊斯堡)从西安发车,历时 11 天 1 小时 35分,于 11 月 5 日抵达德国杜伊斯堡,创造了中欧班列运行时效记录,标志着中国段、宽轨段、欧洲段中欧班列运行时刻表首次实现全程贯通,中欧班列的高质量发展迈入新阶段。11 月 30 日,兰新铁路精河至阿拉山口段增建二线工程开工建设。12 月 9 日,中国铁路实施中欧班列扩编增吨措施,时速 120 公里的中欧班列最大编组辆数和牵引质量分别提高至 55 辆、3000 吨。

如图 9-1 所示,2021 年中国对共建"一带一路"国家的投资所涉及的领

域广泛。2021 年底,中国投资者在共建"一带一路"国家设立企业超过1.1
万家,涉及国民经济 18 个行业大类,当年实现直接投资 241.5 亿美元,比上
一年增长 7.1%,较 2012 年翻一番,占同期中国对外直接投资流量的
13.5%。从投资流向来看,投资主要流向新加坡、印度尼西亚、越南、泰国、
马来西亚、老挝、阿拉伯联合酋长国、哈萨克斯坦、巴基斯坦、沙特阿拉伯等
国家。2013—2021 年,中国对共建"一带一路"国家累计直接投资 1640 亿
美元。

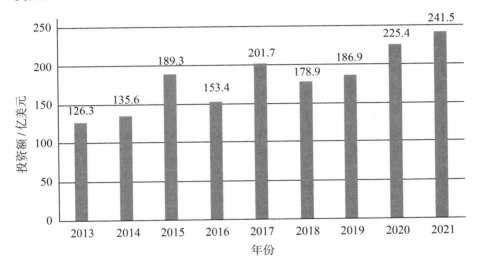

图 9-1　2013—2021 年中国对共建"一带一路"国家的投资情况(对外直接投资流量)

中欧班列开创了亚欧陆路运输新篇章,铸就了共建"一带一路"国家(见
表 9-1)互利共赢的桥梁纽带。经过十余年的发展,中欧班列逐渐成为快捷
准时、安全稳定、绿色环保、促进中国与共建"一带一路"国家间实现贸易便
利化的欧亚国际物流陆路运输的骨干方式,并且与沿线经济主体的经济联
系度不断加深。

表 9-1　已签署合作文件参与"一带一路"共建的主要国家和地区(截至 2022 年底)

地区	国家
东北亚	蒙古国、俄罗斯
东南亚	新加坡、印度尼西亚、马来西亚、泰国、越南、菲律宾、柬埔寨、缅甸、老挝、文莱、东帝汶
南亚	印度、巴基斯坦、斯里兰卡、孟加拉国、尼泊尔、马尔代夫、不丹
西亚	阿联酋、科威特、土耳其、卡塔尔、阿曼、黎巴嫩、沙特阿拉伯、巴林、以色列、也门共和国、伊朗、约旦、叙利亚、伊拉克、阿富汗、巴勒斯坦、阿塞拜疆、格鲁吉亚、亚美尼亚

续　表

地区	国别
中亚	哈萨克斯坦、吉尔吉斯斯坦、土库曼斯坦、塔吉克斯坦、乌兹别克斯坦
非洲	苏丹、南非、塞内加尔、塞拉利昂、科特迪瓦、索马里、喀麦隆、南苏丹、塞舌尔、几内亚、加纳、赞比亚、莫桑比克、加蓬、纳米比亚、毛里塔尼亚、安哥拉、吉布提、埃塞俄比亚、肯尼亚、尼日利亚、乍得、刚果(布)、津巴布韦、阿尔及利亚、坦桑尼亚、布隆迪、佛得角、乌干达、冈比亚、多哥、卢旺达、摩洛哥、马达加斯加、突尼斯、利比亚、埃及、赤道几内亚、利比里亚、莱索托、科摩罗、贝宁、马里、尼日尔、刚果(金)、博茨瓦纳、中非、几内亚比绍、厄立特里亚、布基纳法索、圣多美和普林西比、马拉维
欧洲	塞浦路斯、俄罗斯、奥地利、希腊、波兰、塞尔维亚、捷克、保加利亚、斯洛伐克、阿尔巴尼亚、克罗地亚、波黑、黑山、爱沙尼亚、立陶宛、斯洛文尼亚、匈牙利、北马其顿、罗马尼亚、拉脱维亚、乌克兰、白俄罗斯、摩尔多瓦、马耳他、葡萄牙、意大利、卢森堡
南美洲	智利、圭亚那、玻利维亚、乌拉圭、委内瑞拉、苏里南、厄瓜多尔、秘鲁、阿根廷
北美洲	哥斯达黎加、巴拿马、萨尔瓦多、多米尼加、特立尼达和多巴哥、安提瓜和巴布达、多米尼克、格林纳达、巴巴多斯、古巴、牙买加、尼加拉瓜
大洋洲	新西兰、巴布亚新几内亚、萨摩亚、纽埃、斐济、密克罗尼西亚联邦、库克群岛、汤加、瓦努阿图、所罗门群岛、基里巴斯

注:截至2022年底,中国已经同150个国家和30多个国际组织签署了200多份共建"一带一路"合作文件,与32个共建国家和地区签署了经认证的经营者互认协议。

截至2022年7月底,中欧班列累计开行超过5.7万列,运送货物530万标箱,重箱率达98.3%,货值累计近3000亿美元,已铺画了82条运行线路(见图9-2、表9-2、表9-3和表9-4),通达欧洲200多个城市,逐步"连点成线""织线成网",实现运输服务网络覆盖欧洲全境。

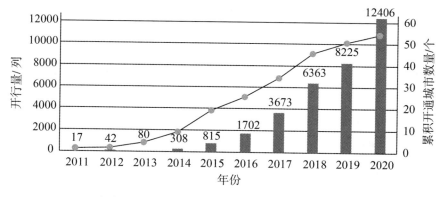

图9-2　2011—2020年中国开通中欧班列的国内城市数量和开行班列数量

表9-2　2011—2021年中欧班列各线路开通时间及相关信息

开通时间	名称	线路描述	所属通道（出境口岸）	涉及国内城市	备注
2011年3月19日	渝新欧	重庆—杜伊斯堡（德国）	西（阿拉山口）	重庆	常态化
2012年10月24日	汉新欧	武汉—梅林克帕尔杜比采（捷克）	西（阿拉山口）	武汉	常态化
2013年4月26日	蓉欧快线	成都—罗兹（波兰）	西（阿拉山口）	成都	常态化
2013年7月18日	郑新欧	郑州—汉堡（德国）；始于郑州，经新疆阿拉山口出境，全程10214公里	西（阿拉山口）	郑州	常态化
2013年9月29日	苏满欧	苏州—华沙（波兰）	东（满洲里）	苏州	常态化
2013年11月28日	长安号	西安—奥斯陆（挪威）西安—维尔纽斯（立陶宛）	西（阿拉山口）	西安	非常态化
2013年11月22日	粤新欧	东莞—汉堡（德国）	西（阿拉山口）	东莞	非常态化
2014年6月26日	合新欧	合肥—哈萨克斯坦	西（阿拉山口）	合肥	非常态化
2014年6月29日	粤满俄	广州—莫斯科（俄罗斯）	西（阿拉山口）	广州	非常态化
2014年8月27日	甬新欧	宁波—汉堡（德国）	西（阿拉山口）	宁波	非常态化
2014年10月13日	湘欧快线	长沙—杜伊斯堡（德国）	"一主"：西（阿拉山口）"两辅"：西（霍尔果斯）、中（二连浩特）	长沙	常态化
2014年10月18日	营满欧	营口—莫斯科（俄罗斯）	西（阿拉山口）	营口	常态化
2014年11月18日	义新欧	义乌—马德里（西班牙）：从义乌出发，经新疆阿拉山口口岸出境，全长13052公里	西（阿拉山口）	金华	常态化

续 表

开通时间	名称	线路描述	所属通道（出境口岸）	涉及国内城市	备注
2014 年 12 月 12 日	天马号	武威—阿拉木图（哈萨克斯坦）	西（阿拉山口）	武威	非常态化
2014 年 12 月 28 日	长安号	"一干"线路：西安—鹿特丹（荷兰） "两支"线路一：西安—热姆（哈萨克斯坦） "两支"线路二：西安—莫斯科（俄罗斯）	西（阿拉山口）	西安	非常态化
2015 年 1 月 10 日	天马号	武威—乌兹别克斯坦	西（阿拉山口）	武威	非常态化
2015 年 5 月 23 日		石河子—车里雅宾斯克（俄罗斯）	西（阿拉山口）	石河子	非常态化
2015 年 6 月 10 日		乌鲁木齐—莫斯科（俄罗斯）	西（阿拉山口）	乌鲁木齐	非常态化
2015 年 6 月 13 日	哈欧班列	哈尔滨—比克良（俄罗斯）	东（满洲里）	哈尔滨	非常态化
2015 年 7 月 1 日	黔深欧	贵阳—杜伊斯堡（德国）		贵阳	非常态化
2015 年 7 月 1 日	滇新欧	昆明—鹿特丹（荷兰）		昆明	非常态化
2015 年 8 月 1 日	兰州号	兰州—汉堡（德国）		兰州	非常态化
2015 年 8 月 6 日		营口—多布拉（斯洛伐克）		营口	非常态化
2015 年 8 月 16 日	青岛号	胶州—哈萨克斯坦		青岛	常态化
2015 年 8 月 16 日	厦蓉欧	厦门—罗兹（波兰）		厦门	常态化
2015 年 8 月 31 日	长满欧	长春—施瓦茨海德（德国）		长春	非常态化
2015 年 10 月 19 日	昆蓉欧	昆明—波兰		昆明	常态化

续 表

开通时间	名称	线路描述	所属通道（出境口岸）	涉及国内城市	备注
2015 年 10 月 29 日		伊宁—库帕夫纳（俄罗斯）		伊犁哈萨克自治州	非常态化
2015 年 10 月 30 日	沈满欧	沈阳—汉堡（德国）		沈阳	非常态化
2015 年 11 月 24 日		南昌—鹿特丹（荷兰）		南昌	非常态化
2015 年 11 月 29 日		连云港—伊斯坦布尔（土耳其）		连云港	非常态化
2015 年 12 月 25 日	粤满俄	东莞—俄罗斯	东（满洲里）	东莞	非常态化
2016 年 4 月 26 日		保定—明斯克（白俄罗斯）	东（满洲里）	保定	非常态化
2016 年 5 月 28 日	冀欧班列	库尔勒—杜伊斯堡（德国）	西（阿拉山口）	巴音郭楞蒙古自治州	非常态化
2016 年 6 月 29 日		南京—莫斯科（俄罗斯）		南京	非常态化
2016 年 7 月 19 日	辽满欧	大连—莫斯科（俄罗斯）		大连	常态化
2016 年 8 月 18 日		西安—华沙（波兰）	西（阿拉山口）	西安	非常态化
2016 年 8 月 28 日		广州—卡卢加州沃尔西诺（俄罗斯）	东（满洲里）	广州	非常态化
2016 年 9 月 8 日		西宁—安特卫普（比利时）	西（阿拉山口）	西宁	非常态化
2016 年 10 月 20 日		乌兰察布—阿拉木图（哈萨克斯坦）	西（阿拉山口）	乌兰察布	非常态化
2016 年 11 月 21 日		天津—明斯克（白俄罗斯）		天津	非常态化
2016 年 12 月 31 日		义乌—伦敦（英国）	西（阿拉山口）	义乌	非常态化
2017 年 5 月 2 日	厦满欧	厦门—莫斯科（俄罗斯）		厦门	非常态化

续　表

开通时间	名称	线路描述	所属通道（出境口岸）	涉及国内城市	备注
2017 年 5 月 10 日	辽蒙欧	盘锦—明斯克（白俄罗斯）		盘锦	非常态化
2017 年 5 月 22 日	鹏新欧（朗华号）	深圳—明斯克（白俄罗斯）		深圳	非常态化
2017 年 5 月 27 日	照蓉欧	日照—罗兹（波兰）		日照	非常态化
2017 年 6 月 9 日	庆满欧	大庆—泽布吕赫（比利时）		大庆	非常态化
2017 年 6 月 24 日		青岛—莫斯科（俄罗斯）		青岛	非常态化
2017 年 7 月 28 日		临汾—慕尼黑（德国）		临汾	非常态化
2017 年 8 月 4 日		济南—莫斯科（俄罗斯）		济南	非常态化
2017 年 8 月 15 日		赣州港—华沙（波兰）		赣州	非常态化
2017 年 8 月 20 日		格尔木—彼尔姆（俄罗斯）		海西蒙古族藏族自治州	非常态化
2017 年 9 月 2 日		威海—汉堡（德国）		威海	非常态化
2017 年 9 月 5 日		满洲里—莫斯科（俄罗斯）		呼伦贝尔	非常态化
2017 年 10 月 13 日	长满欧	长春—施瓦茨海德（德国）		长春	常态化
2017 年 11 月 20 日		宜昌—中欧		宜昌	非常态化
2017 年 11 月 28 日		南宁—东南亚		南宁	非常态化
2018 年 1 月 23 日		临沂—东欧		临沂	非常态化
2018 年 2 月 2 日		南京—东欧		南京	非常态化

续　表

开通时间	名称	线路描述	所属通道（出境口岸）	涉及国内城市	备注
2018年2月8日	石龙班列	东莞—中欧		东莞	非常态化
2018年3月15日		凭祥—河内（越南）		崇左	非常态化
2018年3月28日	襄汉欧	襄阳—汉堡（德国）	西（阿拉山口）	襄阳	非常态化
2018年4月12日		南昌—莫斯科（俄罗斯）		南昌	非常态化
2018年4月26日		唐山—安特卫普（比利时）		唐山	非常态化
2018年5月10日		巴彦淖尔—德黑兰（伊朗）	西（阿拉山口）	巴彦淖尔	非常态化
2018年5月12日		鹰潭—明斯克（白俄罗斯）		鹰潭	非常态化
2018年6月2日		石家庄—明斯克（白俄罗斯）		石家庄	非常态化
2018年6月29日		怀化—明斯克（白俄罗斯）		怀化	非常态化
2018年8月13日		兖州—米兰（意大利）		济宁	非常态化
2018年8月16日		抚州—汉堡（德国）		抚州	非常态化
2018年9月4日		呼和浩特—西亚		呼和浩特	非常态化
2018年9月28日		景德镇—莫斯科（俄罗斯）		景德镇	非常态化
2018年10月9日		德令哈—巴尔瑙尔（俄罗斯）		海西蒙古族藏族自治州	非常态化
2018年11月8日		合肥—赫尔辛基（芬兰）		合肥	非常态化
2018年12月10日	十汉欧	十堰—东欧		十堰	非常态化

续　表

开通时间	名称	线路描述	所属通道（出境口岸）	涉及国内城市	备注
2018 年 12 月 26 日	井冈山号	吉安—莫斯科（俄罗斯）		吉安	非常态化
2019 年 1 月 18 日	徐州号	徐州—莫斯科（俄罗斯）		徐州	非常态化
2019 年 4 月 2 日	齐鲁号	青岛—明斯克（白俄罗斯）		青岛	非常态化
2019 年 6 月 26 日	蚌西欧	蚌埠—中亚、欧洲		蚌埠	非常态化
2019 年 7 月 16 日	长安号	西安—比什凯克（吉尔吉斯斯坦）		西安	非常态化
2019 年 9 月 24 日	齐鲁号	济南—贝尔格莱德（塞尔维亚）		济南	非常态化
2019 年 10 月 9 日	义新欧（eWTP 来乌号）	义乌—列日（比利时）		金华	非常态化
2019 年 11 月 19 日	温州号	义乌—莫斯科（俄罗斯）		金华	非常态化
2019 年 11 月 24 日	夏西欧	厦门—中亚		厦门	非常态化
2020 年 1 月 10 日	中欧班列（义乌—河内）	义乌—河内（越南）		金华	常态化
2020 年 4 月 28 日		达州—汉堡（德国）		达州	非常态化
2020 年 5 月 4 日	义新欧（义乌—维尔纽斯）	义乌—维尔纽斯（立陶宛）		金华	非常态化
2020 年 5 月 20 日		天津—乌兰巴托（蒙古国）		天津	非常态化

续 表

开通时间	名称	线路描述	所属通道（出境口岸）	涉及国内城市	备注
2020 年 5 月 22 日	长安号（南亚线路）	西安—加德满都（尼泊尔）		西安	非常态化
2020 年 5 月 26 日	中欧班列	海安—河内（越南）		南通	非常态化
2020 年 6 月 5 日	中吉乌	兰州—塔什干（乌兹别克斯坦）		兰州	非常态化
2020 年 6 月 6 日	穗新乌			东莞	非常态化
2020 年 6 月 6 日		合肥—蒂尔堡（荷兰）		合肥	非常态化
2020 年 7 月 1 日		金华—莫斯科（俄罗斯）		金华	非常态化
2020 年 7 月 24 日		西安—基辅（乌克兰）		西安	非常态化
2020 年 7 月 27 日		南充—米兰（意大利）		南充	非常态化
2020 年 8 月 18 日	湾区号	深圳—杜伊斯堡（德国）		深圳	非常态化
2020 年 8 月 20 日	长安号（中东欧线路）	西安—欧洲		西安	非常态化
2020 年 8 月 26 日		洛阳—巴尔瑙尔（俄罗斯）		洛阳	非常态化
2020 年 8 月 26 日	唐西欧	唐山—中亚、欧洲		唐山	非常态化
2020 年 8 月 28 日	永西欧	永济—中亚		运城	非常态化
2020 年 9 月 5 日		合肥—杜尔日（法国）		合肥	非常态化
2020 年 9 月 10 日		金华—巴库（阿塞拜疆）		金华	非常态化

续 表

开通时间	名称	线路描述	所属通道（出境口岸）	涉及国内城市	备注
2020年9月23日	贵西欧	贵阳—中亚，欧洲		贵阳	非常态化
2020年10月15日	衡钢号	衡阳—比克良（俄罗斯）		衡阳	非常态化
2020年10月16日	湾区号	深圳—布达佩斯（匈牙利）		深圳	非常态化
2020年11月26日	金华号（法国专列）	金华—杜尔日（法国）		金华	非常态化
2020年11月28日		徐州—汉堡（德国）		徐州	非常态化
2020年12月8日	安西欧	安康—阿拉木图（哈萨克斯坦）		安康	非常态化
2020年12月22日	商郑欧	商丘—塔什干（乌兹别克斯坦）		商丘	非常态化
2021年1月8日		临沂—河内（越南）		临沂	非常态化
2021年1月15日		青岛—比什凯克（吉尔吉斯斯坦）		青岛	非常态化
2021年1月28日		武夷山—阿拉木图（哈萨克斯坦）		南平	非常态化
2021年1月31日		合肥—布拉格（捷克）		合肥	非常态化
2021年3月2日		乌兰察布—杜伊斯堡（德国）		乌兰察布	非常态化
2021年3月13日		南宁—努尔苏丹（哈萨克斯坦）		南宁	非常态化

表 9-3　中欧班列常态化运行信息表

序号	国内城市	班列名称	常态化运行年份	班次数量(月度)/例	境外目的地国家
1	重庆	渝新欧	2011	40	德国、俄罗斯
2	武汉	汉新欧	2012	20	白俄罗斯、俄罗斯、捷克、波兰
3	郑州	郑欧班列	2013	20	德国
4	苏州	苏满欧	2013	12	波兰、德国
5	成都	蓉欧班列	2013	36	波兰、德国
6	东莞	粤满欧	2013	4	俄罗斯、德国
7	营口	营满欧	2014	15	俄罗斯
8	长沙	湘欧快线	2014	24	德国
9	义乌	义新欧	2014	4	西班牙
10	厦门	厦蓉欧	2015	8	波兰
11	昆明	昆蓉欧	2015	4	波兰
12	青岛	青岛号	2015	12	哈萨克斯坦
13	天津		2016	20	俄罗斯
14	长春	长满欧	2017	8	德国
15	合肥		2017	8	德国
16	义乌	义乌—河内	2020	4	越南

注:常态化运行的具体定义为"每周开行班列(即月度班次数量大于等于 4 列)"路线,以上信息收集时间截至 2021 年 3 月。

表 9-4　中欧班列运行线路总览

始发城市	始发站	口岸站	到达国家	运单到站	全程里程/公里	参考时长/天
长春	兴隆山	满洲里(境)	波兰	马拉舍维奇	8919	15.5
长沙	长沙北	阿拉山口境	波兰	马拉舍维奇	9550	16.3
长沙	长沙北	满洲里(境)	俄罗斯	莫斯科	10197	14.6
长沙	长沙北	满洲里(境)	俄罗斯	莫斯科	10186	14.6
长沙	长沙北	满洲里(境)	白俄罗斯	明斯克	10899	15.9
长沙	长沙北	霍尔果斯境	波兰	马拉舍维奇	10169	16.3
长沙	长沙北	二连(境)	乌克兰	基辅	9954	16.7
长沙	长沙北	二连(境)	俄罗斯	莫斯科	9186	15.3

续 表

始发城市	始发站	口岸站	到达国家	运单到站	全程里程/公里	参考时长/天
长沙	长沙北	二连（境）	波兰	马拉舍维奇	10258	16.4
长沙	长沙北	二连（境）	白俄罗斯	若季诺	9831	16.7
成都	城厢	阿拉山口境	比利时	列日	10090	18.5
成都	城厢	满洲里（境）	俄罗斯	莫斯科	10820	15.8
成都	城厢	满洲里（境）	白俄罗斯	明斯克	11522	17.1
成都	城厢	霍尔果斯境	俄罗斯	莫斯科	8209	13.9
成都	城厢	霍尔果斯境	俄罗斯	加里宁格勒	9063	16.0
成都	城厢	霍尔果斯境	德国	汉堡	10450	16.9
成都	城厢	霍尔果斯境	德国	杜伊斯堡	10561	16.9
成都	城厢	霍尔果斯境	波兰	马拉舍维奇	9269	15.6
成都	城厢	霍尔果斯境	波兰	罗兹	9152	15.6
成都	城厢	二连（境）	俄罗斯	沃罗滕斯克	10056	15.5
成都	城厢	二连（境）	俄罗斯	莫斯科	9214	15.5
成都	城厢	二连（境）	白俄罗斯	若季诺	9847	16.9
成都	城厢	阿拉山口境	荷兰	蒂尔堡	10162	18.6
成都	城厢	阿拉山口境	俄罗斯	莫斯科	7590	12.8
成都	城厢	阿拉山口境	德国	纽伦堡	9985	17.7
成都	城厢	阿拉山口境	德国	杜伊斯堡	9943	17.7
成都	城厢	阿拉山口境	波兰	马拉舍维奇	8650	15.1
重庆	团结村	霍尔果斯境	波兰	华沙	8862	15.7
重庆	团结村	二连（境）	俄罗斯	莫斯科	9135	15.9
重庆	团结村	阿拉山口境	匈牙利	布达佩斯	9933	16.3
重庆	团结村	阿拉山口境	芬兰	赫尔辛基	8708	16.5
重庆	团结村	阿拉山口境	德国	汉堡	9984	17.8
重庆	团结村	阿拉山口境	德国	杜伊斯堡	9917	17.8
重庆	团结村	阿拉山口境	波兰	马拉舍维奇	8624	15.2
重庆	团结村	阿拉山口境	波兰	华沙	8841	16.0
重庆	团结村	霍尔果斯境	波兰	马拉舍维奇	9243	15.7

续　表

始发城市	始发站	口岸站	到达国家	运单到站	全程里程/公里	参考时长/天
重庆	团结村	霍尔果斯境	德国	杜伊斯堡	10535	17.0
重庆	团结村	霍尔果斯境	俄罗斯	莫斯科	8183	14.0
重庆	团结村	满洲里（境）	白俄罗斯	明斯克	11388	15.3
重庆	团结村	满洲里（境）	俄罗斯	莫斯科	10686	14.0
重庆	鱼嘴	阿拉山口境	波兰	马拉舍维奇	8665	15.2
重庆	鱼嘴	阿拉山口境	波兰	波兹南	9763	16.0
重庆	鱼嘴	霍尔果斯境	波兰	马拉舍维奇	9284	15.8
重庆	鱼嘴	霍尔果斯境	波兰	波兹南	9757	15.8
重庆	鱼嘴	满洲里（境）	白俄罗斯	明斯克	11146	16.7
重庆	鱼嘴	满洲里（境）	俄罗斯	莫斯科	10444	15.4
大连	金港	满洲里（境）	俄罗斯	莫斯科	8395	12.9
德阳	黄许镇	阿拉山口境	波兰	马拉舍维奇	8522	15.2
德阳	黄许镇	阿拉山口境	俄罗斯	莫斯科	7462	12.9
德阳	黄许镇	霍尔果斯境	俄罗斯	莫斯科	8081	13.3
东莞	石龙	满洲里（境）	俄罗斯	莫斯科	10985	16.3
赣州	赣州国际港	阿拉山口境	匈牙利	布达佩斯	11302	17.8
赣州	赣州国际港	二连（境）	俄罗斯	莫斯科	9570	14.5
赣州	赣州国际港	满洲里（境）	德国	杜伊斯堡	12887	19.3
赣州	赣州国际港	满洲里（境）	俄罗斯	莫斯科	10534	15.2
广州	广州国际港	二连（境）	俄罗斯	新莫斯科夫斯克	9895	15.2
广州	广州国际港	满洲里（境）	俄罗斯	莫斯科	11065	16.5
广州	下元	阿拉山口境	波兰	马拉舍维奇	10280	16.9
广州	增城西	霍尔果斯境	波兰	马拉舍维奇	10907	16.1
广州	增城西	霍尔果斯境	德国	杜伊斯堡	12199	17.4
广州	增城西	霍尔果斯境	俄罗斯	莫斯科	9847	14.4
哈尔滨	新香坊	满洲里（境）	俄罗斯	莫斯科	7623	13.5
哈尔滨	新香坊	满洲里（境）	俄罗斯	索尔涅奇诺戈尔斯克	7668	13.5

续　表

始发城市	始发站	口岸站	到达国家	运单到站	全程里程/公里	参考时长/天
哈尔滨	新香坊	满洲里（境）	俄罗斯	莫斯科	7634	13.5
合肥	合肥北	阿拉山口境	波兰	马拉舍维奇	9427	15.4
合肥	合肥北	阿拉山口境	德国	汉堡	10787	18.0
合肥	合肥北	阿拉山口境	德国	诺伊斯	10729	18.0
合肥	合肥北	二连（境）	俄罗斯	巴扎伊哈	4654	11.2
合肥	合肥北	二连（境）	俄罗斯	莫斯科	8771	15.4
合肥	合肥北	二连（境）	芬兰	赫尔辛基	9550	19.2
合肥	合肥北	满洲里（境）	俄罗斯	莫斯科	9604	15.2
衡阳	衡阳南	满洲里（境）	俄罗斯	莫斯科	10308	14.9
济南	董家镇	二连（境）	俄罗斯	莫斯科	8158	14.1
济南	董家镇	满洲里（境）	俄罗斯	莫斯科	8995	13.6
济南	济南南	二连（境）	俄罗斯	莫斯科	8167	13.4
金华	金华南	阿拉山口境	法国	杜尔日	11634.9	19.8
金华	金华南	阿拉山口境	匈牙利	布达佩斯	11244	17.0
金华	金华南	二连（境）	俄罗斯	莫斯科	9353	14.7
金华	金华南	二连（境）	俄罗斯	莫斯科	9361	14.7
金华	金华南	二连（境）	乌克兰	基辅	10117	16.1
金华	金华南	霍尔果斯境	法国	杜尔日	12309	18.6
金华	金华南	满洲里（境）	白俄罗斯	明斯克	10917	16.8
金华	金华南	满洲里（境）	俄罗斯	莫斯科	10215	15.5
临沂	朱保	二连（境）	俄罗斯	莫斯科	8420	13.7
南昌	横岗	二连（境）	俄罗斯	莫斯科	9140	15.2
南昌	横岗	满洲里（境）	白俄罗斯	明斯克	10803	16.1
南昌	横岗	满洲里（境）	俄罗斯	莫斯科	10101	14.8
南京	尧化门	二连（境）	俄罗斯	莫斯科	8803	14.4
南京	尧化门	满洲里（境）	俄罗斯	莫斯科	9574	15.0
青岛	胶州	霍尔果斯境	俄罗斯	莫斯科	8837	14.4
青岛	胶州	满洲里（境）	俄罗斯	莫斯科	8798	13.1

续　表

始发城市	始发站	口岸站	到达国家	运单到站	全程里程/公里	参考时长/天
深圳	平湖南	阿拉山口境	波兰	马拉舍维奇	10653	16.9
深圳	平湖南	满洲里（境）	俄罗斯	莫斯科	10887	15.9
深圳	平湖南	阿拉山口境	德国	杜伊斯堡	11946	19.5
沈阳	沈阳东	满洲里（境）	白俄罗斯	明斯克	8711	13.8
沈阳	沈阳东	绥芬河（境）	俄罗斯	新莫斯科夫斯克	10341	13.3
沈阳	沈阳东	满洲里（境）	俄罗斯	莫斯科	8009	12.5
沈阳	沈阳东	满洲里（境）	俄罗斯	莫斯科	8007	12.5
沈阳	沈阳东	满洲里（境）	德国	汉堡	10435	16.6
沈阳	沈阳东	满洲里（境）	德国	杜伊斯堡	10362	16.6
石家庄	高邑	二连（境）	波兰	马拉舍维奇	9100	14.4
石家庄	高邑	满洲里（境）	俄罗斯	新莫斯科夫斯克	9018	13.6
石家庄	高邑	二连（境）	俄罗斯	莫斯科	8040	13.3
石家庄	高邑	二连（境）	俄罗斯	莫斯科	8038	13.3
石家庄	高邑	二连（境）	德国	杜伊斯堡	10392	16.3
苏州	苏州西	阿拉山口境	波兰	马拉舍维奇	9704	15.9
苏州	苏州西	满洲里（境）	俄罗斯	莫斯科	9840	14.0
苏州	苏州西	满洲里（境）	德国	杜伊斯堡	12193	18.1
苏州	苏州西	满洲里（境）	波兰	马拉舍维奇	10954	15.9
苏州	苏州西	霍尔果斯境	德国	杜伊斯堡	11615	17.8
苏州	苏州西	二连（境）	俄罗斯	莫斯科	9019	14.1
苏州	苏州西	二连（境）	德国	杜伊斯堡	11371	17.1
苏州	苏州西	二连（境）	波兰	马拉舍维奇	10079	15.2
苏州	苏州西	阿拉山口境	德国	杜伊斯堡	10997	18.5
太原	中鼎物流园	满洲里（境）	白俄罗斯	明斯克	9853	15.5
太原	中鼎物流园	满洲里（境）	俄罗斯	莫斯科	9151	14.2
唐山	京唐港	二连（境）	俄罗斯	莫斯科	8057	14.2
乌兰察布	七苏木	二连（境）	白俄罗斯	明斯克	8030	13.8

续　表

始发城市	始发站	口岸站	到达国家	运单到站	全程里程/公里	参考时长/天
乌兰察布	七苏木	二连（境）	俄罗斯	莫斯科	7328	12.4
乌兰察布	七苏木	二连（境）	俄罗斯	叶卡捷琳堡	5510	12.4
乌兰察布	七苏木	二连（境）	俄罗斯	莫斯科	7316	12.4
武汉	吴家山	阿拉山口境	波兰	波兹南	9767	16.2
武汉	吴家山	二连（境）	德国	杜伊斯堡	11214	16.9
武汉	吴家山	二连（境）	波兰	马拉舍维奇	9922	15.0
武汉	吴家山	阿拉山口境	德国	汉堡	10648	18.0
武汉	吴家山	阿拉山口境	德国	杜伊斯堡	10581	18.0
武汉	吴家山	阿拉山口境	波兰	马拉舍维奇	9288	15.4
西安	西安国际港	阿拉山口境	比利时	根特	10001	17.9
西安	西安国际港	满洲里（境）	俄罗斯	莫斯科	9826	14.3
西安	西安国际港	满洲里（境）	白俄罗斯	明斯克	10528	15.6
西安	西安国际港	霍尔果斯境	英国	东北林肯郡	10529	17.5
西安	西安国际港	霍尔果斯境	意大利	米兰	10435	17.5
西安	西安国际港	霍尔果斯境	土耳其	伊兹密特	10863	17.5
西安	西安国际港	霍尔果斯境	立陶宛	维尔纽斯	8847	15.5
西安	西安国际港	霍尔果斯境	捷克	切斯卡雀波瓦	9804	17.5
西安	西安国际港	霍尔果斯境	荷兰	蒂尔堡	10532	16.2
西安	西安国际港	霍尔果斯境	德国	诺伊斯	10168	16.2
西安	西安国际港	霍尔果斯境	德国	曼海姆	10336	16.2
西安	西安国际港	霍尔果斯境	德国	汉萨	9375	16.2
西安	西安国际港	霍尔果斯境	德国	汉堡	10201	16.2
西安	西安国际港	霍尔果斯境	德国	杜伊斯堡	10312	16.2
西安	西安国际港	霍尔果斯境	波兰	马拉舍维奇	9020	14.9
西安	西安国际港	阿拉山口境	意大利	米兰	10193	17.4
西安	西安国际港	阿拉山口境	匈牙利	布达佩斯	9710	15.6
西安	西安国际港	阿拉山口境	荷兰	蒂尔堡	9913	18.0

续　表

始发城市	始发站	口岸站	到达国家	运单到站	全程里程/公里	参考时长/天
西安	西安国际港	阿拉山口境	德国	曼海姆	10092	17.1
西安	西安国际港	阿拉山口境	德国	汉堡	9761	17.1
西安	西安国际港	阿拉山口境	德国	杜伊斯堡	9694	17.1
西安	西安国际港	阿拉山口境	波兰	西里西亚	9050	15.3
西安	西安国际港	阿拉山口境	波兰	马拉舍维奇	8401	14.5
西安	西安国际港	阿拉山口境	波兰	波兹南	8880	15.3
厦门	东孚	阿拉山口境	波兰	马拉舍维奇	10568	16.6
厦门	东孚	阿拉山口境	德国	杜伊斯堡	11861	19.2
厦门	东孚	二连（境）	俄罗斯	新莫斯科夫斯克	9997	14.7
厦门	东孚	二连（境）	俄罗斯	莫斯科	10050	14.7
徐州	铜山	满洲里（境）	俄罗斯	莫斯科	9312	14.8
义乌	义乌西	阿拉山口境	比利时	列日	11417	19.2
义乌	义乌西	阿拉山口境	波兰	马拉舍维奇	9977	15.8
义乌	义乌西	阿拉山口境	德国	杜伊斯堡	11270	18.4
义乌	义乌西	阿拉山口境	西班牙	马德里	13398	19.7
义乌	义乌西	二连（境）	白俄罗斯	若季诺	9954	16.6
义乌	义乌西	二连（境）	俄罗斯	莫斯科	9309	15.2
义乌	义乌西	霍尔果斯境	德国	杜伊斯堡	11805	17.6
义乌	义乌西	霍尔果斯境	德国	汉堡	11454	17.6
义乌	义乌西	满洲里（境）	白俄罗斯	明斯克	10877	15.9
义乌	义乌西	满洲里（境）	俄罗斯	莫斯科	10175	14.6
郑州	圃田	阿拉山口境	波兰	西里西亚	9155	16.0
郑州	圃田	阿拉山口境	波兰	弗罗茨瓦夫	9439	16.0
郑州	圃田	阿拉山口境	波兰	马拉舍维奇	8947	15.2
郑州	圃田	二连（境）	波兰	马拉舍维奇	9469	14.5
郑州	圃田	霍尔果斯境	波兰	马拉舍维奇	9499	15.5
郑州	圃田	霍尔果斯境	俄罗斯	加里宁格勒	9293	15.9

注：以上信息来自 https://www.crexpress.cn/#/trainLine，访问时间为 2024 年 2 月 2 日。

自 2014 年 11 月首次启程以来，义新欧班列已成为全国运营方向最多、载重率最高、跨越国家最多、运输线路最长的运营线之一，开行规模与市场份额持续扩大：2020 年增速高达 165%，2021 年全年开行 1904 列、发运 15.7 万标箱，平均每周发行 30 余列，占全国的市场份额从 2019 年的 6.4%，到 2020 年的 8.5%，再到 2021 年的 12.5%，已跻身全国中欧班列第一梯队。义新欧班列的稳定开行充分发挥了"大动脉"作用，有力地保障了浙江省对共建"一带一路"国家的进出口贸易。

二、空间结构

从地理空间来看，根据出境口岸的位置划分，中欧班列已形成相当规模的西、中、东三条通道。西部通道由我国中西部地区经新疆阿拉山口或霍尔果斯出境，中部通道由我国华北地区经二连浩特出境，东部通道由我国东南部沿海地区经满洲里或绥芬河出境。2011—2020 年，中欧班列加速来回奔驰，从每年 17 列到每年 1 万余列，开行规模快速增长、运输覆盖范围不断扩大，尤其是 2020 年，在国际客运航线停飞、公路受阻、水运停滞等情况下，中欧班列成为中欧进出口贸易的主要运输通道，全年总计发行 12406 列，为确保全球物流通道畅通、促进沿线各国经贸往来、维护全球供应链稳定发挥了重要作用。然而，对其经济效益的量化和评估却明显落后于这一迅猛的发展现实。

中欧班列从无到有迅速发展，截至 2020 年底，中国国内开通中欧班列的城市达 67 个，可通达欧洲 22 个国家的 151 个城市。从中国国内始发城市的地理分布来看，内部口岸城市（如乌鲁木齐、呼和浩特）的地缘优势在中欧班列的发展中得到了较好的体现。自 2020 年 10 月 11 日中国实施新的铁路列车运行图后，中欧班列运行线达到 73 条。作为国际陆路运输的新型组织方式，中欧班列随中欧投资贸易的不断扩大而产生，运输时间上较海运有明显优势，运价上较空运有明显优势，并且随着"一带一路"建设的不断推进而壮大，是目前我国与共建"一带一路"国家联系最重要的运输大通道。

从空间上看，目前中欧班列主要分为三大通道。[①] 第一，西部通道。从阿拉山口（霍尔果斯）出入境，经哈萨克斯坦、俄罗斯、白俄罗斯、波兰到达欧洲。第二，中部通道。主要吸引华北、华中地区与欧洲间的进出口货源，从二连口岸出入境，经蒙古国、俄罗斯、白俄罗斯、波兰到达欧洲。第三，东部通道。主要吸引华东和华南沿海、东北地区与欧洲间的进出口货源，从满洲

---

① 西通道主要吸引我国中西部地区与欧洲间的进出口货源，经陇海、兰新等铁路干线运输。中通道位于华北、华中、华南等地区，经京广、集二等铁路干线运输。东通道位于东北、华东、华中等地区，经京沪、哈大等铁路干线运输。

里口岸出入境,经俄罗斯、白俄罗斯、波兰到达欧洲。

第二节　理论分析

中欧班列作为国际物流运输大通道的跨境交通基础设施的典型,在我国加快构建新发展格局的大背景下发展地位愈发凸显,与之相关的成果也日益丰富。

第一,对沿线经贸合作的影响。张祥建等(2019)证实中欧班列的开通对我国内陆地区有显著的促进贸易增长的影响。龚勤林等(2019)则立足于区域发展,评价了长江经济带受中欧班列开通的出口贸易影响。Yang等(2020)着眼于渝新欧线的发展,发现中欧班列提升了重庆到欧洲的贸易运输便利性。方行明等(2020)基于中国2003—2016年286个地级市层面数据,采用双重差分法进行实证研究,发现中欧班列的开通显著提升了城市贸易开放度,且影响程度和班列开通数量呈正相关关系,这一关系在西部地区城市和大城市样本中尤为显著。周学仁等(2021)利用2004—2017年中国城市面板数据识别了中欧班列开通的贸易增长效应,结果显示相较于未开通中欧班列的城市,开通城市的出口和进口均显著增长,中欧班列的贸易促进效应主要是补贴激励作用的结果,并且促进效应在中西部地区城市及经济发展水平较低的城市更显著。中欧班列开通的结构效应传导机制如图9-3所示。

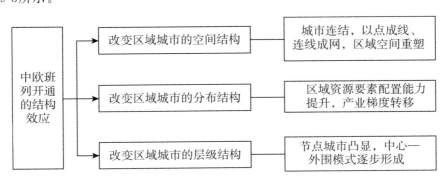

图9-3　中欧班列开通的结构效应传导机制

第二,对沿线产业结构的影响。例如,裴长洪和刘斌(2019)从中美贸易摩擦的角度进行探究,认为中欧班列可以解决中美贸易的市场同质化问题。Yang等(2020)发现,随着中欧班列发车间隔的缩短,向欧洲出口的高附加值产品大大增加。韦东明和顾乃华(2021)利用2008—2018年地级市面板数据进行实证考察,发现中欧班列开通对区域创新效率具有积极的影响效应,平均提升了9.81%,这一影响在中部和西部地区更为显著,且集中在大型城市、中型城市和非资源型城市。综合来看,交通基础设施的作用程度在不同城市或不同经济区域具有较明显的差异。中欧班列横跨亚欧大陆,其所连接的城市/国家/地区会直接受到中欧班列带来的时空压缩效应的影响,但由于沿线地区的经济发展、人均收入以及城市化水平都存在着较大的差异,可推知中欧班列在各地区的影响效应极有可能具有显著的异质性。

第三节　研究设计

结合已有相关研究的处理和本书的研究目的,构建模型如下:

$$\ln\text{Export}_{i,t} = \beta_0 + \beta_1 \text{After}_i * \text{Post}_t + \text{Control}_{i,t} + v_i + \delta_t + \varepsilon_{i,t} \qquad (9\text{-}1)$$

其中,i 表示出口东道国,t 表示时间。

第一,被解释变量。本书构建的模型的被解释变量是中国向 i 国的出口 $\ln\text{Export}_{i,t}$。数据来源于 2009—2019 年《中国统计年鉴》中的"我国同各国(地区)海关货物进出口总额"。出口货物按中华人民共和国关境外最终目的国(地区)统计。

第二,解释变量。解释变量为 After_i、Post_t 两个虚拟变量的交叉项,表示国家层面开通运行中欧班列的情况。虚拟变量 After_i 表示国家 i 是否属于在 2018 年 12 月底前开通了中欧班列的组别。开通中欧班列的国家/地区为处理组/实验组,After_i 取为 1;反之则为对照组/控制组国家/地区,After_i 取为 0。虚拟变量 Post_t 则用以表示外生冲击(这里指中欧班列的开通)发生的时间,其取决于不同国家/地区中欧班列的实际开通时间,以每年的年底为界限,这一年内已开通的为 1,反之则为 0。各国家/地区中欧班列实际开通时间数据由笔者根据中国"一带一路"网、中铁集装箱公司、中欧班列运输协调委员会、中国国家铁路集团有限公司等的公开资料整理得出。如果某国家/地区先后有两个以上的城市开通中欧班列(如德国的杜伊斯堡和汉堡),则以该国首次开通中欧班列的时间为准。[①]

第三,控制变量。为了使本书的计量检验结果更加稳健,本书结合既往相关文献,在模型中引入了其他控制变量,主要包括地区实际生产总值(唐宜红等,2019)、经平减处理后的财政收入(祝树金等,2019)、对外直接投资(蒋冠宏和蒋殿春,2014)和双边贸易协定(Baier et al.,2014;计飞和陈继勇,2018)。唐宜红等(2019)在利用地级市层面的数据识别中国高铁网络对企业出口贸易的影响时,控制的主要变量之一是城市的生产总值,另外,贸易领域经典的引力模型(林发勤,2016;冯帆和林发勤,2021)所暗含的"市场规模"也是将表示市场规模的生产总值作为主要控制变量纳入探究出口效应的模型的一个重要支撑。祝树金等(2019)考察了出口目的地的制度对中

---

① 例如,俄罗斯、白俄罗斯、波兰、德国、捷克在 2011 年开通,荷兰在 2012 年开通,法国、比利时、西班牙、意大利于 2014 年开通,英国在 2017 年开通,奥地利和土耳其在 2018 年开通。

国企业出口的影响,为更干净地识别其影响,模型纳入目的地国家/地区的收入水平变量,以控制收入水平可能造成的对市场的影响。蒋冠宏和蒋殿春(2014)系统探究了企业对外直接投资的出口效应,发现对外直接投资能显著促进出口。因此,纳入对外直接投资有利于排除对外直接投资促进出口的替代性解释,减少内生性问题,提升结论的可信度。贸易政策作为与贸易成本密切相关的因素,长期以来都是贸易研究中的重要课题之一。Baier等(2014)、计飞和陈继勇(2018)均验证发现,贸易协定的签订能显著提升双边外贸水平,据此本书将双边贸易协定也作为一个重要的控制变量纳入模型。国家的经济数据信息主要来自中国的国别报告网、国家统计局、国际货币基金组织(International Monetary Fund,简称 IMF)、世界银行等。根据各项数据的可得性,最终确定样本对象为 28 个国家,样本区间为 2009—2019 年。

此外,为避免实证过程中因遗漏重要解释变量而对识别效果产生影响,实证模型中还对国家固定效应和时间固定效应进行了控制。v_i 表示国家固定效应,反映国家特征;δ_t 表示时间固定效应,控制时间维度可能对结果产生影响的冲击;$\varepsilon_{i,t}$ 为随个体与时间的改变而改变的扰动项。

本书实证分析中所涉及的主要变量的描述性统计如表 9-5 所示。

表 9-5　主要变量的描述性统计

变量	变量含义	计算方法	观测值	均值	标准差	最大值	最小值
lnExport	中国对某国的出口贸易量	中国对某国的出口贸易量取对数	308	13.157	1.554	15.892	8.598
After	截至 2018 年底是否开通中欧班列	虚拟变量(0-1)	308	0.393	0.489	1.000	0
Post	中欧班列开通的政策冲击时间	虚拟变量(0-1)	308	0.220	0.415	1.000	0
GDP	国家/地区实际生产总值	国家/地区名义 GDP/GDP 平减指数,取对数	308	13.330	13.904	4.952	15.567
FDI	对某国家/地区的对外直接投资	对某国家/地区的对外直接投资/GDP 平减指数,取对数	308	15.021	16.055	17.713	8.648

续　表

变量	变量含义	计算方法	观测值	均值	标准差	最大值	最小值
FIN	国家/地区财政收入	国家/地区财政收入/GDP平减指数,取对数	308	11.252	11.864	13.617	5.866
FTA	是否签订双边贸易协定	虚拟变量(0-1)	308	0.189	0.365	1.000	0

第四节　实证结果与分析

一、基准回归

基于模型式(9-1),采用双重差分法识别中欧班列开通对出口贸易的影响。表 9-6 为中欧班列开通对中国向沿线国家出口贸易影响的回归结果。如前文所述,在实证回归过程中,对国家固定效应和时间固定效应均进行了控制,以排除国家层面随时间变化的经济特征对识别的影响,并逐步加入四个主要控制变量,观察核心解释变量的回归系数变化。

表 9-6　中欧班列影响出口贸易的基准回归结果

变量	(1)	(2)	(3)	(4)	(5)
After *Post	0.127*** (15.111)	0.127*** (15.019)	0.125*** (14.796)	0.124*** (14.854)	0.123*** (14.763)
GDP		0.0475*** (6.830)	0.0729*** (4.286)	0.0594*** (4.660)	0.0725*** (4.365)
FIN			0.0974* (1.892)	0.0971* (1.896)	0.0204* (1.850)
FDI				1.372*** (11.110)	1.224*** (10.209)
FTA					0.0327*** (2.810)
_cons	13.10*** (20.260)	13.02*** (20.260)	12.99*** (5.252)	12.04*** (6.184)	12.97*** (6.120)
国家固定效应	是	是	是	是	是
时间固定效应	是	是	是	是	是
观测值	308	308	308	308	308
R^2	0.974	0.974	0.974	0.974	0.975
F 值	25.75	13.74	10.76	8.29	10.13

注:括号里面是稳健聚类的 t 值。* 表示 $p<0.1$,** 表示 $p<0.05$,*** 表示 $p<0.01$。

表 9-6 的第(1)—(5)列分别是逐步加入控制变量出口国家/地区实际GDP、出口国家/地区财政收入 FIN、对出口国家/地区的对外直接投资 FDI和双边贸易协定 FTA 的回归结果。结果显示,随着控制变量的不断增加,核心解释变量中欧班列($\text{After}_i * \text{Post}_t$)的系数始终为正,且具有统计学上的显著性(在 1% 的显著性水平下显著),这意味着在控制了出口国家/地区的实际生产总值 GDP、财政收入 FIN 和对出口国家/地区的对外直接投资FDI 的条件下,中欧班列对出口贸易产生的影响是显著的,也即中欧班列具有显著的出口促进效应。第(5)列是最终回归结果,从中可知解释变量的回归系数为 0.123,这意味着当其他条件不变时,相比于未开通中欧班列的国家,开通中欧班列的国家的出口提高了 13.1%。[①] 本书的研究结论与既往研究是一致的,即中欧班列的开通能较好地促进我国与沿线国家间的经贸联系,这种促进效应不仅体现在国内城市层面,也体现在国家层面。

综上可知,在控制了国家固定效应、时间固定效应以及目的地国家主要经济变量的情况下,模型核心解释变量的估计结果始终显著为正,初步揭示了中欧班列开通对中国向目的地国家/地区出口贸易的促进作用。接下来,笔者将基于稳健性检验等方式对此结论做进一步验证。

二、平行趋势检验

进行差分估计的重要前提假设是开通中欧班列的国家和未开通中欧班列的国家出口的平行趋势。为了验证平行趋势,我们参考 Xu(2017)的做法,在式(9-1)的基础上加入了中欧班列开通的前项和滞后项虚拟变量,得到:

$$\ln\text{Export}_{i,t} = \sum_{m=1}^{3} \lambda_m \text{First}_{i,t-m} + \sum_{n=0}^{3} \lambda_n \text{First}_{i,t+n} + \lambda_2 Z_{i,t} + \lambda_3 \Omega_t + \delta_i + \varepsilon_{i,t} \tag{9-3}$$

其中,$\text{First}_{i,t}$ 为虚拟变量,若 i 国在第 t 年首次开通了中欧班列,则取1,反之则取 0;$\text{First}_{i,t-m}$ 表示的是开通中欧班列的第 m 期前项,$\text{First}_{i,t+n}$ 表示的是第 n 期滞后项。其中,纳入前项变量是为了考察开通中欧班列前的效应,以验证平行假设,纳入滞后项是用于识别开通后的影响。前项变量在一定程度上也可以理解为一种安慰剂检验,即实际的冲击并没有发生,而是一种假设、假想的冲击。

---

① 由于被解释变量为处理组和控制组出口的双重差分,本书中回归系数的反对数 e^{λ_1} 的经济含义是,在其他条件不变时,中欧班列开通带来处理组相对于控制组出口增加的倍数。相应地,$e^{\lambda_1}-1$ 反映了中欧班列开通带来的处理组出口的变化情况。

结果显示前项(即 $t-3,t-2,t-1$)的系数与零相比无显著差异,支持平行趋势假设,这意味着没有预先的相关性。出口随着中欧班列的开通而不断增加,这与基准回归结果相一致——中欧班列的开通正向影响了中国对该目的地国家/地区的出口。滞后项(即 $t+1,t+2,t+3$)的系数不断远离零基准线,说明中欧班列开通后对出口的促进效应随时间的推移日渐显著。

三、稳健性检验

为检验结果的稳健性,这里分别采用更换被解释变量的指标和滞后项来进行检验。

第一,使用替代性指标。表 9-7 呈现的是用中国与样本国家的进口额(lnImport)替换原被解释变量中国同样本国家的出口额(lnExport)的回归结果,核心解释变量中欧班列的开通 After *Post 的系数始终为正且具有统计学上的显著性,这与基准回归结果基本保持一致。

表 9-7　稳健性检验 I

变量	(1)	(2)	(3)	(4)	(5)
After *Post	0.078*** (17.70)	0.053** (2.02)	0.052*** (3.51)	0.049*** (4.17)	0.049*** (3.17)
GDP		0.445 (0.75)	0.458 (0.63)	0.448 (0.33)	0.436 (0.10)
FIN			0.074*** (2.95)	0.022* (1.72)	0.022 (1.65)
FDI				0.363** (2.18)	0.356*** (2.93)
FTA					0.439 (1.69)
国家固定效应	是	是	是	是	是
时间固定效应	是	是	是	是	是
观测值	308	308	308	308	308
R^2	0.968	0.968	0.969	0.969	0.967
F 值	14.48	7.84	6.93	6.38	6.30

注:括号里面是稳健聚类的 t 值。* 表示 $p<0.1$,** 表示 $p<0.05$,*** 表示 $p<0.01$。

第二,滞后项。采用滞后项可以在一定程度上排除当期的影响,减少内生性问题。将主要解释变量进行滞后一期处理后的回归结果如表 9-8 所示,亦与基准回归的结果一致,即中欧班列的开通对出口有显著的促进效应。

表 9-8　稳健性检验Ⅱ

变量	(1) lnExport 滞后一期	(2) lnExport 滞后一期	(3) lnExport 滞后一期	(4) lnExport 滞后一期	(5) lnExport 滞后一期
After *Post	0.083***	0.077***	0.059***	0.053**	0.049**
	(3.82)	(3.74)	(3.51)	(3.18)	(3.17)
GDP		2.878***	2.853***	2.521***	2.436***
		(7.78)	(8.01)	(7.04)	(8.12)
FIN			0.009*	0.009*	0.009*
			(1.65)	(1.65)	(1.65)
FDI				0.621**	0.469***
				(2.47)	(207.94)
FTA					0.222*
					(130.31)
国家固定效应	是	是	是	是	是
时间固定效应	是	是	是	是	是
观测值	308	308	308	308	308
R^2	0.956	0.956	0.954	0.953	0.955
F 值	14.48	7.84	6.93	6.38	6.30

注:括号里面是稳健聚类的 t 值。* 表示 $p<0.1$，** 表示 $p<0.05$，*** 表示 $p<0.01$。

第十章 结语与启示

改革开放以来,中国经历了举世瞩目的外贸增长和交通基础设施的迅猛发展阶段,随着改革开放进入新时代,经济发展对国内市场提出了更高的要求,国内交通基础设施网络的经济价值也受到了各界广泛的关注。在"加快构建以国内大循环为主体、国内国际双循环相互促进的新发展格局"的重要现实发展背景下,本书紧密围绕高铁对经济发展的影响和价值展开系统的科学论证,旨在为相关规划和决策提供学理支撑。

前文以定性和定量、理论和实证等多种方式较为全面与深刻地揭示了中国高铁网络的经济效应。本章旨在汇总前文所得结论,并在此基础上就高铁网络与新发展格局、高铁网络与区域外贸发展、高铁网络与地区资源配置以及高铁网络与区域创新等方面提供政策启示。

第一节 主要结论

第一,从空间上看,中国高铁的演化模式在全国层面呈现出了网络模式,在区域层面呈现出了通道模式,在一些城市群内则呈现出了混合模式。由于中国多数城市具有人口密度较大、交通压力较大、城镇征地拆迁和城市发展阶段较为初期等特征,中国的高铁站选址基本上位于距离城市中心4—12公里的区间范围内,尤其在特大城市,由于其人口、环境、交通、地价等方面的压力过大,新建的高铁站点往往不在城市中心,且与城市中心相距甚远。

第二,基于中国2006—2016年313个地级市数据对要素错配水平进行了测算,使用双重差分法得出高铁开通显著改善了地级市的劳动要素错配情况和资本要素错配情况,使用不同估计方法进行回归后结论依然显著。从分区域回归来看,东部地区高铁开通对要素错配的改善效应显著,而中西部地区高铁开通对要素错配的改善效应不显著。剔除省会城市样本后,研究发现非省会城市高铁开通也显著改善了地区要素错配情况。

第三,基于中国1999—2017年313个地级市的面板数据,将是否开通高铁作为一个虚拟变量(开通取1,不开通取0),考察了其对地区出口的影响。在控制了时间固定效应以后,研究发现高铁对于外围城市出口有显著的负向影响。稳健性检验在增加了一些控制变量改变估计方法（采用工具变量、调整样本时间）后依然没有改变原结论。机制探究结果显示，高铁开通引致贸易成本的降低和连入高铁网络带来生产要素的空间重组是其出口效应发挥作用的两个重要机制。

第四，通过匹配 1999—2016 年交通基础设施数据和全国 313 个地级市的经济数据，实证结果显示：一是中国地级市劳动生产率存在明显的 β 绝对收敛、俱乐部收敛和 β 条件收敛，三种类型的收敛速度依次递增。东部地区相对于非东部地区而言收敛速度更快，第二产业比第一产业、第三产业的收敛速度更快。二是交通基础设施显著地促进了城市经济的收敛。具体来说，高速铁路加快了东部地区的收敛速度，但是高速铁路、高速公路和普通铁路均加快了中西部地区的收敛速度。三是作用机制分析发现，高速公路和普通铁路通过加快第二产业收敛提高了收敛速度，高速铁路和普通铁路通过提高城市化率加快了收敛速度。

第五，以中心—外围模型分析了高铁开通对企业创新影响的机理，通过将 1999—2013 年中国城市经济发展数据、专利申请数与地级市高铁通车情况进行匹配，用双重差分模型定量检验了高铁开通对企业创新的影响。实证结果显示：一是高铁开通有利于中国"创新中心"的建立。较高的票价使得高铁主要影响的是更关注时间成本的中产阶级或商务人士的出行，他们具备更好的知识储备，因此高铁带来的人力资本集聚可能导致创新集聚。二是高铁开通会负向影响外围城市创新，对企业区位选择有着重要的参考意义。尽管外围城市的商务成本较低，但高铁开通削弱了外围城市企业的创新能力。

第六，通过合并整理 1999—2011 年中国高铁网络、城市和微观企业等层面的数据，参考 Donaldson 和 Hornbeck（2016）测算美国铁路网引致的市场准入的思路，测算了高铁引致的市场准入，以探究中国高铁引致的市场准入提高对企业生产率的影响。我们的研究发现：一是高铁引致的市场准入提高负向影响了企业生产率，边际大小为 6.03%。相比于既往的研究用是否开通高铁的 0-1 虚拟变量来识别相对影响，本书引入的市场准入可以得到对企业生产率的加总效应。二是借鉴 Faber（2014）关于高速公路工具变量的选用逻辑，本书为高铁构建了基于地理信息的最小生成树工具变量，以减少高铁建设过程中的内生性问题，回归结果与基准回归结论基本一致。

第七，基于 2009—2019 年中国与欧洲 28 个国家/地区的面板数据，运用双重差分法分析了中欧班列的开通对中国向欧洲国家出口贸易的影响。实证结果表明，中欧班列的开通对中国向这些国家的出口贸易有显著的正向影响,边际效应约为 13.1%,这意味着在其他条件不变时,相比未开通中欧班列的国家,在开通中欧班列国家的出口提高了 13.1%。稳健性检验和平行趋势分析进一步验证了结论的稳健性。

第二节　政策启示

基于世界各地的高铁发展规律,从经济效益角度来讲,高铁更适合建于经济发展程度高、人口密集的城市,但高铁作为公共服务的重要组成部分,还应该考虑社会效益,使更多的人受益。对于未来我国高铁的发展,如何降低票价,覆盖更多的中等收入或低收入人群,提高高铁的利用效率,如何缩短乘客从一个城市到另一个城市的通勤时间,以及实现高效、便捷的换乘都是其面临的重大挑战。

高速铁路使得区域内的要素能够更高效地流动,有效地推动以第三产业为主的服务业形成规模经济效应和范围经济效应,促进区域内产业高端化,影响城镇化水平。高速铁路对沿线区域和城市的高服务性主要是相对于普通铁路和公路而言的。高速铁路所具备的高速度、高频次、高定员以及公交化的运输方式使得沿线区域内要素的流通效率大大提高,成倍放大了中心城市的空间辐射力和空间影响力。结合高速铁路的高生态性、高融合性、高通达性与强网络性,整个沿线区域内快速形成以区域中心城市为核心的服务业高点和高速铁路服务业隆起带。一方面,高速铁路的高服务效应通过高通达性、高融合性和强网络性导致的产业开发效应、产业集聚效应和产业结构优化效应传播,致使中心城市及其沿线其他城市相对于非沿线城市处于有利地位,进而使其金融、信息、物流等高端生产性服务围绕制造业快速积聚,规模快速扩张,城市间的产业相互协调、相互服务的功能不断增强。另一方面,高速铁路大大提高了区域内和区域间的时间可达性,大幅提升了中心城市与沿线区域其他城市间的生产要素和信息交流效率以及服务影响力,尤其是科学技术、管理知识、金融与信息的影响力。

高铁的开通与运营不仅促进了地区经济的发展,还推动了区域经济结构调整和区域间的协调发展,是我国发展总体战略的重要环节。高铁的开通直接提高了沿线城市的可达性,使区域外的生产要素能够更便捷地进入本地,同时还有利于本地生产要素突破本地市场界限,直接参与全国乃至世界其他区域的资源和要素交流,扩大了市场的范围。高速铁路极大地改变了居民的生活方式,有利于我国城市化和农村剩余劳动力的转移,推动沿线地区城市化发展,促进民族地区之间的融合,对社会稳定和全面建成社会主义现代化强国具有重要意义。

中国地区间"以邻为壑"的地方保护主义导致的市场分割使得许多地方的对外贸易成本低于国内贸易成本，这种困境不利于构建以国内大循环为主体、国内国际双循环相互促进的新发展格局。改革开放以来，有计划、有效率、不断精进技术水平的交通基础设施建设不仅对经济增长产生了显著的促进作用，对地区间的协调和均衡发展也具有深远意义。中国实现共同富裕的关键就在于经济落后地区不断缩小与发达地区的差距。现代交通基础设施的建设和完善极大地压缩了两地间的时空距离，便利了往来交通，为联动发展奠定了坚实的基础。因此，要充分运用国内包括高铁等日益成熟的交通基础设施网络，将高铁网络置于经济协调发展和新发展格局的构建中，以更好地探索国内区域联动对外开放机制。基于本书的梳理与考察，笔者提出如下建议。

第一，不断提升高铁运输性价比，进一步优化高铁对以人员为核心的生产要素空间流动的促进作用。高铁开通有效改善了要素错配情况，得益于高铁安全、便捷的特征，人们愿意选择高铁作为出行工具，高铁建设也扩大了人员跨区域流动规模并提高了其频率。在未来，我国需要进一步加快高铁建设，完善高铁网络，为人员的跨区域流动提供便利条件。此外，还需要降低高铁票价、进一步完善差别定价，降低人员跨区域流动的迁徙成本，选择乘坐高铁的人员大多为价格需求弹性较低而时间成本弹性较高的人员，因此应进一步降低高铁票价格，让高铁吸引更多价格需求弹性高的人员，这样能够进一步增加高铁的运输效率、减少人员流动耗费的时间。高铁开通城市要建立并完善外来人员参加社保、落户的渠道，打破原有的户籍壁垒，吸引优质资源长期为本地经济发展贡献力量。

第二，以高铁为契机加快城市群建设，推进区域经济一体化。从全国层面来看，截至目前，相较于东部沿海地区，中西部地区高铁建设较为稀疏，因此要加快完善中西部地区高铁建设，促进区域均衡发展，防止东部地区的虹吸效应对中西部地区的负面影响。超级城市圈的形成需要有以超大城市为依托的城市群载体，以及快速、大容量的交通设施纽带，同时还需要在交通"走廊"布局大量中小城市以支撑大城市的发展。借助"八纵八横"的高铁网络，未来从北京到东部、中部地区各省会城市只需八小时左右，从而连接我国主要的城市群区域。高铁作为一种新生力量，正在重塑中心城市和辐射城市之间的关系，尤其是对大城市周边的中小城市影响最大，将极大地改变我国的国土空间开发结构。未来京津冀城市群与长三角城市群将率先发展成我国的超级都市群。我国西部地区的省份后发优势明显，区域内大城市的辐射能力较强，高铁的建设将加快推动西部地区的资源优势向经济优势转变,兰新高铁及成渝高铁的开通将形成以西安、昆明、重庆、成都、兰州、乌鲁木齐为核心的西部高铁网络,这将进一步拉近与东部、中部地区城市之间的时空距离,从而加强东中西部地区之间的联系。高铁开通使大量相邻城市的到达时间缩短至一小时以内,这为人员在相邻城市之间当天往返提供了便利条件,核心城市要发挥高铁建设的辐射作用,促进流动人员的跨城工作与生活,进一步优化资源配置。

第三,充分考虑高铁经济效应的地域异质性,因地制宜地完善配套基础设施。交通基础设施的建设和发展能够减少贸易壁垒和交易成本,促进劳动力、信息和资本等生产要素的自由流动,加强发达地区和欠发达地区之间的联系,提升资源配置效率和市场一体化水平,因此一直以来都是促进区域经济发展、缩小地区差距的重要手段。在制定高铁投资建设和对外贸易政策时,需要重点考虑不同地区之间的空间因素。实证结果表明,交通基础设施对中国的进出口贸易均有显著影响,且一个区域的进出口贸易容易受到周边地区交通基础设施的影响。加强地区与地区之间的地理空间联系,发挥交通基础设施,尤其是高铁对区域之间的正向溢出效应,实现资源在空间上有效、合理的分布是当前必须解决的问题。

第四,提高高铁站选址的科学性,从多个角度全面、深入地进行考量。创新作为引领经济增长的第一动力,是经济健康发展的重要引擎。经济集聚能够通过专业化劳动力的供给与需求、相关产业的投入产出关联、加快知识和技术的流动等途径产生正的外部性,从而驱动地区经济增长。对于不同城市而言,其本身在基础设施建设和经济发达程度等方面存在的明显区别会导致其创新水平和经济集聚程度出现显著差异。这种差异会影响高铁发展水平对要素流动的促进作用,从而影响资源配置效率。高铁开通显著增强了中心城市企业的创新能力,同时抑制了外围城市企业的创新能力,拉大了贫富差距。城市自身对要素的吸引力决定着高铁到底是小城市人才的"出口"还是知识溢出的"引擎"。综上可知,充分发挥当地资源禀赋优势、评估高铁修建的获益与风险,以及多方面考量高铁站的选址对于高铁规划建设来说是十分重要的。

第五,把握"一带一路"建设发展机遇,加快中欧班列的常态化、规模化、规范化发展,提升高铁网络对新发展格局构建的促进作用。"一带一路"倡议作为新时代我国实施全方位对外开放的重大举措,是推动国际合作实现互利共赢的重要平台,而基础设施建设在"一带一路"的建设中发挥着先导作用。借助"一带一路"建设发展机遇,我国中西部地区的高铁建设将进入"快车道",从而引发不同文明间的碰撞、多民族的融合及经济合作、文化和情感交流，并催生新的增长点，高铁将带来我国开放型经济和区域经济发展的新变化。面对复杂的国际形势和逆全球化浪潮，与欧亚国家间的经贸合作是我国稳住外贸基本盘的重要抓手。为促进共建"一带一路"国家贸易畅通、互利共赢，中欧班列的推进建设既是必要的也是重要的。政策制定部门应重视顶层设计和组织协调工作，把握"一带一路"建设发展机遇，科学谋划中欧班列的定位与功能，通过完善班列运输的相关规则，助推中欧班列运营向常态化、规模化和规范化迈进，不断提升其运行效率。国内"八纵八横"高铁网络日趋成熟，中欧班列亦在不断地向境外延伸拓展，从某种角度来说，中欧班列具有协调配置国内外市场和资源的优势。新发展格局为改革开放指引了新的发展方向，中欧班列应找准定位，将自身发展与新发展格局动态需求相匹配。中欧班列应当依托于国内日益成熟的现代综合交通运输网络及巨大的市场规模，充分发挥跨境运输的能动性，科学安排去程和返程的运能，担负起将国内产品输送到各个国家（去程，出口促进效应）及释放国内市场潜能（返程）的使命。

第三节　研究展望

本研究借鉴 Donaldson 和 Hornbeck（2016）以及 Hornbeck 和 Rotemberg（2019）从生产率与资源配置效率两个维度进行交通基础设施经济效应机制的考察探究，而这两个维度的考量较好地契合了经济高质量发展的内涵，因而本书关于高铁对经济高质量发展的机制分析也是从这两个维度进行模型化进而呈现理论框架，并基于推导提炼可供实证检验的理论假说。在理论分析的基础之上，分国内大循环和国际大循环两个维度进行考察。当然，本研究依然存在一些不足和有待进一步完善的地方，以下是值得进行深入研究的若干方向。

第一，考虑到篇幅的限制以及数据的可得性与可处理性，本书结合贸易理论的前沿文献和中国的实际情况，只考虑了普通铁路和传统公路、高速公路和高铁等城市间的道路交通基础设施，然而现代交通网络还包括民航、水运、管道运输以及城市内的轨道交通等，如果能进一步完善交通网络的相关资料和数据，将能更为全面地对其进行评估。

第二，本书在考虑高铁的经济效应时，囿于数据的可得性，主要考察的是地区层面的数据，未能在更微观的层面以及采用更多样、丰富的指标做进一步考察。因此，若能将海关数据与工业企业数据库进行匹配，进一步深入分析高铁网络在微观层面的影响，预计将能够得到更为丰富的研究结论。

第三，受限于研究方法，本书仅能识别出高铁网络经济效应的空间重组效应,但难以将其增长效应从中剥离出来。高铁网络发展产生的经济效应之所以会在不同城市之间呈现出差异化的影响,是因为其中的空间重组效应在发挥作用。在影响方向上,增长效应对所有城市来说都是正向的(如本研究所关注的是城市高铁,即出口的增长),而重组效应则可正可负。若能利用结构方程方法来改进识别方式,预计将得到更为全面的评估结果,但同时这也对样本数据提出了更高的要求,尤其是在各套数据之间的匹配方面,这也是需要进一步处理的问题。

参考文献

[1] Acemoglu D, Moscona J, Robinson J A. State capacity and American technology: Evidence from the nineteenth century[J]. American Economic Review, 2016(5): 61-67.

[2] Acs Z J, Anselin L, Varga A. Patents and innovation counts as measures of regional production of new knowledge[J]. Research Policy, 2002(7): 1069-1085.

[3] Ahlfeldt G M, Feddersen A. From periphery to core: Measuring agglomeration effects using high-speed rail[J]. Journal of Economic Geography, 2018(2): 355-390.

[4] Alder S, Kondo I. Political distortions and infrastructure networks in China: A quantitative spatial equilibrium analysis[R]. Working Paper from University of North Carolina-Chapel-Hill, 2018.

[5] Allen T, Arkolakis C. The welfare effects of transportation infrastructure improvements[R]. Working Papers from Yale University, 2016.

[6] Amiti M, Konings J. Trade liberalization, intermediate inputs, and productivity: Evidence from Indonesia[J]. American Economic Review, 2007(5): 1611-1638.

[7] Aoki S. A simple accounting framework for the effect of resource misallocation on aggregate productivity[J]. Journal of the Japanese and International Economies, 2012(4): 473-494.

[8] Aschauer D A. Highway capacity and economic growth[J]. Economic Perspectives, 1990(5): 4-24.

[9] Atkeson A, Burstein A. Pricing-to-market, trade costs, and international relative prices[J]. American Economic Review, 2008(5): 1998-2031.

[10] Bai C E, Qian Y. Infrastructure development in China: The cases of electricity, highways, and railways[J]. Journal of Comparative Economics, 2010(1): 34-51.

[11] Baier S L, Bergstrand J H. The growth of world trade: Tariffs,

transport costs, and income similarity[J]. Journal of International Economics, 2001(1): 1-27.

[12] Baier S L, Bergstrand J H, Feng M. Economic integration agreements and the margins of international trade[J]. Journal of International Economics, 2014(2): 339-350.

[13] Balassa B A. The theory of economic integration[M]. London: Allen & Unwin, 1961.

[14] Baldwin R E, Okubo T. Heterogeneous firms, agglomeration and economic geography: Spatial selection and sorting[J]. Journal of Economic Geography, 2006(3): 323-346.

[15] Baldwin R, Forslid R, Martin P, et al. Economic geography and public policy[M]. Princeton: Princeton University Press, 2003.

[16] Banerjee A V, Moll B. Why does misallocation persist? [J]. American Economic Journal: Macroeconomics, 2010(1): 189-206.

[17] Banerjee A, Duflo E, Qian N. On the road: Access to transportation infrastructure and economic growth in China [J]. Journal of Development Economics, 2020(4): 102442.

[18] Baniya S, Rocha N, Ruta M. Trade effects of the new silk road: A gravity analysis [J]. Journal of Development Economics, 2020 (5): 102467.

[19] Barney J. Firm resource and sustained competitive advantage[J]. Journal of Management, 1991(1): 99-120.

[20] Barseghyan L, Dicecio R. Entry costs, misallocation, and cross-country income and TFP differences [R]. Working Papers from Federal Reserve Bank of St. Louis, 2009.

[21] Bartelsman E, Haltiwanger J, Scarpetta S. Cross-country differences in productivity: The role of allocation and selection [J]. American Economic Review, 2013(1): 305-334.

[22] Baum-Snow N, Brandt L, Henderson J V, et al. Roads, railroads and decentralization of Chinese cities[J]. Review of Economics and Statistics, 2017(3): 435-448.

[23] Baum-Snow N. Did highways cause suburbanization?[J]. Quarterly Journal of Economics, 2007(2): 775-805.

[24] Behrens C, Pels E. Intermodal competition in the London-Paris passenger

market: High-speed rail and air transport[J]. Journal of Urban Economics, 2012(3): 278-288.

[25] Berger T, Enflo K. Locomotives of local growth: The short-and long-term impact of railroads in Sweden[J]. Journal of Urban Economics, 2017(2): 124-138.

[26] Bernard A B, Eaton J, Jensen J B, et al. Plants and productivity in international trade [J]. American Economic Review, 2003(4): 1268-1290.

[27] Bernard A B, Moxnes A, Saito Y U. Production networks, geography and firm performance[J]. Journal of Political Economy, 2019(2): 639-688.

[28] Bernard A B, Redding S J, Schott P K. Comparative advantage and heterogeneous firms[J]. The Review of Economic Studies, 2007(1): 31-66.

[29] Bertrand M, Mullainathan S, Shafir E. A behavioral-economics view of poverty[J]. American Economic Review, 2004(2): 419-423.

[30] Bhagwati J, Ramaswami V K. Domestic distortions, tariffs and the theory of optimum subsidy[J]. Journal of Political Economy, 1963 (1): 44-50.

[31] Bichou K, Gray R. A critical review of conventional terminology for classifying seaports[J]. Transportation Research Part A: Policy and Practice, 2005(1): 75-92.

[32] Blum U, Haynes K, Karlsson C. Introduction to the special issue: The regional and urban effects of high-speed trains[J]. The Annals of Regional Science, 1997(1): 1-20.

[33] Blundell R, Costa Dias M. Evaluation methods for non-experimental data[J]. Fiscal Studies, 2000(4): 427-468.

[34] Boarnet M G. Spillovers and the locational effects of public infrastructure [J]. Journal of Regional Science, 1998(3): 381-400.

[35] Bosker M, Deichmann U, Robert M. Hukou and highways: The impact of China's spatial development policies on urbanization and regional inequality[J]. Regional Science and Urban Economics, 2018 (4): 91-109.

[36] Bradsher K. Speedy trains transform China[R]. New York Times, 2013.

[37] Brandt L, Tombe T, Zhu X. Factor market distortions across time, space and sectors in China[J]. Review of Economic Dynamics, 2013 (1): 39-58.

[38] Brinkman J C. Congestion, agglomeration, and the structure of cities[J]. Journal of Urban Economics, 2016(4): 13-31.

[39] Brueckner K J. Fiscal decentralization with distortionary taxation: Tiebout vs. tax competition [J]. International Tax and Public Finance, 2004(2):133-153.

[40] Bryan G, Morten M. Economic development and the spatial allocation of labor: Evidence from Indonesia[R]. London School of Economics and Stanford University, 2015.

[41] Buera F J, Kaboski J P, Shin Y. Finance and development: A Tale of two sectors [J]. American Economic Review, 2011 (5): 1964-2002.

[42] Cai F, Wang D, Du Y. Regional disparity and economic growth in China: The impact of labor market distortions[J]. China Economic Review, 2002(2-3): 197-212.

[43] Cailing Z. High-speed rail opening, knowledge spillover and regional technological innovation[J]. Journal of Innovation and Social Science Research, 2020(3): 17-31.

[44] Caliendo M, Künn S, Mahlstedt R. The return to labor market mobility: An evaluation of relocation assistance for the unemployed [J]. Journal of Public Economics, 2017(1): 136-151.

[45] Cantos P, Gumbau-Albert M, Maudos J. Transport infrastructures, spillover effects and regional growth: Evidence of the Spanish case [J]. Transport Reviews, 2005(1): 25-50.

[46] Cascetta E, Papola A, Pagloara F, et al. Analysis of mobility impacts of the high speed rome-naples rail link using within-day dynamic model service choice models[J]. Journal of Transport Geography, 2011 (4): 635-643.

[47] Cass D. Optimum growth in an aggregative model of capital accumulation [J]. The Review of Economic Studies, 1965(3): 233-240.

[48] Chandra A, Thompson E. Does public infrastructure affect economic activity?: Evidence from the rural interstate highway system [J].

Regional Science and Urban Economics，2000（4）：457-490.

[49] Charnoz P，Lelarge C，Trevien C. Communication costs and the internal organization of multi-plant businesses：Evidence from the impact of the french high-speed rail[J]. The Economic Journal，2018 （610）：949-994.

[50] Chen A，Groenewold N. Reducing regional disparities in China：An evaluation of alternative policies [J]. Journal of Comparative Economics，2010（2）：189-198.

[51] Chen B，Liu D，Lu M. City size，migration and urban inequality in China[J]. China Economic Review，2018（5）：42-58.

[52] Chen M X，Lin C. Geographic connectivity and cross-border investment：The belts，roads and skies[J]. Journal of Development Economics，2020（5）：102469.

[53] Chen Y，Wei L. Railroad development，temporal-spatial externalities，and growth spillover：Theory and empirical evidence[J]. Journal of Regional Science，2018（5）：980-1002.

[54] Chen Z，Haynes K E. Impact of high-speed rail on regional economic disparity in China[J]. Journal of Transport Geography，2017（8）：80-91.

[55] Cirera X，Jaef R F，Gonne N. High-growth firms and misallocation in low-income countries：Evidence from Côte d'Ivoire[J]. World Bank，Washington，D. C. ，2017（1）：1-34.

[56] Clark X，Dollar D，Micco A. Port efficiency，maritime transport costs，and bilateral trade[J]. Journal of Development Economics，2004（2）：417-450.

[57] Cohen J P，Paul C J M. Public infrastructure investment，interstate spatial spillovers，and manufacturing costs[J]. Review of Economics and Statistics，2004（2）：551-560.

[58] Combes P P，Lafourcade M. Transport costs，geography and regional inequalities[M]. Boston：Boston University，Institute for Economic Development，2002.

[59] Coşar A K，Demir B. Domestic road infrastructure and international trade：Evidence from Turkey [J]. Journal of Development Economics，2016（1）：232-244.

[60] Costinot A, Donaldson D, Komunjer I. What goods do countries trade? A quantitative exploration of Ricardo's ideas[J]. Review of Economic Studies, 2012(2): 581-608.

[61] Coto-Millán P, Inglada V, Rey B. Effects of network economies in high-speed rail: The Spanish case[J]. The Annals of Regional Science, 2007(4): 911-925.

[62] Cristea A D. Buyer-seller relationships in international trade: Evidence from U.S. States' exports and business-class travel[J]. Journal of International Economics, 2011(2):207-220.

[63] De Loecker J. Do exports generate higher productivity? Evidence from Slovenia[J]. Journal of International Economics, 2007(1): 69-98.

[64] De Soyres F, Mulabdic A, Murray S, et al. How the belt and road initiative could reduce trade costs[R]. Policy Research Working Paper Series, 2018.

[65] Dekle R, Eaton J, Kortum S. Unbalanced trade[J]. American Economic Review, 2007(2): 351-355.

[66] Démurger S. Infrastructure development and economic growth: An explanation for regional disparities in China?[J]. Journal of Comparative Economics, 2001(1): 95-117.

[67] Deng P, Lu S, Xiao H. Evaluation of the relevance measure between ports and regional economy using structural equation modeling[J]. Transport Policy, 2013(27):123-133.

[68] Diao M. Does growth follow the rail? The potential impact of high-speed rail on the economic geography of China[J]. Transportation Research Part A: Policy and Practice, 2018(7): 279-290.

[69] Dollar D, Wei S J. Das (wasted) kapital: Firm ownership and investment efficiency in China[R]. NBER Working Paper, 2007.

[70] Donaldson D, Hornbeck R. Railroads and American economic growth: A "market access" approach[J]. The Quarterly Journal of Economics, 2016(2): 799-858.

[71] Donaldson D. Railroads of the Raj: Estimating the impact of transportation infrastructure[J]. America Ecomonic Review, 2018 (4-5): 899-934.

[72] Donaldson D. The gains from market integration[J]. Annual Review of Economics, 2015(1): 619-647.

[73] Dong X, Zheng S, Kahn M. The role of transportation speed in facilitating high skilled teamwork across cities[J]. Journal of Urban Economics, 2020(1): 103212.

[74] Ducruet C, Rozenblat C, Zaidi F. Ports in multi-level maritime networks: Evidence from the Atlantic (1996-2006)[J]. Journal of Transport Geography, 2010(4): 508-518.

[75] Duran-Fernandez R, Santos G. Regional convergence, road infrastructure, and industrial diversity in Mexico[J]. Research in Transportation Economics, 2014(3): 103-110.

[76] Duranton G, Morrow P M, Turner M A. Roads and trade: Evidence from the US[J]. The Review of Economic Studies, 2014(2): 681-724.

[77] Duranton G, Turner M A. The fundamental law of road congestion: Evidence from US cities[J]. American Economic Review, 2011(6): 2616-2652.

[78] Eaton J, Kortum S, Kramarz F. Firm-to-firm trade: Imports, exports, and the labor market[R]. NBER Working Paper, 2022.

[79] Eaton J, Kortum S. Technology, geography, and trade[J]. Econometrica, 2002(5): 1741-1779.

[80] Eckert F, Peters M. Spatial structural change[R]. National Bureau of Economic Research, 2022.

[81] Epifani P, Gancia G. Trade, markup heterogeneity and misallocations [J]. Journal of International Economics, 2011(1): 1-13.

[82] Esfahani H S, Ramirez M T. Institutions, infrastructure, and economic growth[J]. Journal of Development Economics, 2003(2): 443-477.

[83] Faber B. Trade integration, market size, and industrialization: Evidence from China's national trunk highway system [J]. Review of Economic Studies, 2014(3): 1046-1070.

[84] Fajgelbaum P D, Schaal E. Optimal transport networks in spatial equilibrium[J]. Econometrica, 2020(4): 1411-1452.

[85] Fink C, Mattoo A, Neagu I C. Assessing the impact of communication costs on international trade[J]. Journal of International Economics,

2005(2)：428-445.

[86] Fujita M，Krugman P，Venables A J. The spatial economy：Cities，regions，and international trade[M]. Cambridge：MIT Press，1999.

[87] Galor O，Moav O. From physical to human capital accumulation：Inequality and the process of development[J]. Review of Economic Studies，2004(4)：1001-1026.

[88] Gao Y，Zheng J. The impact of high-speed rail on innovation：An empirical test of the companion innovation hypothesis of transportation improvement with China's manufacturing firms[J]. World Development，2020(3)：104838.

[89] Ghani E，Goswami A G，Kerr W R. Highway to success：The impact of the golden quadrilateral project for the location and performance of Indian manufacturing[J]. Economic Journal，2016 (591)：317-357.

[90] Gibbons S，Wu W J. Airports，access and local economic performance：Evidence from China[J]. Journal of Economic Geography，2020(4)：903-937.

[91] Duranton G，Puga D. From sectoral to functional urban specialisation[J]. Journal of Urban Economics，2004(2)：343-370.

[92] Duranton G，Turner M. Urban growth and transportation[J]. Review of Economic Studies，2012(4)：1407-1440.

[93] Glaeser E L，Gottlieb J D. The wealth of cities：Agglomeration economies and spatial equilibrium in the United States[J]. Journal of Economic Literature，2009(4)：983-1028.

[94] Guirao B，Campa J L，Casado-Sanz N. Labour mobility between cities and metropolitan integration：The role of high speed rail commuting in Spain[J]. Cities，2018(1)：140-154.

[95] Gutiérrez J. Location，economic potential and daily accessibility：An analysis of the accessibility impact of the high-speed line madrid-barcelona-french border[J]. Journal of Transport Geography，2001 (4)：229-242.

[96] Hagedoorn J，Cloodt M. Measuring innovative performance：Is there an advantage in using multiple indicators?[J]. Research Policy，2003 (8)：1365-1379.

[97] Hall B H, Harhoff D. Recent research on the economics of patents [J]. Annual Review of Economics, 2012(1): 541-565.

[98] Hall B H, Helmers C. Innovation and diffusion of clean/green technology: Can patent commons help?[J]. Journal of Environmental Economics and Management, 2013(1): 33-51.

[99] Hall B H, Lerner J. The financing of R&D and innovation[M]// Handbook of the economics of innovation. Amsterdam: North-Holland, 2010.

[100] He Y, Bingyang L, Yu D. How does spatial proximity to the high-speed railway system affect inter-city market segmentation in China: A spatial panel analysis [J]. Eurasian Geography and Economics, 2022(1): 55-81.

[101] Heckman J J. Sample selection bias as a specification error[J]. Econometrica, 1979(1): 153-161.

[102] Heise S, Porzio T. Spatial wage gaps and frictional labor markets [R]. FRB of New York Staff Report, 2019.

[103] Helpman E, Krugman P. Market structure and foreign trade: Increasing returns, imperfect competition, and the international economy[M]. Cambridge: MIT Press, 1987.

[104] Heuermann D F, Schmieder J F. The effect of infrastructure on worker mobility: Evidence from high-speed rail expansion in Germany[J]. Journal of Economic Geography, 2019(2): 335-372.

[105] Hirschman A O. The strategy of economic development[M]. Boulder: Westview Press Inc, 1958.

[106] Holl A. Highways and productivity in manufacturing firms[J]. Journal of Urban Economics, 2016(3): 131-151.

[107] Holl A. Manufacturing location and impacts of road transport infrastructure: Empirical evidence from Spain[J]. Regional Science and Urban Economics, 2004(3): 341-363.

[108] Hornbeck R, Rotemberg M. Railroad, reallocation and the rise of American manufacturing[R]. NBER Working Paper, 2019.

[109] Hsieh C T, Hurst E, Jones C I, et al. The allocation of talent and US economic growth[J]. Econometrica, 2019(5): 1439-1474.

[110] Hsieh C T, Klenow P J. Misallocation and manufacturing TFP in

China and India[J]. Quarterly Journal of Economics, 2009(4): 1403-1448.

[111] Hsieh C T, Moretti E. Housing constraints and spatial misallocation[J]. American Economic Journal: Macroeconomics, 2019(2): 1-39.

[112] Hu H, Wang J, Jin F, et al. Evolution of regional transport dominance in China 1910-2012[J]. Journal of Geographical Sciences, 2015(6): 723-738.

[113] Huang Y, Qin G, Xun W. Financial liberalization and the middle-income trap: What can China learn from the cross-country experience?[J]. China Economic Review, 2014(4): 426-440.

[114] Hummels D L, Schaur G. Time as a trade barrier[J]. American Economic Review, 2013(7): 2935-2959.

[115] Imbert C, Papp J. Costs and benefits of rural-urban migration: Evidence from India[J]. Journal of Development Economics, 2020 (1): 102473.

[116] Jaef R N F. Entry and exit, multiproduct firms, and allocative distortions[J]. American Economic Journal: Macroeconomics, 2018 (1): 86-112.

[117] Gutiérrez J, González R, Gómez G. The European high-speed train network: Predicted effects on accessibility patterns[J]. Journal of Transport Geography, 1996(4):227-238.

[118] Jiang M, Kim E. Impact of high-speed railroad on regional income inequalities in China and Korea[J]. International Journal of Urban Sciences, 2016(3): 393-406.

[119] Jofre-Monseny J, Marín-López R, Viladecans-Marsal E. The mechanisms of agglomeration: Evidence from the effect of inter-industry relations on the location of new firms [J]. Journal of Urban Economics, 2011(2-3): 61-74.

[120] Jovanovic B. Misallocation and growth[J]. American Economic Review, 2014(4): 1149-1171.

[121] Kalemli-Ozcan S, Sorensen B, Yesiltasf S. Leverage across firms, banks, and countries[J]. Journal of International Economics, 2012 (2): 284-298.

[122] Ke X, Chen H, Hong Y, et al. Do China's high-speed-rail projects

promote local economy? — New evidence from a panel data approach[J]. China Economic Review, 2017(3): 203-226.

[123] Kim H, Sultana S. The impacts of high-speed rail extensions on accessibility and spatial equity changes in South Korea from 2004 to 2018[J]. Journal of Transport Geography, 2015(4): 48-61.

[124] Kim K S. High-speed rail developments and spatial restructuring: A case study of the capital region in South Korea[J]. Cities, 2000 (4): 251-262.

[125] Kobayashi K, Okumura M. The growth of city systems with high-speed railway systems[J]. The Annals of Regional Science, 1997 (1):39-56.

[126] Krugman P. Geography and trade[M]. Cambridge: MIT Press, 1991.

[127] Krugman P. Increasing returns and economic geography[J]. Journal of Political Economy, 1991(3): 483-499.

[128] Krugman P. Scale economies, product differentiation, and the pattern of trade[J]. American Economic Review, 1980(5): 950-959.

[129] Kuznets S, Murphy J T. Modern economic growth: Rate, structure, and spread[M]. New Haven: Yale University Press, 1966.

[130] Lawrence M, Bullock R, Liu Z. China's high-speed rail development [R]. World Bank Group, 2019.

[131] Li X, Huang B, Li R, et al. Exploring the impact of high speed railways on the spatial redistribution of economic activities-Yangtze river delta urban agglomeration as a case study[J]. Journal of Transport Geography, 2016(8): 194-206.

[132] Li Z, Xu H. High-speed railroads and economic geography: Evidence from Japan[J]. Journal of Regional Science, 2018(4): 705-727.

[133] Limao N, Venables A J. Infrastructure, geographical disadvantage, transport costs, and trade[J]. The World Bank Economic Review, 2001(3): 451-479.

[134] Lin Y, Qin Y, Xie Z. International technology transfer and domestic innovation: Evidence from the high-speed rail sector in China[R]. Working Papers from London School of Economics and Political Science, 2015.

[135] Lin Y. Travel costs and urban specialization patterns: Evidence

from China's high speed railway system[J]. Journal of Urban Economics, 2017(2): 98-123.

[136] Liu C, Wang W, Wu Q. Transportation infrastructure, competition and productivity: Theory and evidence from China[J]. Economics Letters, 2019(1): 74-77.

[137] Liu Q, Qiu L D. Intermediate input imports and innovations: Evidence from Chinese firms' patent filings[J]. Journal of International Economics, 2016(6): 166-183.

[138] Marshall A. Principles of economics: Unabridged eighth edition [M]. New York: Cosimo, Inc. , 2009.

[139] Martincus C V, Carballo J, Cusolito A. Routes, exports and employment in developing countries: Following the trace of the Inca roads[R]. London School of Economics, 2014.

[140] Melitz M J. The impact of trade on intra-industry reallocations and aggregate industry productivity[J]. Econometrica, 2003(6): 1695-1725.

[141] Michaels G. The effect of trade on the demand for skill: Evidence from the interstate highway system[J]. The Review of Economics and Statistics, 2008(4): 683-701.

[142] Midrigan V, Xu D Y. Finance and misallocation: Evidence from plant-level data[J]. American Economic Review, 2014(2): 422-458.

[143] Moll B. Productivity losses from financial frictions: Can self-financing undo capital misallocation?[J]. American Economic Review, 2014 (10): 3186-3221.

[144] Morten M, Oliveira J. The effects of roads on trade and migration: Evidence from a planned capital city[R]. NBER Working Paper, 2018.

[145] Nakamura H, Ueda T. The impacts of the Shinkansen on regional development[C]//The Fifth World Conference on Transport Research, Yokohama, 1989.

[146] Okada H. Features and economic and social effects of the Shinkansen [J]. Japan Railway and Transport Review, 1994(1): 9-16.

[147] Olley S, Pakes A. The dynamics of productivity in the telecommunications

equipment industry[J]. Econometrica, 1996(6): 1263-1298.

[148] Ottaviano G, Thisse J F. Agglomeration and economic geography [M]// Handbook of regional and urban economics. Amsterdam: Elsevier, 2004.

[149] Perl A D, Goetz A R. Corridors, hybrids and networks: Three global development strategies for high speed rail[J]. Journal of Transport Geography, 2015(1): 134-144.

[150] Poncet S. A fragmented China: Measure and determinants of Chinese domestic market disintegration [J]. Review of International Economics, 2005(3): 22.

[151] Puga D. European regional policies in light of recent location theories [J]. Journal of Economic Geography, 2002(4): 373-406.

[152] Qin Y. "No county left behind?" The distributional impact of high-speed rail upgrades in China[J]. Journal of Economic Geography, 2017(3): 489-520.

[153] Redding S J, Rossi-Hansberg E. Quantitative spatial economics[R]. National Bureau of Economic Research, 2016.

[154] Redding S J, Turner M A. Transportation costs and the spatial organization of economic activity[M]// Handbook of regional and urban economics. Amsterdam: Elsevier, 2015.

[155] Restuccia D, Rogerson R. Misallocation and productivity[J]. Review of Economic Dynamics, 2013(1): 1-10.

[156] Restuccia D, Rogerson R. Policy distortions and aggregate productivity with heterogeneous establishments [J]. Review of Economic Dynamics, 2008(4): 707-720.

[157] Restuccia D, Rogerson R. The causes and costs of misallocation [J]. Journal of Economic Perspectives, 2017(3): 151-174.

[158] Rosenbaum P R, Rubin D B. Constructing a control group using multivariate matched sampling methods that incorporate the propensity score[J]. American Statistician, 1985(1): 33-38.

[159] Ryzhenkov M. Resource misallocation and manufacturing productivity: The case of Ukraine[J]. Journal of Comparative Economics, 2016 (1): 41-55.

[160] Samuelson P A. Ohlin was right[J]. The Swedish Journal of Economics,

1971(4)：365-384.

[161] Samuelson P A. The transfer problem and transport costs：The terms of trade when impediments are absent[J]. Economic Journal, 1952(246)：278-304.

[162] Sánchez-Mateos H S M, Sanz I M, Francés J M U, et al. Road accessibility and articulation of metropolitan spatial structures：The case of Madrid (Spain)[J]. Journal of Transport Geography, 2014 (4)：61-73.

[163] Sasaki K, Ohashi T, Ando A. High-speed rail transit impact on regional systems：Does the Shinkansen contribute to dispersion? [J]. The Annals of Regional Science, 1997(1)：77-98.

[164] Schmutz B, Sidibé M. Frictional labour mobility[J]. The Review of Economic Studies, 2019(4)：1779-1826.

[165] Shaw S L, Fang Z, Lu S, et al. Impacts of high speed rail on railroad network accessibility in China[J]. Journal of Transport Geography, 2014(7)：112-122.

[166] Shiue C H, Keller W. Markets in China and Europe on the eve of the industrial revolution[J]. American Economic Review, 2007(4)：1189-1216.

[167] Simonovska I, Waugh M E. The elasticity of trade：Estimates and evidence[J]. Journal of International Economics, 2014(1)：34-50.

[168] Slack B. Intermodal transportation in North America and the development of inland load centers[J]. The Professional Geographer, 1990(1)：72-83.

[169] Smith J A, Todd P E. Does matching overcome LaLonde's critique of nonexperimental estimators?[J]. Journal of Econometrics, 2005 (1-2)：305-353.

[170] Startz M. The value of face-to-face：Search and contracting problems in Nigerian trade[R]. Working Paper from Yale University, 2016.

[171] Swisher N S. Reassessing railroads and growth：Accounting for transport network endogeneity [R]. Working Papers from Faculty of Economics University of Cambridge, 2017.

[172] Syverson C. Product substitutability and productivity dispersion [J]. The Review of Economics and Statistics, 2004(2)：534-550.

[173] Tanaka K. Impacts of the opening of the maglev railway on daily accessibility in Japan: A comparative analysis with that of the Shinkansen[J]. Journal of Transport Geography, 2023（1）: 103512.

[174] Tanaka S. Environmental regulations on air pollution in China and their impact on infant mortality[J]. Journal of Health Economics, 2015（4）: 90-103.

[175] Timmer M P, Szirmai A. Productivity growth in Asian manufacturing: The structural bonus hypothesis examined[J]. Structural Change and Economic Dynamics, 2000（4）: 371-392.

[176] Tombe T, Zhu X. Trade, migration and productivity: A quantitative analysis of China[J]. American Economic Review, 2019（5）: 1843-1872.

[177] Utar H. Learning by exporting through access to foreign technical service markets[R]. University of Colorado, 2009.

[178] Vickerman R W, Wang J, Jiao J. Development and economics of high-speed rail in Europe[J]. World Regional Studies, 2013（3）: 41-48.

[179] Vickerman R, Ulied A. Indirect and wider economic impacts of high speed rail[J]. Economic Analysis of High Speed Rail in Europe, 2006（1）: 89-118.

[180] Vickerman R. High-speed rail in Europe: Experience and issues for future development[J]. The Annals of Regional Science, 1997（1）: 21-38.

[181] Vickerman R W. The regional impacts of trans-European networks [J]. The Annals of Regional Science, 1995（1）: 237-254.

[182] Wan G H, Lu M, Chen Z. Globalization and regional income inequality: Empirical evidence from within China[J]. Review of Income and Wealth, 2007（1）: 35-59.

[183] Wang C, Ducruet C. Regional resilience and spatial cycles: Long-term evolution of the Chinese port system（221BC-2010AD）[J]. Journal of Economic and Human Geography, 2013（5）: 521-538.

[184] Wang C, Hong J, Kafouros M, et al. What drives the internationalization of Chinese firms? Testing the explanatory power of three theoretical

frameworks[J]. International Business Review, 2012(3): 426-438.

[185] Wang J, Cai S. The construction of high-speed railway and urban innovation capacity: Based on the perspective of knowledge spillover[J]. China Economic Review, 2020(5): 101539.

[186] Wang L, Liu Y, Sun C, et al. Accessibility impact of the present and future high-speed rail network: A case study of Jiangsu Province, China[J]. Journal of Transport Geography, 2016(5): 161-172.

[187] Wang X, Xie Z, Zhang X, et al. Roads to innovation: Firm-level evidence from People's Republic of China (PRC) [J]. China Economic Review, 2018(3): 154-170.

[188] Whalley J, Zhang S. A numerical simulation analysis of (Hukou) labour mobility restrictions in China[J]. Journal of Development Economics, 2007(2): 392-410.

[189] Wu J, Nash C, Wang D. Is high speed rail an appropriate solution to China's rail capacity problems? [J]. Journal of Transport Geography, 2014(1): 100-111.

[190] Xu H. Development policies and economic geography in China: Transport infrastructure and natural resource [D]. Sendai: Tohoku University, 2015.

[191] Xu H. Domestic railroad infrastructure and exports: Evidence from the Silk Route[J]. China Economic Review, 2016(5): 129-147.

[192] Xu M. Riding on the new silk road: Quantifying the welfare gains from high-speed railways [R]. Job Market Paper from the University of California Davis, 2017.

[193] Yan L, Tu M, Chagas A L S, et al. The impact of high-speed railway on labor spatial misallocation — Based on spatial difference-in-differences analysis[J]. Research Part A: Policy and Practice, 2022 (10): 82-97.

[194] Yang Y. Transport infrastructure, city productivity growth and industry reallocation: Evidence from China[R]. IMF Working Paper, 2016.

[195] Yang Z, Sun Y, Lee P T W. Impact of the development of the China-Europe Railway Express — A case on the Chongqing international logistics center[J]. Transportation Research Part A: Policy and

Practice，2020(6)：244-261.

[196] Yao S，Fang J，He H．Can time-space compression promote urban economic growth? Evidence from China's high-speed rail projects [J]．China & World Economy，2020(5)：90-117.

[197] Young A．The Razor's edge：Distortions and incremental reform in the People's Republic of China [J]．Quarterly Journal of Economics，2000(4)：1091-1135.

[198] Yu F，Lin F，Tang Y，et al．High-speed railway to success? The effects of high-speed rail connection on regional economic development in China[J]．Journal of Regional Science，2019(4)：723-742.

[199] Yu M．Research on the impact of infrastructure construction on tourism industry：Evidence from the Wuhan-Guangzhou high speed rail[J]．Open Journal of Social Sciences，2016(1)：126-131.

[200] Yueh L．Patent laws and innovation in China[J]．International Review of Law and Economics，2009(4)：304-313.

[201] Zeng D Z．Capital mobility and spatial inequalities in income and industrial location[J]．The Journal of Economic Inequality，2016(1)：109-128.

[202] Zhang M，Yu F，Zhong C，et al．Influence of high-speed railway network on individual income：Evidence from China's microeconomic data[J]．Transportation Letters：The International Journal of Transportation Research，2022(8)：874-887.

[203] Zheng S，Kahn M E．China's bullet trains facilitate market integration and mitigate the cost of megacity growth[J]．Proceedings of the National Academy of Sciences of the United States of America，2013(14)：1248-1253.

[204] 安虎森. 空间经济学原理[M]. 北京：经济科学出版社，2005.

[205] 白俊红，卞元超. 要素市场扭曲与中国创新生产的效率损失[J]. 中国工业经济，2016(11)：39-55.

[206] 白重恩，杜颖娟，陶志刚，等. 地方保护主义及产业地区集中度的决定因素和变动趋势[J]. 经济研究，2004(4)：29-40.

[207] 白重恩，冀东星. 交通基础设施与出口：来自中国国道主干线的证据[J]. 世界经济，2018(1)：101-122.

[208] 柏培文,杨志才. 中国二元经济的要素错配与收入分配格局[J]. 经济学(季刊),2019(2):639-660.

[209] 卞元超,白俊红. 市场分割与中国企业的生存困境[J]. 财贸经济,2021(1):120-135.

[210] 卞元超,吴利华,白俊红. 高铁开通、要素流动与区域经济差距[J]. 财贸经济,2018(6):147-161.

[211] 卞元超,吴利华,白俊红. 高铁开通是否促进了区域创新?[J]. 金融研究,2019(6):132-149.

[212] 步晓宁,张天华,张少华. 通向繁荣之路:中国高速公路建设的资源配置效率研究[J]. 管理世界,2019(5):44-63.

[213] 蔡昉,都阳. 中国地区经济增长的趋同与差异——对西部开发战略的启示[J]. 经济研究,2000(10):30-37,80.

[214] 蔡昉,王德文. 比较优势差异、变化及其对地区差距的影响[J]. 中国社会科学,2002(5):41-54,204.

[215] 蔡昉,王美艳. 中国面对的收入差距现实与中等收入陷阱风险[J]. 中国人民大学学报,2014(3):2-7.

[216] 陈斌开,金箫,欧阳涤非. 住房价格、资源错配与中国工业企业生产率[J]. 世界经济,2015(4):77-98.

[217] 陈春生. 资源空间配置与农村交通运输发展研究[D]. 西安:长安大学,2009.

[218] 陈东琪,银温泉. 打破地方市场分割[M]. 北京:中国计划出版社,2002.

[219] 陈飞翔,黎开颜,刘佳. 锁定效应与中国地区发展不平衡[J]. 管理世界,2007(12):8-17.

[220] 陈丰龙,王美昌,徐康宁. 中国区域经济协调发展的演变特征:空间收敛的视角[J]. 财贸经济,2018(7):128-143.

[221] 陈丰龙,徐康宁,王美昌. 高铁发展与城乡居民收入差距:来自中国城市的证据[J]. 经济评论,2018(2):59-73.

[222] 陈建军. 要素流动、产业转移和区域经济一体化[M]. 杭州:浙江大学出版社,2009.

[223] 陈婧,方军雄,秦璇. 交通发展、要素流动与企业创新——基于高铁开通准自然实验的经验证据[J]. 经济理论与经济管理,2019(4):20-34.

[224] 陈敏,桂琦寒,陆铭,等. 中国经济增长如何持续发挥规模效

应？——经济开放与国内商品市场分割的实证研究[J]. 经济学季刊，2007(1)：125-150.

[225] 陈诗一，陈登科. 中国资源配置效率动态演化——纳入能源要素的新视角[J]. 中国社会科学，2017(4)：67-83，206-207.

[226] 陈曦，席强敏，李国平. 城镇化水平与制造业空间分布——基于中国省级面板数据的实证研究[J]. 地理科学，2015(3)：259-267.

[227] 陈晓佳，徐玮，安虎森. 交通结构、市场规模与经济增长[J]. 世界经济，2021(6)：72-96.

[228] 陈旭，邱斌. 多中心空间结构与劳动收入——来自中国工业企业的证据[J]. 南开经济研究，2021(2)：24-45.

[229] 陈彦斌，马啸，刘哲希. 要素价格扭曲、企业投资与产出水平[J]. 世界经济，2015(9)：29-55.

[230] 陈永伟，胡伟民. 价格扭曲、要素错配和效率损失：理论和应用[J]. 经济学(季刊)，2011(4)：1401-1422.

[231] 陈长石，刘晨晖. 基于中心——外围模型的区域发展不平衡测算及其空间分解——兼论中国地区发展不平衡来源及收敛性(1990—2012)[J]. 经济管理，2015(2)：31-40.

[232] 成力为，孙玮，孙雁泽. 地方政府财政支出竞争与区域资本配置效率——区域制造业产业资本配置效率视角[J]. 公共管理学报，2009(2)：29-36，123.

[233] 程恩富，张峰. "双循环"新发展格局的政治经济学分析[J]. 求索，2021(1)：108-115.

[234] 戴魁早，刘友金. 要素市场扭曲、区域差异与 R&D 投入——来自中国高技术产业与门槛模型的经验证据[J]. 数量经济技术经济研究，2015(9)：3-20.

[235] 戴觅，茅锐. 产业异质性、产业结构与中国省际经济收敛[J]. 管理世界，2015(6)：34-46，62，187.

[236] 戴翔，申代润莹，占丽. "一带一路"与我国沿线地区经济高质量发展[J]. 宏观质量研究，2022(4)：65-79.

[237] 邓涛涛，王丹丹，程少勇. 高速铁路对城市服务业集聚的影响[J]. 财经研究，2017(7)：119-132.

[238] 邓涛涛，王丹丹. 中国高速铁路建设加剧了"城市蔓延"吗？——来自地级城市的经验证据[J]. 财经研究，2018(10)：125-137.

[239] 董艳梅，朱英明. 高铁建设能否重塑中国的经济空间布局——基于

就业、工资和经济增长的区域异质性视角[J]. 中国工业经济，2016
(10)：92-108.

[240] 杜群阳，俞航东. 中国多维城市空间结构与地区收入差距[J]. 地理
科学，2020(5)：720-729.

[241] 杜兴强，彭妙薇. 高铁开通会促进企业高级人才的流动吗?[J]. 经济
管理，2017(12)：89-107.

[242] 段德忠，谌颖，杜德斌. 技术转移视角下中国三大城市群区域一体
化发展研究[J]. 地理科学，2019(10)：1581-1591.

[243] 樊纲，王小鲁，朱恒鹏. 中国市场化指数——各地区市场化相对进
程 2011 年报告[M]. 北京：经济科学出版社，2011.

[244] 范从来. 益贫式增长与中国共同富裕道路的探索[J]. 经济研究，
2017(12)：14-16.

[245] 范剑勇，张涛. 结构转型与地区收敛：美国的经验及其对中国的启示
[J]. 世界经济，2003(1)：42-48.

[246] 范剑勇. 市场一体化、地区专业化与产业集聚趋势——兼谈对地区
差距的影响[J]. 中国社会科学，2004(6)：39-51，204-205.

[247] 范欣，宋冬林，赵新宇. 基础设施建设打破了国内市场分割吗？[J].
经济研究，2017(2)：20-34.

[248] 方显仓，曹政. 行业融资依赖、地区金融深化与中国制造业出口优势
[J]. 世界经济研究，2018(8)：17-27，135.

[249] 方行明，鲁玉秀，魏静. 中欧班列开通对中国城市贸易开放度的影
响——基于"一带一路"建设的视角[J]. 国际经贸探索，2020(2)：
39-55.

[250] 冯帆，林发勤. 交通基础设施对"一带一路"沿线国家企业出口的影
响——基于世界银行企业调查数据的实证研究[J]. 国际经贸探索，
2021(2)：37-50.

[251] 冯长春，丰学兵，刘思君. 高速铁路对中国省际可达性的影响[J].
地理科学进展，2013(8)：1187-1194.

[252] 傅缨捷. 中等收入国家产业结构优化的影响因素[D]. 吉林：吉林大
学，2015.

[253] 盖庆恩，朱喜，史清华. 劳动力市场扭曲、结构转变和中国劳动生产
率[J]. 经济研究，2013(5)：87-97，111.

[254] 高洪玮，吴滨. 长江经济带高铁开通对制造业绿色转型的影响[J].
中国人口·资源与环境，2022(8)：118-127.

[255] 高凌云,屈小博,贾鹏. 中国工业企业规模与生产率的异质性[J]. 世界经济,2014(6):113-137.

[256] 高翔,龙小宁,杨广亮. 交通基础设施与服务业发展——来自县级高速公路和第二次经济普查企业数据的证据[J]. 管理世界,2015(8):81-96.

[257] 龚刚,魏熙晔,杨先明,等. 建设中国特色国家创新体系 跨越中等收入陷阱[J]. 中国社会科学,2017(8):61-86,205.

[258] 龚关,胡关亮. 中国制造业资源配置效率与全要素生产率[J]. 经济研究,2013(4):13.

[259] 龚静,尹忠明. 铁路建设对我国"一带一路"战略的贸易效应研究——基于运输时间和运输距离视角的异质性随机前沿模型分析[J]. 国际贸易问题,2016(2):14-25.

[260] 龚勤林,余川江,罗宸. 中欧班列开通对长江经济带出口贸易的影响及机制研究[J]. 华中师范大学学报(自然科学版),2019(5):671-684.

[261] 桂琦寒,陈敏,陆铭,等. 中国国内商品市场趋于分割还是整合:基于相对价格法的分析[J]. 世界经济,2006(2):20-30.

[262] 郭晗,任保平. 结构变动、要素产出弹性与中国潜在经济增长率[J]. 数量经济技术经济研究,2014(12):72-84.

[263] 郭进,白俊红. 高速铁路建设如何带动企业的创新发展——基于Face-to-Face理论的实证检验[J]. 经济理论与经济管理,2019(5):60-74.

[264] 郭照蕊,黄俊. 高铁时空压缩效应与公司权益资本成本——来自A股上市公司的经验证据[J]. 金融研究,2021(7):190-206.

[265] 韩彪,张兆民. 区域间运输成本、要素流动与中国区域经济增长[J]. 财贸经济,2015(8):143-155.

[266] 韩剑,郑秋玲. 政府干预如何导致地区资源错配——基于行业内和行业间错配的分解[J]. 中国工业经济,2014(11):69-81.

[267] 何凌云,陶东杰. 高铁开通对知识溢出与城市创新水平的影响测度[J]. 数量经济技术经济研究,2020(2):125-142.

[268] 贺灿飞,马妍. 市场分割与中国城市出口差异[J]. 地理科学进展,2014(4):447-456.

[269] 侯新烁,黄素萍. 高铁开通对不同等级城市城乡收入差距的影响[J]. 当代经济研究,2021(3):82-92.

[270] 胡鞍钢，刘生龙. 交通运输、经济增长及溢出效应——基于中国省际数据空间经济计量的结果[J]. 中国工业经济，2009(5)：5-14.

[271] 胡再勇，付韶军，张璐超. "一带一路"沿线国家基础设施的国际贸易效应研究[J]. 数量经济技术经济研究，2019(2)：24-44.

[272] 黄玖立，徐旻鸿. 境内运输成本与中国的地区出口模式[J]. 世界经济，2012(1)：58-77.

[273] 黄凯南，孙广召. 高铁开通如何影响企业全要素生产率？——基于中国制造业上市企业的研究[J]. 中国地质大学学报（社会科学版），2019(1)：144-157.

[274] 黄群慧. 新发展格局的理论逻辑、战略内涵与政策体系——基于经济现代化的视角[J]. 经济研究，2021(4)：4-23.

[275] 黄苏萍，李燕. 高铁对沿线城市群科技创新的影响[J]. 经济问题探索，2018(1)：38-46.

[276] 黄新飞，李莹，张伟俊. 高铁开通、对外开放与知识溢出效应——来自中国城市专利引用数据的经验证据[J]. 国际经贸探索，2023(4)：35-51.

[277] 黄赜琳，姚婷婷. 市场分割与地区生产率：作用机制与经验证据[J]. 财经研究，2020(1)：96-110.

[278] 黄张凯，刘津宇，马光荣. 地理位置、高铁与信息：来自中国 IPO 市场的证据[J]. 世界经济，2016(10)：127-149.

[279] 嵇昊威，赵媛. 长三角高速铁路网建设对江苏省煤炭铁路运输能力的影响[J]. 自然资源学报，2014(2)：304-312.

[280] 吉赟，杨青. 高铁开通能否促进企业创新：基于准自然实验的研究[J]. 世界经济，2020(2)：147-166.

[281] 计飞，陈继勇. 提升贸易水平的选择：双边贸易协定还是多边贸易协定——来自中国的数据[J]. 国际贸易问题，2018(7)：41-53.

[282] 贾俊雪，梁煊. 地方政府财政收支竞争策略与居民收入分配[J]. 中国工业经济，2020(11)：5-23.

[283] 简泽. 从国家垄断到竞争：中国工业的生产率增长与转轨特征[J]. 中国工业经济，2011(11)：79-89.

[284] 江艇，孙鲲鹏，聂辉华. 城市级别、全要素生产率和资源错配[J]. 管理世界，2018(3)：38-50，77，183.

[285] 江小涓，孟丽君. 内循环为主、外循环赋能与更高水平双循环——国际经验与中国实践[J]. 管理世界，2021(1)：1-19.

[286] 姜博,初楠臣,王媛,等.高铁影响下的城市可达性测度及其空间格局模拟分析——以哈大高铁为例[J].经济地理,2014(11):58-62.

[287] 蒋冠宏,蒋殿春.中国企业对外直接投资的"出口效应"[J].经济研究,2014(5):160-173.

[288] 蒋海兵,刘建国,蒋金亮.高速铁路影响下的全国旅游景点可达性研究[J].旅游学刊,2014(7):58-67.

[289] 蒋海兵,徐建刚,祁毅.京沪高铁对区域中心城市陆路可达性影响[J].地理学报,2010(10):1287-1298.

[290] 蒋海兵,张文忠,祁毅,等.高速铁路与出行成本影响下的全国陆路可达性分析[J].地理研究,2015(6):1015-1028.

[291] 靳来群.所有制歧视所致金融资源错配程度分析[J].经济学动态,2015(6):36-44.

[292] 柯善咨,赵曜.产业结构、城市规模与中国城市生产率[J].经济研究,2014(4):76-88,115.

[293] 李爱国,黄建宏.新经济地理理论视角下的现代物流对区域经济发展的影响[J].改革与战略,2006(11):9-11.

[294] 李保超,王朝辉,李龙,等.高速铁路对区域内部旅游可达性影响——以皖南国际文化旅游示范区为例[J].经济地理,2016(9):182-191.

[295] 李超,李涵,唐丽淼.高速铁路、运输效率与垂直专业化分工[J].经济学(季刊),2021(1):51-70.

[296] 李光泗,徐翔.技术引进与地区经济收敛[J].经济学(季刊),2008(3):983-996.

[297] 李涵,李超.高铁的间接货运效应评估:基于企业库存成本的实证分析[J].财贸经济,2021(10):102-115.

[298] 李涵,唐丽淼.交通基础设施投资、空间溢出效应与企业库存[J].管理世界,2015(4):126-136.

[299] 李红昌,Linda Tjia,胡顺香.中国高速铁路对沿线城市经济集聚与均等化的影响[J].数量经济技术经济研究,2016(11):127-143.

[300] 李建明,罗能生.高铁开通改善了城市空气污染水平吗?[J].经济学(季刊),2020(4):1335-1354.

[301] 李帅娜.高铁发展对城市进出口贸易的影响研究[D].兰州:兰州财经大学,2019.

[302] 李涛,张贵,李佳钰.基于SDM的高速铁路对区域创新空间效应研

究[J]. 华东经济管理，2019(5)：50-56.

[303] 李欣泽，纪小乐，周灵灵. 高铁能改善企业资源配置吗？——来自中国工业企业数据库和高铁地理数据的微观证据[J]. 经济评论，2017(6)：3-21.

[304] 李欣泽，司海平. 中国资源错配与经济效率损失：趋势与分解[J]. 当代经济科学，2019(6)：1-12.

[305] 李彦，付文宇，王鹏. 高铁服务供给对城市群经济高质量发展的影响——基于多重中介效应的检验[J]. 经济与管理研究，2020(9)：62-77.

[306] 梁若冰. 口岸、铁路与中国近代工业化[J]. 经济研究，2015(4)：178-191.

[307] 梁双波，曹有挥，吴威，等. 全球化背景下的南京港城关联发展效应分析[J]. 地理研究，2007(3)：599-608.

[308] 梁双陆，梁巧玲. 交通基础设施的产业创新效应研究——基于中国省域空间面板模型的分析[J]. 山西财经大学学报，2016(7)：60-72.

[309] 廖进球，巫雪芬. 高铁开通对企业专利质量的影响——来自上市公司的证据[J]. 当代财经，2021(3)：3-14.

[310] 林发勤. 贸易中的引力模型：理论基础与实证应用[M]. 北京：经济科学出版社，2016.

[311] 林光平，龙志和，吴梅. 中国地区经济 σ-收敛的空间计量实证分析[J]. 数量经济技术经济研究，2006(4)：14-21，69.

[312] 林善浪，邱雨歆. 高速铁路、认知资本与区域知识创新[J]. 软科学，2020(6)：102-107，121.

[313] 林毅夫，刘明兴. 中国的经济增长收敛与收入分配[J]. 世界经济，2003(8)：3-14，80.

[314] 林毅夫，刘志强. 中国的财政分权与经济增长[J]. 北京大学学报(哲学社会科学版)，2000(4)：5-17.

[315] 林毅夫，张鹏飞. 适宜技术、技术选择和发展中国家的经济增长[J]. 经济学(季刊)，2006(3)：985-1006.

[316] 林毅夫. 构建新发展格局 实现高质量发展[J]. 中国政协，2020(24)：34-35.

[317] 林毅夫. 新结构经济学——重构发展经济学的框架[J]. 经济学(季刊)，2011(1)：1-32.

[318] 刘秉镰，刘玉海. 交通基础设施建设与中国制造业企业库存成本降

低[J]. 中国工业经济，2011(5)：71-81.

[319] 刘秉镰，武鹏，刘玉梅. 交通基础设施与中国全要素生产率增长——基于省域数据的空间面板计量分析[J]. 中国工业经济，2010(3)：54-64.

[320] 刘秉镰，朱俊丰，周玉龙. 中国区域经济理论演进与未来展望[J]. 管理世界，2020(2)：182-194，226.

[321] 刘冲，吴群锋，刘青. 交通基础设施、市场可达性与企业生产率——基于竞争和资源配置的视角[J]. 经济研究，2020(7)：140-158.

[322] 刘冲，周黎安. 高速公路建设与区域经济发展：来自中国县级水平的证据[J]. 经济科学，2014(2)：55-67.

[323] 刘芳. 高速铁路、知识溢出与城市创新发展——来自278个城市的证据[J]. 财贸研究，2019(4)：14-29.

[324] 刘鹤. 加快构建"双循环"新发展格局的决策部署[J]. 西部财会，2020(12)：2.

[325] 刘晴，邵智. 交通基础设施的贸易成本效应：基于二元经济框架的理论分析与中国经验[J]. 世界经济研究，2018(2)：98-112，136.

[326] 刘生龙，胡鞍钢. 基础设施的外部性在中国的检验：1988—2007[J]. 经济研究，2010(3)：4-15.

[327] 刘生龙，胡鞍钢. 交通基础设施与中国区域经济一体化[J]. 经济研究，2011(3)：72-82.

[328] 刘生龙，郑世林. 交通基础设施跨区域的溢出效应研究——来自中国省级面板数据的实证证据[J]. 产业经济研究，2013(4)：59-69.

[329] 刘晓光，张勋，方文全. 基础设施的城乡收入分配效应：基于劳动力转移的视角[J]. 世界经济，2015(3)：145-170.

[330] 刘修岩，李松林，陈子扬. 多中心空间发展模式与地区收入差距[J]. 中国工业经济，2017(10)：25-43.

[331] 刘修岩. 空间效率与区域平衡：对中国省级层面集聚效应的检验[J]. 世界经济，2014(1)：55-80.

[332] 刘怡，张宁川，周凌云. 高铁建设与区域均衡发展——来自京津冀高铁通车的证据[J]. 北京大学学报（哲学社会科学版），2018(3)：60-71.

[333] 刘勇政，李岩. 中国的高速铁路建设与城市经济增长[J]. 金融研究，2017(11)：18-33.

[334] 刘镇，邱志萍，朱丽萌. 海上丝绸之路沿线国家投资贸易便利化时

空特征及对贸易的影响[J]. 经济地理, 2018(3): 11-20.

[335] 刘志彪. 重塑中国经济内外循环的新逻辑[J]. 探索与争鸣, 2020 (7): 42-49, 157-158.

[336] 龙小宁, 高翔. 交通基础设施与制造业企业生产率——来自县级高速公路和中国工业企业数据库的证据[J]. 华中师范大学学报(人文社会科学版), 2014(5): 43-52.

[337] 龙玉, 李曜, 宋贺. 高铁通车与风险投资绩效[J]. 经济学动态, 2019(1): 76-91.

[338] 龙玉, 赵海龙, 张新德. 时空压缩下的风险投资——高铁通车与风险投资区域变化[J]. 经济研究, 2017(4): 195-208.

[339] 陆铭, 陈钊. 城市化、城市倾向的经济政策与城乡收入差距[J]. 经济研究, 2004(6): 50-58.

[340] 陆铭, 陈钊. 中国区域经济发展中的市场整合与工业集聚[M]. 上海: 上海人民出版社, 2006.

[341] 陆铭. 城市、区域和国家发展——空间政治经济学的现在与未来[J]. 经济学(季刊), 2017(4): 1499-1532.

[342] 陆铭. 大国大城[M]. 上海: 上海人民出版社, 2016.

[343] 逯建, 杜清源, 孙浦阳. 时间成本、城市规模与人均经济增长——基于铁路时刻数据的实证分析[J]. 管理世界, 2018(5): 74-85.

[344] 路海艳, 赵鹏军, 董亚宁, 等. 高铁站可达性与城乡居民收入差异空间分异研究[J]. 地理科学进展, 2022(1): 131-142.

[345] 罗楚亮, 李实, 岳希明. 中国居民收入差距变动分析(2013—2018)[J]. 中国社会科学, 2021(1): 33-54, 204-205.

[346] 罗德明, 李晔, 史晋川. 要素市场扭曲、资源错置与生产率[J]. 经济研究, 2012(3): 4-14.

[347] 罗能生, 彭郁. 交通基础设施建设有助于改善城乡收入公平吗?——基于省级空间面板数据的实证检验[J]. 产业经济研究, 2016(4): 100-110.

[348] 罗鹏飞, 徐逸伦, 张楠楠. 高速铁路对区域可达性的影响研究——以沪宁地区为例[J]. 经济地理, 2004(3): 407-411.

[349] 罗蓉, 罗雪中. 论区域经济一体化演进机制及城市主导作用[J]. 社会科学战线, 2009(9): 91-96.

[350] 罗长远, 张军. 经济发展中的劳动收入占比:基于中国产业数据的实证研究(英文)[J]. Social Sciences in China, 2009(4): 154-178.

[351] 吕越，盛斌，吕云龙. 中国的市场分割会导致企业出口国内附加值率下降吗[J]. 中国工业经济，2018(5)：5-23.

[352] 马光荣，程小萌，杨恩艳. 交通基础设施如何促进资本流动——基于高铁开通和上市公司异地投资的研究[J]. 中国工业经济，2020(6)：5-23.

[353] 马明，赵国浩. 交通基础设施和人力资本对区域创新能力影响研究[J]. 财经问题研究，2017(8)：122-129.

[354] 马述忠，房超. 跨境电商与中国出口新增长——基于信息成本和规模经济的双重视角[J]. 经济研究，2021(6)：159-176.

[355] 马晓河. 迈过"中等收入陷阱"的结构转型——国际经验教训与中国挑战[J]. 农村经济，2011(4)：3-10.

[356] 马晓河. 迈过"中等收入陷阱"的需求结构演变与产业结构调整[J]. 宏观经济研究，2010(11)：3-11.

[357] 毛琦梁，颜宇彤. 高铁开通、风险投资与文化企业选址[J]. 产业经济研究，2021(6)：29-43.

[358] 毛文峰，陆军. 土地要素错配如何影响中国的城市创新创业质量——来自地级市城市层面的经验证据[J]. 产业经济研究，2020(3)：17-29，126.

[359] 孟庆民. 区域经济一体化的概念与机制[J]. 开发研究，2001(2)：47-49.

[360] 年猛. 交通基础设施、经济增长与空间均等化——基于中国高速铁路的自然实验[J]. 财贸经济，2019(8)：146-161.

[361] 聂辉华，贾瑞雪. 中国制造业企业生产率与资源误置[J]. 世界经济，2011(7)：27-42.

[362] 牛方曲，辛钟龄. 中国高铁站的溢出效应及其空间分异——基于夜间灯光数据的实证分析[J]. 地理研究，2021(10)：2796-2807.

[363] 潘爽，叶德珠. 交通基础设施对市场分割的影响——来自高铁开通和上市公司异地并购的经验证据[J]. 财政研究，2021(3)：115-129.

[364] 潘文卿. 中国区域经济差异与收敛[J]. 中国社会科学，2010(1)：72-84，222-223.

[365] 庞瑞芝，袁胜超，吕翠翠. 财政分权提高了地区资源配置效率吗——来自省直管县财政改革准实验的证据[J]. 山西财经大学学报，2021(5)：31-44.

[366] 裴长洪，刘斌. 中国对外贸易的动能转换与国际竞争新优势的形成

[J]. 经济研究, 2019(5): 4-15.

[367] 裴长洪, 刘洪愧. 构建新发展格局科学内涵研究[J]. 中国工业经济, 2021(6): 5-22.

[368] 彭国华. 技术能力匹配、劳动力流动与中国地区差距[J]. 经济研究, 2015(1): 99-110.

[369] 平新乔. 政府保护的动机与效果——一个实证分析[J]. 财贸经济, 2004(5): 3-10, 95.

[370] 齐昕, 王立军, 张家星, 等. 高铁影响下城市群空间关联形态与经济增长效应研究[J]. 地理科学, 2021(3): 416-427.

[371] 钱晓烨, 迟巍, 黎波. 人力资本对我国区域创新及经济增长的影响——基于空间计量的实证研究[J]. 数量经济技术经济研究, 2010(4): 107-121.

[372] 钱信松. 地方政府间税收竞争:问题、效应及治理[D]. 苏州:苏州大学, 2013.

[373] 卿陶, 黄先海. 国内市场分割、双重市场激励与企业创新[J]. 中国工业经济, 2021(12): 88-106.

[374] 饶品贵, 王得力, 李晓溪. 高铁开通与供应商分布决策[J]. 中国工业经济, 2019(10): 137-154.

[375] 任玲玉, 薛俊波, 刘银国, 等. R&D边际生产力驱动区域经济收敛研究[J]. 科学学研究, 2014(11): 1661-1667.

[376] 任晓红, 但婷, 王春杨. 农村交通基础设施对农村居民收入的门槛效应分析[J]. 经济问题, 2018(5): 46-52,63.

[377] 阮培成, 李谷成, 郑宏运, 等. 公路基础设施建设缩小了城乡收入差距吗?——来自江苏、浙江县级面板数据的例证[J]. 农业现代化研究, 2019(6): 927-935.

[378] 沈春苗, 郑江淮. 资源错配研究述评[J]. 改革, 2015(4): 116-124.

[379] 沈坤荣, 马俊. 中国经济增长的"俱乐部收敛"特征及其成因研究[J]. 经济研究, 2002(1): 33-39, 94-95.

[380] 施德浩, 于涛, 王磊. 高铁开通对县级单元产业结构的影响——以长三角地区为例[J]. 地理科学, 2022(11): 1912-1922.

[381] 施震凯, 邵军, 浦正宁. 交通基础设施改善与生产率增长:来自铁路大提速的证据[J]. 世界经济, 2018(6): 127-151.

[382] 史梦昱, 沈坤荣, 闫佳敏. 交通基础设施建设与行业资源配置效率改善——基于县级道路指数的研究[J]. 产业经济研究, 2022(6):

72-85.

[383] 斯密. 国民财富的性质和原因的研究(上卷)[M]. 郭大力, 王亚南, 译. 北京: 商务印书馆, 1972.

[384] 宋美喆. 财政分权对资源空间错配的影响——基于"省直管县"改革的准自然实验[J]. 云南财经大学学报, 2021(9): 1-14.

[385] 宋文杰, 朱青, 朱月梅, 等. 高铁对不同规模城市发展的影响[J]. 经济地理, 2015(10): 57-63.

[386] 苏汝劼, 姜玲. 空间溢出视角下基础设施投资对经济增长的影响研究[J]. 宏观经济研究, 2020(9): 36-47, 57.

[387] 孙楚仁, 王松, 赵瑞丽. 制度好的省份会出口制度更密集的产品吗?[J]. 南开经济研究, 2014(5): 92-114.

[388] 孙广召, 黄凯南. 高铁开通对全要素生产率增长率的异质性影响分析[J]. 财经研究, 2019(5): 84-98.

[389] 孙健韬. 高速铁路对区域经济的影响分析[D]. 北京: 北京交通大学, 2012.

[390] 孙亮, 刘春, 郑国坚, 等. 软信息如何影响硬信息——高铁开通与财务报告稳健性[J]. 管理科学学报, 2021(12): 18-44, 91.

[391] 孙鹏博, 葛力铭. 通向低碳之路: 高铁开通对工业碳排放的影响[J]. 世界经济, 2021(10): 201-224.

[392] 孙浦阳, 武力超, 张伯伟. 空间集聚是否总能促进经济增长: 不同假定条件下的思考[J]. 世界经济, 2011(10): 3-20.

[393] 孙浦阳, 张甜甜, 姚树洁. 关税传导、国内运输成本与零售价格——基于高铁建设的理论与实证研究[J]. 经济研究, 2019(3): 135-149.

[394] 孙伟增, 牛冬晓, 万广华. 交通基础设施建设与产业结构升级——以高铁建设为例的实证分析[J]. 管理世界, 2022(3): 19-34, 35-41, 58.

[395] 孙文浩, 张杰. "高铁居民"实现共同富裕的"梗阻"因素——"非均衡态"高铁布局与逆城市化[J]. 商业经济与管理, 2023(1): 70-85.

[396] 孙文浩, 张杰. 高铁网络对制造业企业创新的动态影响[J]. 北京工业大学学报(社会科学版), 2021(6): 84-101.

[397] 孙文浩, 张杰. 高铁网络能否推动制造业高质量创新[J]. 世界经济, 2020(12): 151-175.

[398] 谭建华, 丁红燕, 谭志东. 高铁开通与企业创新——基于高铁开通的准自然实验[J]. 山西财经大学学报, 2019(3): 60-70.

[399] 汤铎铎, 刘学良, 倪红福, 等. 全球经济大变局、中国潜在增长率与

后疫情时期高质量发展[J]. 经济研究，2020(8)：4-23.

[400] 汤国安，杨昕. ArcGIS 地理信息系统空间分析实验教程(第二版)[M]. 北京：科学出版社，2012.

[401] 唐宜红，俞峰，林发勤，等. 中国高铁、贸易成本与企业出口研究[J].经济研究，2019(7)：158-173.

[402] 唐昭沛，吴威，郭嘉颖，等. 基于城市产业结构特征的高铁生产性服务业集散效应——以长三角城市群为例[J]. 地理研究，2021(8)：2188-2203.

[403] 万广华，陆铭，陈钊. 全球化与地区间收入差距：来自中国的证据[J]. 中国社会科学，2005(3)：17-26，205.

[404] 汪德根，陈田，陆林，等. 区域旅游流空间结构的高铁效应及机理——以中国京沪高铁为例[J]. 地理学报，2015(2)：214-233.

[405] 王春杨，兰宗敏，张超，等. 高铁建设、人力资本迁移与区域创新[J]. 中国工业经济，2020(12)：102-120.

[406] 王红霞. 要素流动、空间集聚与城市互动发展的定量研究——以长三角地区为例[J]. 上海经济研究，2011(12)：45-55，63.

[407] 王姣娥，焦敬娟，金凤君. 高速铁路对中国城市空间相互作用强度的影响[J]. 地理学报，2014(12)：1833-1846.

[408] 王俊. 经济集聚、技能匹配与大城市工资溢价[J]. 管理世界，2021(4)：83-98.

[409] 王开科，李采霞. "一带一路"沿线经济体承接中国产业转移能力评价[J]. 经济地理，2021(3)：28-38.

[410] 王磊，朱帆. 要素市场扭曲、生产率与企业进入退出[J]. 浙江社会科学，2018(10)：55-64，156-157.

[411] 王强，张琼，杨杭军. 中国民航业竞争行为的测度及其影响因素——基于公司和航线面板数据的实证研究[J]. 中国工业经济，2014(5)：148-160.

[412] 王宋涛，温思美，朱腾腾. 市场分割、资源错配与劳动收入份额[J]. 经济评论，2016(1)：13-25，79.

[413] 王耀辉，王凯璇，孙鹏. 高铁与病毒传播[J]. 世界经济，2021(11)：145-168.

[414] 王永进，侯韫韬. 人员流动与城市间商品价格差异：来自高铁开通的证据[J]. 世界经济，2022(1)：206-232.

[415] 王永进，黄青. 交通基础设施质量、时间敏感度和出口绩效[J]. 财经

研究，2017(10)：97-108.

[416] 王雨飞，倪鹏飞. 高速铁路影响下的经济增长溢出与区域空间优化[J]. 中国工业经济，2016(2)：21-36.

[417] 王赟赟，陈宪. 高铁通勤成本对地区收入差距的影响研究——基于城市群集聚效应的分析[J]. 价格理论与实践，2018(9)：95-98.

[418] 韦东明，顾乃华. 中欧班列开通能否推动区域创新效率的提升[J]. 科学学研究，2021(12)：2253-2266.

[419] 魏后凯. 外商直接投资对中国区域经济增长的影响[J]. 经济研究，2002(4)：19-26，92-93.

[420] 魏丽. 中国高铁对旅游业绿色生产效率的影响研究[D]. 北京：北京交通大学，2021.

[421] 文嫱，韩旭. 高铁对中国城市可达性和区域经济空间格局的影响[J]. 人文地理，2017(1)：99-108.

[422] 文雯，黄雨婷，宋建波. 交通基础设施建设改善了企业投资效率吗？——基于中国高铁开通的准自然实验[J]. 中南财经政法大学学报，2019(2)：42-52.

[423] 文雁兵，张梦婷，俞峰. 中国交通基础设施的资源再配置效应[J]. 经济研究，2022(1)：155-171.

[424] 吴超鹏，唐菂. 知识产权保护执法力度、技术创新与企业绩效——来自中国上市公司的证据[J]. 经济研究，2016(11)：125-139.

[425] 吴嘉贤，刘修岩. 高铁开通与中国农村减贫——来自遥感数据的证据[J]. 世界经济文汇，2022(1)：1-17.

[426] 吴康，方创琳，赵渺希，等. 京津城际高速铁路影响下的跨城流动空间特征[J]. 地理学报，2013(2)：159-174.

[427] 吴群锋，杨汝岱. 网络与贸易：一个扩展引力模型研究框架[J]. 经济研究，2019(2)：84-101.

[428] 武英涛，陈磊，雷晓霆. 基于资源配置效率视角的城市规模分布研究——以中国地级市及以上城市为例[J]. 城市发展研究，2018(10)：18-25.

[429] 向宽虎，陆铭. 发展速度与质量的冲突——为什么开发区政策的区域分散倾向是不可持续的?[J].财经研究，2015(4):4-17.

[430] 徐奇渊. 双重冲击下的全球化:困境与出路[J].人民论坛·学术前沿，2020(8):86-93.

[431] 徐旭，俞峰，钟昌标. 人力资本流动视角下高铁与城市创新关系的

研究[J]. 软科学，2019(5)：1-5，28.

[432] 徐曌，欧国立. 交通基础设施对区域间制造业分工的影响——基于制造业细分行业数据的实证研究[J]. 经济问题探索，2016(8)：28-35.

[433] 许英明，邢李志，董现垒. "一带一路"倡议下中欧班列贸易通道研究[J]. 国际贸易，2019(2)：80-86.

[434] 许召元，李善同. 近年来中国地区差距的变化趋势[J]. 经济研究，2006(7)：106-116.

[435] 宣烨，陆静，余泳泽. 高铁开通对高端服务业空间集聚的影响[J]. 财贸经济，2019(9):117-131.

[436] 颜银根，倪鹏飞，刘学良. 高铁开通、地区特定要素与边缘地区的发展[J]. 中国工业经济，2020(8)：118-136.

[437] 杨国超，芶玉珍，梁上坤. 基础设施建设与企业成本管理决策：基于高铁通车的证据[J]. 世界经济，2021(9)：207-232.

[438] 杨继军. 境内运输成本、空间巴拉萨—萨缪尔森效应与中国出口贸易的省际分布[J]. 国际经贸探索，2016(6)：17-32.

[439] 杨青，吉赟，王亚男. 高铁能提升分析师盈余预测的准确度吗？——来自上市公司的证据[J]. 金融研究，2019(3)：168-188.

[440] 杨睿. 高速铁路建设项目区域环境影响综合评价及环境效益评判研究[D]. 北京：北京交通大学，2015.

[441] 杨思莹，李政. 高铁开通与城市创新[J]. 财经科学，2019(1)：87-99.

[442] 杨先明，刘岩. 中国国内市场分割动因研究[J]. 思想战线，2010(2)：110-114.

[443] 杨小凯. 经济学原理[M]. 北京：中国社会科学出版社，1998.

[444] 姚先国，张海峰. 教育、人力资本与地区经济差异[J]. 经济研究，2008(5)：47-57.

[445] 叶德珠，潘爽，武文杰，等. 距离、可达性与创新——高铁开通影响城市创新的最优作用半径研究[J]. 财贸经济，2020(2)：146-161.

[446] 易巍，龙小宁，林志帆. 地理距离影响高校专利知识溢出吗——来自中国高铁开通的经验证据[J]. 中国工业经济，2021(9)：99-117.

[447] 银温泉，才婉茹. 我国地方市场分割的成因和治理[J]. 经济研究，2001(6)：3-12.

[448] 尹娜. 基础设施与中国出口贸易[D]. 杭州：浙江财经大学，2017.

[449] 余淼杰. "大变局"与中国经济"双循环"发展新格局[J]. 上海对外经贸大学学报，2020(6)：19-28.

[450] 余泳泽，刘冉，杨晓章. 我国产业结构升级对全要素生产率的影响研究[J]. 产经评论，2016(4)：45-58.

[451] 余泳泽，潘妍. 高铁开通缩小了城乡收入差距吗？——基于异质性劳动力转移视角的解释[J]. 中国农村经济，2019(1)：79-95.

[452] 俞峰，梅冬州，张梦婷. 交通基础设施建设、产业结构变化与经济收敛性研究[J]. 经济科学，2021(5)：52-67.

[453] 俞峰，唐宜红，张梦婷. 高铁开通对中国城乡收入差距的影响研究[J]. 国际商务（对外经济贸易大学学报），2020(4)：129-143.

[454] 俞峰. 中国高铁、贸易成本和企业出口研究[D]. 北京：中央财经大学，2019.

[455] 袁富华. 长期增长过程的"结构性加速"与"结构性减速"：一种解释[J]. 经济研究，2012(3)：127-140.

[456] 袁志刚，解栋栋. 中国劳动力错配对 TFP 的影响分析[J]. 经济研究，2011(7)：4-17.

[457] 臧跃茹. 关于打破地方市场分割问题的研究[J]. 改革，2000(6)：5-15.

[458] 曾智. 人民币汇率对中国出口贸易的影响研究[D]. 武汉：武汉大学，2015.

[459] 张成思，刘贯春. 经济增长进程中金融结构的边际效应演化分析[J]. 经济研究，2015(12)：84-99.

[460] 张杰，张培丽，黄泰岩. 市场分割推动了中国企业出口吗?[J]. 经济研究，2010(8)：29-41.

[461] 张劲帆，李汉涯，何晖. 企业上市与企业创新——基于中国企业专利申请的研究[J]. 金融研究，2017(5)：160-175.

[462] 张俊. 高铁建设与县域经济发展——基于卫星灯光数据的研究[J]. 经济学（季刊），2017(4)：1533-1562.

[463] 张克中，陶东杰. 交通基础设施的经济分布效应——来自高铁开通的证据[J]. 经济学动态，2016(6)：62-73.

[464] 张葭黎，赵果庆，吴雪萍. 中国城镇化的经济增长与收敛双重效应——基于 2000 与 2010 年中国 1968 个县份空间数据检验[J]. 中国软科学，2019(1)：98-116.

[465] 张梦婷，俞峰，钟昌标，等. 高铁网络、市场准入与企业生产率[J]. 中国工业经济，2018(5)：137-156.

[466] 张梦婷，俞峰，钟昌标. 开通高铁是否促进了地区出口？——来自中国城市数据的经验证据[J]. 南开经济研究，2020(3)：204-224.

[467] 张梦婷，钟昌标. 跨境运输的出口效应研究——基于中欧班列开通的准自然实验[J]. 经济地理，2021(12)：122-131.

[468] 张梦婷. 中国交通网络发展对出口贸易的影响研究[D]. 上海：上海大学，2019.

[469] 张佩. 中国的资源错配与全要素生产率[D]. 北京：清华大学，2014.

[470] 张庆君，李雨霏，毛雪. 所有制结构、金融错配与全要素生产率[J]. 财贸研究，2016(4)：9-15，23.

[471] 张祥建，李永盛，赵晓雷. 中欧班列对内陆地区贸易增长的影响效应研究[J]. 财经研究，2019(11)：97-111.

[472] 张学良. 长三角地区经济收敛及其作用机制：1993—2006[J]. 世界经济，2010(3)：126-140.

[473] 张学良. 中国交通基础设施促进了区域经济增长吗——兼论交通基础设施的空间溢出效应[J]. 中国社会科学，2012(3)：60-77，206.

[474] 张勋，王旭，万广华，等. 交通基础设施促进经济增长的一个综合框架[J]. 经济研究，2018(1)：50-64.

[475] 张艳，唐宜红，李兵. 中国出口企业"生产率悖论"——基于国内市场分割的解释[J]. 国际贸易问题，2014(10)：23-33.

[476] 张玉昌，陈保启. 产业结构、空间溢出与城乡收入差距——基于空间Durbin模型偏微分效应分解[J]. 经济问题探索，2018(9)：62-71.

[477] 赵静，黄敬昌，刘峰. 高铁开通与股价崩盘风险[J]. 管理世界，2018(1)：157-168，192.

[478] 赵娜，李光勤，李香菊. 财政纵向失衡、地方政府税收努力与资本错配[J]. 湖南大学学报(社会科学版)，2020(6)：83-91.

[479] 赵奇伟，熊性美. 中国三大市场分割程度的比较分析：时间走势与区域差异[J]. 世界经济，2009(6)：41-53.

[480] 赵倩，陈国伟. 高铁站区位对周边地区开发的影响研究——基于京沪线和武广线的实证分析[J]. 城市规划，2015(7)：50-55.

[481] 赵伟，赵金亮，韩媛媛. 异质性、沉没成本与中国企业出口决定：来

自中国微观企业的经验证据[J]. 世界经济，2011(4)：62-79.

[482] 赵文，陈云峰. 高速铁路的区域分配效应：基于理论与实证的研究[J]. 经济社会体制比较，2018(3)：44-52.

[483] 赵玉奇，柯善咨. 市场分割、出口企业的生产率准入门槛与"中国制造"[J]. 世界经济，2016(9)：74-98.

[484] 郑毓盛，李崇高. 中国地方分割的效率损失[J]. 中国社会科学，2003(1)：64-72，205.

[485] 钟昌标，张梦婷. 高铁网络与中国区域经济的协调发展[M]. 北京：经济科学出版社，2020.

[486] 周海波，胡汉辉，谢呈阳，等. 地区资源错配与交通基础设施：来自中国的经验证据[J]. 产业经济研究，2017(1)：100-113.

[487] 周加来，李刚. 区域经济发展差距：新经济地理、要素流动与经济政策[J]. 经济理论与经济管理，2008(9)：29-34.

[488] 周申，倪何永乐. 高铁建设是否降低了省内地区收入差距？——基于卫星灯光数据的经验研究[J]. 现代经济探讨，2022(3)：82-94.

[489] 周学仁，张越. 国际运输通道与中国进出口增长——来自中欧班列的证据[J]. 管理世界，2021(4)：52-63，64-67，102.

[490] 周亚虹，朱保华，刘俐含. 中国经济收敛速度的估计[J]. 经济研究，2009(6)：40-51.

[491] 周玉龙，杨继东，黄阳华，等. 高铁对城市地价的影响及其机制研究——来自微观土地交易的证据[J]. 中国工业经济，2018(5)：118-136.

[492] 周云波，田柳，陈岑. 经济发展中的技术创新、技术溢出与行业收入差距演变——对 U 型假说的理论解释与实证检验[J]. 管理世界，2017(11)：35-49.

[493] 朱桃杏，陆军. 高铁对区域科技创新协调的作用机制与效率分析[J]. 科技进步与对策，2015(6)：51-54.

[494] 朱希伟，金祥荣，罗德明. 国内市场分割与中国的出口贸易扩张[J]. 经济研究，2005(12)：68-76.

[495] 诸竹君，黄先海，王煌. 交通基础设施改善促进了企业创新吗？——基于高铁开通的准自然实验[J]. 金融研究，2019(11)：153-169.

[496] 诸竹君，黄先海，余骁. 进口中间品质量、自主创新与企业出口国内增加值率[J]. 中国工业经济，2018(8)：116-134.

[497] 祝树金，段凡，邵小快，等. 出口目的地非正式制度、普遍道德水平
与出口产品质量[J]. 世界经济，2019(8)：121-145.

[498] 祝树金，李思敏. 高铁开通如何影响企业出口产品质量[J]. 宏观质
量研究，2020(3)：14-30.

[499] 邹薇，陈亮恒. 高速铁路开通对企业生产率的影响：传导机制与实证
检验[J]. 武汉大学学报（哲学社会科学版），2020(1)：102-119.

后　记

本书的出版离不开各方的支持与帮助。首先要衷心感谢国家社会科学基金后期资助项目对本研究的大力支持,若没有此项目的资助,研究难以顺利开展。在本项目研究期间笔者还有幸入选浙江省之江青年社科学者,得到浙江省哲学社会科学规划之江青年专项课题的支持与帮助。

从项目立项,到深入研究,再到结题出版,得到了许多领导、同事和团队成员的支持与帮助。尤其要感谢金祥荣教授和钟昌标教授,两位恩师在选题构思、破题立意、逻辑梳理以及科学问题凝练等关键环节给予我悉心的指导与帮助。

在写作过程中,我们参考和查阅了大量文献资料,我们对本书借鉴和吸收的海内外研究成果的作者和出版单位表示诚挚的感谢!囿于笔者水平有限,本书难免会有疏漏之处,恳请广大读者、业内同行批评指正,你们的宝贵意见对我们而言既是鞭策也是鼓励。

最后,本书得以顺利出版还有许多值得感谢的人。感谢立项和结题阶段外审专家细致、专业、宝贵的修改建议。浙江大学出版社吴伟伟老师的编辑团队为本书出版付出了辛勤的汗水,在此特别向她们表达由衷的感激与敬意,感谢她们在整个过程中给予的鼓励与帮助。感谢团队成员鲍子文在第二至三章,孔书凝、单婷婷、杨周琼、蒋经焘在第四至九章的资料收集和定稿阶段所做的大量辅助工作,正是你们的一路同行给了我持续研究的动力。

对高铁及相关交通基础设施的经济效应研究细论起来已然历经八个春秋。从博士求学生涯的探索钻研,到步入工作岗位后的实践积累,再到开始带领团队开展深入研究,其间深切感受着我国高铁事业的腾飞以及"一带一路"倡议下跨境陆运通道建设的蓬勃发展。能够亲历我国基础设施建设的发展过程而不断成长与进步实乃人生一大幸事。本书的出版也是新的起点,未来我们将以此为基础继续开展区域经济学和交通基础设施的福利效应研究,争取早日取得新的成果。

张梦婷

2024 年 6 月